本书为上海市教委科研创新计划人文社科重大项目
"文化产业的经济支持政策研究：国际经验与启示"的成果
（项目编号：2017-01-07-00-06-E00031）。

Research on Economic Support Policies for the
CULTURAL INDUSTRY
International Experiences and Insights

文 化 产 业
经济支持政策研究
国际经验与启示

章玉贵 ◎主编
孙海霞　李煜鑫　谢雯璟
李　洋　孙健美　臧文佼　◎副主编

北京大学出版社
PEKING UNIVERSITY PRESS

图书在版编目(CIP)数据

文化产业经济支持政策研究：国际经验与启示/章玉贵主编.--北京：北京大学出版社，2024.6.--ISBN 978-7-301-35162-8

Ⅰ．F269.1

中国国家版本馆 CIP 数据核字第 2024ZR3705 号

书　　　名	文化产业经济支持政策研究：国际经验与启示 WENHUA CHANYE JINGJI ZHICHI ZHENGCE YANJIU：GUOJI JINGYAN YU QISHI
著作责任者	章玉贵　主编　孙海霞　李煜鑫　谢雯璟　李　洋　孙健美　臧文佼　副主编
责 任 编 辑	杨丽明
标 准 书 号	ISBN 978-7-301-35162-8
出 版 发 行	北京大学出版社
地　　　址	北京市海淀区成府路 205 号　100871
网　　　址	http://www.pup.cn　　新浪微博：@北京大学出版社
电 子 邮 箱	zpup@pup.cn
电　　　话	邮购部 010-62752015　发行部 010-62750672　编辑部 021-62071998
印 刷 者	河北博文科技印务有限公司
经 销 者	新华书店
	787 毫米×1092 毫米　16 开本　16.5 印张　342 千字 2024 年 6 月第 1 版　2025 年 3 月第 2 次印刷
定　　　价	88.00 元

未经许可，不得以任何方式复制或抄袭本书之部分或全部内容。
版权所有，侵权必究
举报电话：010-62752024　电子邮箱：fd@pup.cn
图书如有印装质量问题，请与出版部联系，电话：010-62756370

目录 Contents

绪论 ·· 001
  第一节 文化产业的定义与特征 ·· 001
  第二节 世界各国日益重视文化产业 ··· 004
  第三节 中国文化产业高速发展 ·· 005

第一篇 文化产业经济支持政策研究：美国的经验与启示

第一章 美国文化产业简介 ·· 009
  第一节 研究背景 ·· 009
  第二节 美国文化产业简介 ·· 010

第二章 美国文化产业经济支持政策 ·· 021
  第一节 美国文化产业经济支持政策概述 ·································· 021
  第二节 美国文化产业经济支持政策的主要表现 ······················ 022
  第三节 美国文化产业经济支持政策的效果 ······························ 028

第三章 新闻出版行业经济支持政策研究 ·· 031
  第一节 新闻出版行业现状 ·· 031
  第二节 新闻出版行业管理体制 ·· 032
  第三节 新闻出版行业产业政策 ·· 034
  第四节 典型案例：美国数字出版商业模式 ······························ 037

第四章 广播影视行业经济支持政策研究 ·· 039
  第一节 广播影视行业现状 ·· 039

第二节　广播影视行业管理体制 042
　　第三节　广播影视行业产业政策 043
　　第四节　典型案例：好莱坞并购史 046

第五章　文化演艺行业经济支持政策研究 056
　　第一节　现场表演剧院行业经济支持政策研究 056
　　第二节　文化游憩行业经济支持政策研究 061

第六章　游戏动漫行业经济支持政策研究 066
　　第一节　电子游戏产业经济支持政策研究 066
　　第二节　动漫产业经济支持政策研究 070

第七章　新冠疫情下的美国文化产业及其经济支持政策 074
　　第一节　新冠疫情对美国文化产业的影响 074
　　第二节　美国政府为应对新冠疫情冲击采取的支持政策 075
　　第三节　美国社会和民间组织为应对疫情冲击采取的措施 076
　　第四节　应对新冠疫情冲击的数字化支持政策 077

第二篇　文化产业经济支持政策研究：英国的经验与启示

第八章　英国文化产业简介 081
　　第一节　英国文化产业简介 081
　　第二节　英国文化产业发展及对经济的贡献 082

第九章　英国文化产业经济支持政策 088
　　第一节　英国文化产业经济支持政策概述 088
　　第二节　英国文化产业经济支持政策的主要表现 089
　　第三节　英国文化产业经济支持政策的效果 94

第十章　英国戏剧艺术业经济支持政策研究 99
　　第一节　英国戏剧艺术业发展介绍 99
　　第二节　英国对戏剧艺术业的管理方式 99
　　第三节　英国对小型营利性剧场的经济支持政策 101

第十一章　英国博物馆业经济支持政策研究 ……………………………… 103
第一节　英国博物馆业发展介绍 ……………………………………… 103
第二节　英国博物馆业的经营战略 …………………………………… 104
第三节　英国政府对博物馆业的经济支持政策 ……………………… 105

第十二章　英国电影业经济支持政策研究 …………………………………… 106
第一节　英国电影业发展介绍 ………………………………………… 106
第二节　英国电影业面临的困境 ……………………………………… 106
第三节　英国政府对本国电影业的经济支持政策 …………………… 108
第四节　英国政府经济支持政策的效果 ……………………………… 111

第十三章　新冠疫情下的英国文化产业及其经济支持政策 ………………… 113
第一节　新冠疫情对英国文化产业的影响 …………………………… 113
第二节　英国应对疫情冲击的公共经济支持政策 …………………… 115
第三节　英国对文化产业的一揽子经济支持计划 …………………… 115
第四节　英国对文化产业的结构性经济支持政策 …………………… 116

第十四章　英国文化产业经济支持政策对中国上海的启示 ………………… 118
第一节　英国文化产业经济支持政策总结 …………………………… 118
第二节　中国上海文化产业发展面临的问题 ………………………… 119
第三节　英国文化产业对中国上海文化产业发展的政策启示 ……… 120

第三篇　文化产业经济支持政策研究：法国的经验与启示

第十五章　法国文化产业简介 ………………………………………………… 127
第一节　背景介绍 ……………………………………………………… 127
第二节　法国文化产业简介 …………………………………………… 127

第十六章　法国文化产业经济支持政策 ……………………………………… 140
第一节　法国文化产业的管理机构 …………………………………… 140
第二节　法国文化对外政策中的文化例外与文化推广 ……………… 141
第三节　法国文化产业经济支持政策 ………………………………… 142
第四节　文化产业数字转型支持政策 ………………………………… 145

第十七章　法国文化产业财政扶持的出口效应实证分析 ………… 147
　　第一节　文化产业财政扶持的理论依据与文献综述 ………… 147
　　第二节　变量构建与描述性统计 ………… 150
　　第三节　财政预算与文化产品出口 ………… 153
　　第四节　进一步机制研究 ………… 154
　　第五节　内生性问题分析与稳健性检验 ………… 156

第十八章　法国文化产业经济支持政策对中国的启示 ………… 159
　　第一节　坚持并完善以政府主导为核心的文化经济政策 ………… 159
　　第二节　坚持高水平对外开放,增强影响力 ………… 161
　　第三节　通过财政与税收政策繁荣发展文化事业 ………… 162

第四篇　文化产业经济支持政策研究:日本的经验与启示

第十九章　日本文化产业简介 ………… 167
　　第一节　日本文化产业现状 ………… 167
　　第二节　日本文化产业的发展趋势 ………… 169

第二十章　日本文化产业经济支持政策 ………… 176
　　第一节　中央层面的经济支持政策 ………… 176
　　第二节　地方层面的经济支持政策 ………… 180
　　第三节　公共团体及民间机构层面的经济支持政策 ………… 183
　　第四节　企业层面的经济支持政策 ………… 186

第二十一章　数字化时代的内容产业 ………… 187
　　第一节　数字革命与内容产业的发展 ………… 187
　　第二节　数字内容产业的市场规模 ………… 189
　　第三节　数字内容产业的技术革新 ………… 190
　　第四节　新冠疫情期间的数字内容产业 ………… 194

第二十二章　数字内容产业海外展开的支援 ………… 196
　　第一节　投资政策 ………… 196
　　第二节　人才培养政策 ………… 197
　　第三节　民间机构及官民合作 ………… 198

第四节　中小企业扶持政策 …………………………………… 199
　　第五节　著作权保护政策 ……………………………………… 200

第二十三章　日本文化产业的经济支持政策对中国的启示 ………… 204

第五篇　中国上海文化产业市场化融资和政府产业政策有效性研究

第二十四章　上海文化产业发展现状及政策支持 …………………… 209
　　第一节　上海文化产业发展现状 ……………………………… 209
　　第二节　上海文化产业发展的相关政策支持 ………………… 210
　　第三节　上海文化企业面临的内部融资困境 ………………… 213

第二十五章　上海文化产业社会资本支持现状 ……………………… 215
　　第一节　上海文化产业间接融资特点及问题 ………………… 215
　　第二节　直接融资下上海文化产业融资现状分析 …………… 216

第二十六章　市场融资和政府支出对上海文化产业影响的
　　　　　　　实证分析 ……………………………………………… 222
　　第一节　研究样本选取与数据来源 …………………………… 222
　　第二节　实证模型构建 ………………………………………… 223
　　第三节　描述性统计分析 ……………………………………… 223
　　第四节　基于四省市文化产业面板数据的回归模型分析 …… 225
　　第五节　稳健性检验 …………………………………………… 227

第二十七章　上海文化企业外部融资困境分析 ……………………… 229
　　第一节　间接融资存在障碍 …………………………………… 229
　　第二节　直接融资门槛较高 …………………………………… 230

第二十八章　上海文化产业支持政策存在的问题 …………………… 235
　　第一节　政策内容存在漏洞 …………………………………… 235
　　第二节　政策对弱势群体的扶持力度有限 …………………… 236
　　第三节　政策的推广力度有待提高 …………………………… 237

第二十九章　上海文化产业发展存在的问题及完善建议 ………… 238
　　第一节　优化政策发展的内外部环境 ………………………… 238
　　第二节　增强对中小文化企业扶持力度 ……………………… 239
　　第三节　引进复合型专业人才，提高机构间沟通效率 ………… 240

参考文献 ……………………………………………………………… 243

图目录

图 2-1	2018—2022年美国政府资助金额	025
图 4-1	华纳并购史	054
图 5-1	2012—2021年美国现场表演剧院行业市场规模	057
图 5-2	2012—2021年美国现场表演剧院行业从业人员数量	058
图 5-3	2013—2020年美国消费者在戏剧、音乐剧方面的人均年支出	059
图 5-4	2012—2021年美国现场表演剧院行业企业数量	060
图 5-5	百老汇消费者家庭年均收入和美国家庭年均收入对比	061
图 5-6	2011—2021年美国博物馆和历史景点的市场规模	062
图 5-7	2011—2021年美国主题公园市场规模	063
图 5-8	2020年迪士尼公司各部门收入	065
图 6-1	2011—2022年美国电子游戏产业市场规模	067
图 6-2	美国电子游戏公司市值(2022年2月)	067
图 6-3	2014—2021年任天堂分地区收入规模	069
图 8-1	创意经济、创意产业与创意职业	081
图 15-1	法国文化产品出口额(2011—2021)	129
图 15-2	法国各类文化产品装备及支持材料出口额(2011—2021)	130
图 15-3	法国各类文化产品进口额(2011—2021)	130
图 15-4	法国各类文化产品装备及支持材料进口额(2011—2021)	131
图 15-5	法国文化产业价值与经济总量变化指数(以1995年为基期,基数为100)	133
图 15-6	法国文化产业分领域财政预算(2011—2021)	137
图 19-1	2012—2022年报纸产业收入变化	172
图 19-2	2013—2022年日本报纸发行量	173
图 21-1	DVD和VHS市场规模	189
图 21-2	日本数字内容产业各部分市场规模占比	190

图 21-3	日本放送制作业企业设备投资金额	191
图 21-4	2020年日本放送制作业设备数字化率	191
图 21-5	2017—2021年日本音乐配信各部分市场规模	192
图 21-6	日本视频流媒体产业市场规模	192
图 21-7	2012—2021年日本电影院观影人数	194
图 21-8	2015—2020年付费视频的利用率	195
图 21-9	2019年第四季度至2021年第一季度网飞付费订阅会员数	195
图 22-1	数字技术竞争力排名中日本的排名	197
图 25-1	上海市文化产业发债金额及占比情况	217
图 25-2	上海市文化产业发债只数及占比情况	217
图 25-3	上海市文化产业PEVC事件数	220
图 25-4	2011—2021年细分领域下文化企业PEVC事件数及占比情况	221

表目录

表 1-1　2011—2020 年美国艺术及文化产业实际总产出情况（以 2012 年为基期）……015

表 1-2　2011—2020 年美国各产业就业情况……016

表 1-3　2020 年美国艺术及文化产业就业情况……017

表 1-4　2011—2020 年美国艺术及文化产业服务出口情况……019

表 2-1　2018—2022 年美国政府资助金额……024

表 2-2　美国文化产业相关的主要法律……026

表 2-3　财政资助对文化产业 GVA 的实证结果……030

表 2-4　财政资助对中小文化内容生产商的经济增加值的实证结果……030

表 3-1　美国出版商的数字化转型方向与代表性企业……037

表 4-1　常见违法行为及罚金……042

表 4-2　华纳兄弟早期并购史……047

表 4-3　好莱坞"五大三小"情况……048

表 4-4　1950—1970 年好莱坞并购情况……050

表 4-5　2000 年之后好莱坞并购情况……052

表 4-6　好莱坞电影风格演变历程……053

表 5-1　百老汇音乐剧的周平均费用……060

表 6-1　2006—2016 年迪士尼、皮克斯的主要作品以及票房收入……072

表 9-1　英国创意产业的主要政策……088

表 9-2　英国支持文化产业发展的税收激励政策……092

表 9-3　2008/2009 年度至 2020/2021 年度 DCMS 对英国文化机构的慈善捐赠总额……096

表 9-4　英国慈善捐赠经济支持效果的实证结果……098

表 12-1　电影业第四个"三年计划"资金来源及占比……110

表 15-1　全球文化产品进出口排名……128

表 15-2	法国文化产品进出口概况	128
表 15-3	2011—2021 年法国文化产品出口、进口总额及贸易盈余	131
表 15-4	法国 1995 年、2014 年、2019 年、2020 年文化产业产值分布	132
表 15-5	2000—2016 年文化产业就业人数	134
表 15-6	2000—2016 年法国展馆数量	134
表 15-7	法国 2019 年各地区文化基础设施分布	135
表 15-8	法国 2010—2016 年文化遗产数量	136
表 15-9	法国时尚知名名牌	138
表 16-1	2010—2018 年法国文化部财政投入情况	143
表 16-2	法国文化产业立法汇总	144
表 17-1	变量定义	151
表 17-2	描述性统计结果	152
表 17-3	回归结果	153
表 17-4	回归结果	155
表 17-5	稳健性检验	157
表 19-1	日本文化 GDP 及占比	167
表 19-2	2018 年日本文化 GDP 的具体产业贡献构成	168
表 19-3	日本电影院构成	170
表 19-4	日本电影出口统计	170
表 19-5	日本广义动画产业各领域市场规模	170
表 19-6	会展、演出产业各领域销售规模	174
表 19-7	2014—2022 年日本国内旅游业消费额	175
表 20-1	2000—2017 年日本文化产业领域主要政策	176
表 20-2	2022 年 J-LOD 补助金资助项目及其金额	177
表 20-3	"酷日本"战略实施路线图	180
表 20-4	2020 年日本都道府县文化产业相关费用	181
表 20-5	2021 年东京观光财团补助项目	182
表 20-6	艺术文化振兴基金资助领域	184
表 20-7	文化艺术振兴补助金资助领域	184
表 22-1	各规模企业在数字内容产业发展中遭遇的问题占比统计	199
表 22-2	日本线上内容产业部分领域的盗版商品金额（2019 年）	201
表 22-3	日本著作权相关组织和团体	202
表 24-1	上海和全国文化产业法人机构和从业人员数量及占比	211
表 24-2	上海文化产业发展的政府投入	212

表 25-1	上海市2011—2021年上市文化企业股票市场融资规模	218
表 25-2	上海市2011—2021年文化企业首发、增发情况	219
表 25-3	上海市文化企业上市板块情况	219
表 25-4	上海市文化企业细分领域融资情况	220
表 26-1	变量及其定义	222
表 26-2	主要变量的描述性统计分析结果	223
表 26-3	各变量的相关系数	224
表 26-4	模型回归结果	225
表 26-5	2009年到2022年8月我国一级债券市场发债情况	226
表 26-6	模型动态面板回归结果	227
表 27-1	2009年到2022年8月我国存续债券融资成本统计	230
表 27-2	各行业2000年至2022年8月股票融资情况	232

绪 论

第一节 文化产业的定义与特征

"观乎人文,以化成天下。""文""化"二字上溯《易经》即已具备"以文教化"的深层意义。文化,是国家和民族的灵魂与象征,是影响国家存亡、民族复兴的重要力量。文化与经济建设互为表里,为社会发展提供源源不断的精神动力和智力支持。文化的价值超越经济范畴,促进文化产业繁荣发展和扩大文化输出、增强文化影响力对于国家的发展至关重要。联合国通过的《文化与发展决议》强调了文化对可持续发展的重要性,联合国教科文组织(UNESCO)通过的《保护和促进文化表现形式多样性公约》致力于保护世界文化多样性,并有效促进世界文化产品贸易(Jinji and Tanaka,2020)。

一、文化产业的发展

"culture industry"可以译为文化工业或文化产业。不同于其他产业,文化产业是一种特殊的文化形态和经济形态,因此,从不同角度看文化产业会有不同的理解。对于"文化产业"的定义,也一直是学术界和政界一个有争议的话题,然而几乎没有真正的理论和政策模型可用来形成一个统一的定义(O'Connor, 2000; Garnham, 2005; Pratt, 2005)。从历史视角看,文化产业的发展围绕文化与经济之间的关系展开,其背景可以追溯到19世纪第二次工业革命孵化的"文化工业"(culture industry);随后,20世纪30年代,以批判方式出现了"文化产业"(cultural industries);20世纪80年代,在城市经济和区域集群推动下出现了"创意城市"(creative cities);数字时代,以知识经济为核心塑造出"创意产业"(creative industries)。这也反映出经济和社会中"文化"角色的深刻转变,以前在政府许多领域处于边缘地位的文化政策开始作为一种潜在的经济资源越来越接近政治决策的中心(O'Connor, 2007)。

20世纪30—40年代,出现了大众文化的概念,以霍克海默(Max Horkheimer)和阿多诺(Theodor Adorno)等为代表的法兰克福学派提出了"文化工业"一词,并批判了大众文化,认为大众文化一旦进入民众的生活领地,就会造成人们对大众文化的过度依赖(邹广文、徐庆文,2006),而以标准化、规格化的方式生产所得的文化产品会成为统治者的控制工具(蔡尚伟、温洪泉等，2006)。随着时代的变迁与全球化的发展，"文化工业"一词被"文化产业"代替，各国对于文化产业的定义也在不断变迁与完善。

（一）文化工业

文化工业的历史根植于19世纪第二次工业革命。工业化的转变代表着与技术创新密切相关的更广泛的社会变革和经济发展，技术创新导致社会创新，社会为了适应新技术，需要寻求新的解决方案，"文化"在工业环境中开始以工业形式出现(Moore，2014)。关于文化工业的讨论始于阿多诺。20世纪40年代初，阿多诺开始使用文化工业的概念，在与霍克海默合著的《启蒙辩证法》一书第三章"文化工业：作为大众欺骗的启蒙"中首次创造"文化工业"这个术语，强调文化和工业之间的矛盾和联系。"文化工业"这个术语可以用来区分传统的基于工匠的创造性艺术和工业化生产的文化形式(Adorno and Horkheimer，2019)。艺术不是文化工业的一部分，由此发展出来的"文化工业"一词指的是电影、音乐唱片、广播和出版等经典文化产业，它被用来将这些通过工业方法批量生产的商业娱乐形式纳入政府文化政策的对象。也就是说，文化的工业化是19世纪初开始的大规模复制和发行新产业的直接延伸——电影、录音、日报、流行印刷品以及后来的无线电广播，但它也是从传统艺术中发展出来的，借鉴了艺术传统的表面技巧，但却放弃了艺术传统的内在意义。

然而，阿多诺并不像保守的"大众社会"的文化批评家那样从精英、大众或基础上层建筑的区别来看待大众文化的问题以及意识形态和资本主义之间的关系。阿多诺用"文化工业"代替"大众文化"(mass culture)，以表达大众文化并不意味着它来自大众，而是为大众而生产(Moore，2014)。另一方面，"工业"一词既指马克思主义的商品化、商品交换、资本集中和生产环节的工人异化等经济概念，又指韦伯的合理化概念。因此，阿多诺和霍克海默认为这个问题是文化产品商品化的普遍转变和文化生产者在日益集中的大公司中作为雇佣劳动者的异化，而不是指大众的低教育水平或资产阶级对文化生产的直接控制，这解释了当代文化的形式以及民族资本主义和专制政权的意识形态。注意力从文化的显性内容转移到文化的形式，从文化产品转移到文化生产者和消费者之间的关系(Garnham，2005)。

（二）文化产业

阿多诺对文化工业的描述引起了二战后人们对大众文化、工业文化或"美国化"文化的焦虑，以及围绕保护欧洲传统文化免受威胁的文化政策的辩论(O'Connor，2007)。此时，依靠工业化复制和发行的大众文化使文化产品能够为更广泛的人群所获得，并使资本主义大规模生产的文化用于大众消费。资本主义媒体的集中和资本的集中为意识形态权力提供了基础，并导致各种形式的反文化的产生。西奥多·罗斯扎克(Theodore Roszak)在《反文化的形成》一书中首次使用"反文化"(counter culture)一词，该书记录并解释了20世纪60年代欧洲和北美的反文化运动。然而，到20世纪六七十年代,文化产业的范围和知名度有了巨大的提高,在经济上,"流行文化"已经成为主要出口商品。在这样的背景下,阿多诺的"文化工业"受到越来越多的挑战。

70年代末,"文化产业"作为一种更积极的政策关注点出现,这不是对商业文化的经济重要性的某种"认可",相反,这是一种新的"文化政治"可能性的开放(O'Connor,2011)。这一转变表明文化产业的重点从对新闻、广播和出版等产业可能带来的政治影响及意识形态内容与所有权和控制权结构之间的联系的分析,转向音乐、电影和电视娱乐产业。这是一种纵向和横向的集中和联合过程,这一过程正日益从以前的印刷出版、电影、广播和音乐等不同行业中创造出一个全球规模的统一经济部门。另一方面,"文化产业"一词的使用也标志着"政治经济学派"的出现,它并没有拒绝经济主义,而是认真对待"产业"这个术语,并试图将更详细的马克思主义经济分析以及更主流的工业和信息经济学应用于对符号形式的生产、分配和消费的分析(Garnham,2005)。

二、文化产业的定义

目前,比较通用的联合国教科文组织关于文化产业的定义如下:"结合创造、生产与商品化等方式,运用本质是无形的文化内容。这些内容基本上受到著作权的保障,其形式可以是货品或服务"。以这一定义为基础,联合国教科文组织认为,文化产业包括以下内容行业范畴:印刷、出版和多媒体,视听、唱片和电影的生产,以及工艺和设计。而文化产品(cultural goods)是指"传播思想、符号和生活方式的消费品"。它能够提供信息和娱乐,进而形成群体认同,影响文化行为,包括图书、杂志、多媒体产品、软件、录音带、电影、音像制品、视听节目、手工艺品和时装设计等。文化服务指"满足人们文化兴趣和需要的行为",包括各种演出、文化休闲活动,以及图书馆、档案馆和博物馆等提供的信息服务。国际上通行的文化贸易统计标准是联合国教科文组织发布的《文化统计框架》(Framework for Cultural Statistic,FCS),FCS将文化领域定义为具有文化性的生产制造、活动和实践。文化领域分为核心文化领域与相关文化领域两个大类。其中,核心文化领域包括:文化和自然遗产(A);演出和庆典(B);视觉艺术和工艺(C);图书和出版(D);视听和互动媒体(E);设计和创意服务(F)。相关文化领域包括:旅游业(G);体育和娱乐(H)。

三、文化产业的特征

文化产业虽也被称为产业,但它与普通的经济部门产业不同,它在包含经济属性的同时,也包含文化精神领域的非经济属性。

文化产品与一般商品一样,可以以物质形态出现在经济交换过程中,如书画、工艺制品、电影票等,并通过交易进行财富的转移,这使得文化产品存在经济属性。文化产业与普通经济产业一样,会有产业集聚效应,也会有供应链联动效应,许多传统产业政策理论对文化产业都存在适用性。

但文化又存在非经济属性。文化产品的个人效用难以准确衡量,其实际效用可能高于个体主观效用,使其具有广泛的外部性(路春城、綦子琼,2008;肖建华,2010)。整个文化产业也是存在产业外部性的。文化产业的发展对其他产业存在溢出效应,部分文化产品存在知识传播、文化传承等功能,有利于其他相关产业的发展与人才储备,文化科技产品则会推动技术发展与技术外溢,而文化创意可以使制造业产品增值(李姝、赵佳佳,2014;Rodgers,2015)。此外,文化产品的消费不会带来文化内涵的耗散,至多消耗文化产品的载体,这使其具有非竞争性(路春城、綦子琼,2008)。文化产品时常也存在着非排他性,有着公共物品的属性。

第二节 世界各国日益重视文化产业

随着文化产业在全球范围内日益受到关注,世界各国相继将文化产业纳入推动国家经济发展和提高国家文化软实力的核心领域,文化产业的作用和价值越来越受到世界各国的重视与关注。根据联合国教科文组织的研究与统计,全球文化创意产品市场价值从2002年的2080亿美元增至2015年的5090亿美元,是世界经济增长最快的部门之一,在全球范围内创造了近3000万个就业机会。文化产业不仅是目前全球经济增长的重要引擎,也是世界可持续发展、地区和平的重要影响因素。虽然新冠病毒感染疫情(以下简称"新冠疫情")对世界各地的文化产业造成了巨大的挑战,但各国都加大了对文化产业的重视。世界各国通过给予经济支持,鼓励文化要素融入经济产品等方式,提升文化产业的竞争力,再结合数字化应用,为文化产业提供技术革命力量。例如,在英国,苏格兰以颁发各类奖项的方式向苏格兰艺术家和工艺师提供小额赠款,以促进其创意和专业发展。新西兰发起了太平洋艺术遗产项目,作为2018—2023年太平洋艺术战略的一部分。摩洛哥文化部2021年拨款约5290万美元,支持创建和修复文化机构,以及启动建筑遗产地理信息系统,这一数字比2020年增长了45%。塔吉克斯坦共和国文化部计划绘制该国文化资产地图,包括约3000处历史和文化遗迹、6处国家综合体和文化遗址以及众多博物馆。澳大利亚通过"维持扩大重启投资基金"(RISE)以7500万澳元(约5800万美元)的计划项目重振文化相关产业,帮助重启节日、音乐会、旅游等活动,并促进澳大利亚各地的就业。新加坡国家艺术委员会和私营部门联合发起"维持艺术基金",从捐助者那里筹集近400万新元(约310万美元)帮助约20个小型艺术组织维持运营。

第三节 中国文化产业高速发展

我国政府及领导人对文化产业发展十分重视。习近平总书记曾指出:"文运同国运相牵,文脉同国脉相连。"这一论断体现了文化的重要性。党的二十大报告中也强调了"推进文化自信自强,铸就社会主义文化新辉煌"的历史使命,重申到2035年我国要实现建成文化强国、国家文化软实力显著增强的总体发展目标。

我国文化产业起步于改革开放后,在建立社会主义市场经济体制过程中,文化产业作为一种新兴的经济力量逐渐成长起来。改革开放政策的实施与计划经济体制的结束带来了开放的宏观环境,为文化产品创新与设计创造了良好的条件,也为文化产品的消费创造了存在的空间,大众文化消费开始兴起。之后,随着我国国民经济的发展,各行业改革的推进,我国文化产业相关法律法规及规章也逐渐健全完善,文化产业规模与数量也都有了明显的扩大和增加。20世纪最后10年,我国期刊、图书种类与数量增长均超过30%,其中图书销售额更是增长了12倍。同时,广播电视播出机构、广播节目套数、电视节目套数也都呈现井喷式增长,到本世纪初,我国音像产品销售总额已达到改革开放初期的1000倍。集团化发展也取得了巨大进展,到2002年初,全国共组建了各类文化集团70多家,有报业集团38家,出版集团10家,发行集团5家,广电集团12家,电影集团5家。总体来看,文化产业改革在政策法律的引导下不断深入,出现新的气象。

进入21世纪后,我国通过财政、税收、金融等方面政策加强对文化产业的扶持。党的十六大明确提出抓紧制定文化体制改革的总体方案。十七届六中全会提出在"十二五"期间让文化产业成为国民经济的支柱性产业。十八大提出建设社会主义文化强国战略任务。《文化部"十三五"时期文化产业发展规划》将"现代文化产业体系和现代文化市场体系更加完善"列为文化产业改革的目标之一。"十四五"规划再次强调加快健全现代文化产业体系,推动文化产业高质量发展,建设社会主义文化强国。这些政策与方针为我国文化产业的发展创造了良好的机遇。

2021年,全国规模以上文化及相关产业企业实现营业收入119064亿元,按可比口径计算比2020年增长16.0%;2020年和2021年两年平均增长8.9%,比2019年同比增速提高1.9%。按行业分,2021年,新闻信息服务、内容创作生产、创意设计服务、文化传播渠道、文化投资运营、文化娱乐休闲服务、文化辅助生产和中介服务、文化装备生产、文化消费终端生产这9大文化行业营业收入与2020年相比均实现两位数增长。从2020年和2021年两年平均增速看,8大行业实现增长,文化娱乐休闲服务行业受疫情影响较严重,两年平均增速下降9.2%。分产业类型看,2021年,文化制造业营业收入44030亿元,比2020年增长14.7%,2020年和2021年两年平均增长6.6%;文化批发和零售业营业收入18779亿元,比2020年增长18.2%,两年平均增长6.2%;文化服务业营业收入56255亿元,增长16.3%,两年平均增长11.8%。

不过,我国文化产业依旧存在很大的发展空间。按照国际惯例,产业创造价值占GDP的比例超过5%时,该产业为支柱产业,目前,我国文化及相关产业还未完全达到国民经济支柱产业的标准。美国文化及相关产业所占比例已达25%以上,日本为20%,欧洲国家为10%—15%,我国在2020年为4.43%。在后疫情时代,激活文化产业,对带动国民经济发展有着重大现实意义。

第一篇
文化产业经济支持政策研究：
美国的经验与启示

第一章
美国文化产业简介

第一节 研究背景

美国是一个高度发达的资本主义国家,拥有完善的现代市场经济体制,是世界第一大经济体。2021年,美国GDP约为23万亿美元,居全球第一;人均GDP为6.94万美元,居全球第5。1991年至2021年,美国经济总体呈现稳步增长态势,GDP和人均GDP均获得了较大幅度的提高,以现价美元计,GDP由6.16万亿美元增长至约23万亿美元,涨幅约273.4%;人均GDP由2.43万美元增长至6.94万美元,涨幅约185.6%。① 得益于科学技术的进步,20世纪90年代开始,一批以信息和技术为"标签"的新兴产业迅速发展,作为全球创新产品的引领国,美国的GDP也因此保持了多年的正增长。

以英语为主的美国语言文化,催生了映射美国价值观的美国广播电视业、影视业、印刷出版业、旅游业等文化产业,这些产业在全球范围内依然拥有强大的影响力。比如,在传统的广播电视行业,美国福克斯新闻台(FNC)、有线电视新闻网(CNN)等出品的新闻节目和电视剧享誉全球;在影视业,"好莱坞大片"以及奈飞(Netflix)平台出品的线上剧目是许多电影电视节目观众每年的期待;在出版业,美国的前沿科研文章以及优秀的文学作品都受到世界范围的欢迎;在体育业,凭借着和诸多优秀电视台的合作,美国职业篮球联赛(NBA)以及"超级碗"赛事等美国国内举办的商业体育联赛在全球范围拥有众多的观众;在旅游业,自19世纪开始,旅行者就踏上了北美的土地,并缔造了一场市场革命,将劳动、知识等要素的跨地区转移打包为"旅行"这一商品化的概念(Mackintosh,2019),时至今日,美国依然吸引着大量游客观光游览。这些产业不仅促进了英语在世界范围的广泛流行,还能够不断增强美国价值观在全球的影响力,并推进文化产业市场的不断革新,进而使美国文化产业得以发展,提高美国的软实力。

美国是一个移民国家,其多元化的特征孕育了文化产业,并与产业资本、政治力量结合,在全球范围内以文化渗透的方式,建立起依托于文化产业帝国的文化霸权。近30年来,美国的文化产业一直保持强劲的增长势头,文化产业竞争力高居全球首位。

---

① 数据来源:https://www.bea.gov/。

同时,美国经济的迅速增长及其带来的强大国际影响力带动了美国文化产业的发展,而美国文化产业在全球的强大影响力在促进其产业本身发展的同时也推动了美国经济的进一步增长,文化产业特有的渗透能力提高了美国的软实力。

美国文化产业以实用主义为发展基础(周磊和杜滇峰,2017),在市场经济的驱动下,为大众生产出"有用"的文化产品,符合美国社会的价值观,代表着多元价值和多重力量。这是美国文化产业能够走向世界,与人们的文化精神需求无缝对接的根本原因。而美国政府在推动文化产业成为支柱性产业的历程中采用多种政策工具,也是美国文化产业成长的重要因素。

第二节　美国文化产业简介

一、美国文化总体状况

对"文化"一词的理解包含多方面的内容。具体来说,文化是一个社会群体为生存而设计构建的一套准则,这套准则包括语言、习俗、宗教、道德、法律、价值观等方面的内容,且文化的形成受到历史及地理环境、民族性格以及政府行为等因素的影响,并在不断变迁。一般来说,生活在同一文化内的社会个体在社会行为、思想以及价值判断等方面往往具有一定的趋同性。

美国文化得益于其多元与包容的特性、强大的国力、完善的市场经济体制,以及美国跨国公司明显的垄断优势,在当今世界有着极强的影响力。美国著名国际政治学者约瑟夫·奈(Joseph Nye)提出的"软实力"一词很好地解释了美国文化在当今世界的影响力,认为软实力是指一个国家让别的国家做自己想要其做的事情,但不是通过命令或强迫的手段,而是以吸引人的方式进行的实力。奈也把软实力称为"同化性权力"(金衡山,2020)。

美国作为移民文化的"大熔炉",其文化中很难拥有单一的文化类型,世界各地区移民的涌入势必导致美国文化体系包含不同文化类型的复杂元素。而在这其中,基督教清教徒的理念成为目前美国主流文化和价值理念的根基(王延中,2021)。清教徒在欧洲受到排挤转而移民美洲后找到了宣传自己的宗教理念的沃土,这些清教徒所宣扬的坚强、通过劳动获取财富、创新、理性等精神至今依然作为主流的美国文化影响着相当数量美国人的价值观,在美国人社会生活的各个领域发挥着主导作用。

"自由"作为美国精神的核心,自1776年《独立宣言》颁布,便一直在美国的社会生活、法律制定等领域占据着重要的地位。自由是美国奉行的核心价值,自由主义是美国最为重要的意识形态(王延中,2021)。实际上,自由主义的两大要素——自由与平等在实践中很容易产生矛盾。费孝通在其著作《美国与美国人》一书中谈及了这一问题,认为美国人崇尚自由,推崇个人主义,在美国社会中,个人的利得凌驾于社会和集体的损益之上,这是以美国为代表的西方文化与以中国为代表的东方文化一个显著的不同点。一般情况下,个人对自身利益的追求对于经济和社会发展是有利的,但是一旦任由个人唯上的气氛发展下去,那么个人主义的无限膨胀势必削弱社会体制的平等性,由于个人不顾一切追求自身利益,逐渐固化的社会阶级将使得"起点平等""机会平等"成为虚伪的代名词。虽然美国人早在上个世纪就发现这一潜在隐患并着手解决,但个人主义与平等这一对几乎是悖论的文化形态依然在威胁着美国的文化和社会体系。

20世纪70年代之后,"怀旧"文化迅速在美国文化体系中兴起。这种怀旧文化成为当代美国文化的突出情感(Nicola,2020),影响着美国文化及其内在的价值观,包括 Mad Men、The Virgin Suicides 等文学作品和影视节目都突显着当代美国人的怀旧情绪。总的来说,要用一句话总结美国文化的特征是比较困难的,但也正是由于美国文化与生俱来的复杂和多元的特质,使得美国文化能够在全球范围内受到欢迎,并得到发展。

二、美国文化产业概况

美国文化产业的产值占GDP的比重在20%左右,可以说是美国国民经济的一大主心骨。美国文化产业国际竞争力指数为71.44,位列世界第一(商务部国家贸易经济合作研究院,2016)。同时,自20世纪30年代初美国文化产业形成以来,随着文化商品化和经济全球化程度的不断加深,美国出现了一批体量庞大、影响广泛的超级跨国文化产业集团,一直引领着全球文化产业的发展。

(一)新闻出版行业

美国新闻出版行业每年约创造250亿美元的收入,其中,仅麦格劳—希尔公司年收入就达到了30亿美元左右,在100多个国家和地区发行了超过2800万册图书。在报纸发行方面,全美发行量最大的报纸《洛杉矶时报》平均日发行量约100万份,其中,星期日的发行量逼近140万份,广告收入每年约为2.25亿美元左右(商务部国家贸易经济合作研究院,2016)。

(二)广播影视行业

美国的超级文化企业在广播影视行业的统治力是难以超越的,这些巨无霸企业直接控制了全球75%以上电视节目的制作,每年其他国家转播的美国电视节目总时长达到30万小时,甚至很多第三世界国家播出的电视节目中60%—80%均来自美国。不仅如此,美国企业还垄断着世界范围内绝大多数的新闻节目,这些媒体所发布的信息量达到其他各国发布信息总量的100倍。美国电影产量仅占全球电影总产量的6.7%,但却占据着一半以上的全球总放映时间(商务部国家贸易经济合作研究院,2016)。近年来,各种各样的电影附加产品所带来的收入逐渐超越电影本身的票房收入,这也为美国广播电视业注入新的发展活力。

（三）文化演艺行业

剧院表演艺术也是美国文化产业中的一个重要组成部分,是当代美国文化产业发展的动力之一。剧院、艺术团体、直接服务机构、间接服务机构等一系列相关主体之间相互协调,形成了一个有效的运作机制,创造出可观的艺术表演收入。以纽约百老汇为例,每年除去新问世的30余个新剧目以外,还有数量不等的老剧目在继续上演。每个剧目的制作成本平均约为200万美元,每年剧目的总成本约为6000万美元,而这6000万美元的投入每年却创造4亿到7亿美元的票房收入,由此可见,美国表演市场的利润十分丰厚(商务部国家贸易经济合作研究院,2016)。

（四）娱乐行业

美国娱乐业中最著名的企业当属迪士尼公司,它的业务横跨网络媒体、电视电影以及产品销售。此外,旅游、观光、博彩等项目也是美国娱乐业中的重要项目,它们不仅占据了美国国内市场不小的份额,更吸引着来自世界各地游客的目光。在某些地方,娱乐业甚至成为当地的支柱产业,比如拉斯维加斯。拉斯维加斯现已成为世界上久负盛名的娱乐中心,它汇集了娱乐、休闲、国际会议及赌场等功能,同时带动了其他产业,诸如旅游业和演出业的发展,每年创造收入超过200亿美元(商务部国家贸易经济合作研究院,2016)。

（五）文化管理体制

艺术与人文在美国属于传统意义上的民间或地方事务。1965年《国家艺术与人文基金会法案》通过并实施以后,由国家艺术基金会(National Endowment for the Arts,NEA)、国家人文基金会(National Endowment for the Humanities,NEH)以及后来成立的博物馆与图书馆服务协会(Institute of Museum and Library Services,IMLS)三个联邦行政机构对艺术与人文事业进行管理。这三家机构并不直接掌控美国的艺术与人文事业。国家艺术基金会和国家人文基金会虽然名为基金会,但却与一般靠自身经费运营并独立于政府之外的基金会有别。在地方层面,各州和地方的艺术与人文事业通常由州和地方层面的文化或艺术与人文委员会进行组织和管理。委员会监管的范围一直纵向延伸至社区,并鼓励成立社区委员会,鼓励各州和地方层面的委员会协助社区委员会建立艺术家驻留计划等,逐步加强艺术文化活动的实施(商务部国家贸易经济合作研究院,2016)。

三、美国文化产业发展的特点

美国文化产业发展的特点同时也是其优势所在,这些特点主要包括规模化、科技化、垄断化、国际化和市场化。

(1) 规模化

美国文化产业之所以被称为文化巨无霸,就是因为它的文化产业规模大、体量大。经济合作与发展组织(OECD)发表的数据显示,美国的第三产业对其 GDP 的贡献率达到了 70% 左右,而其中文化产业就贡献了 20% 左右。全美最富有的 400 家企业中文化企业就占据了 72 家,全世界超过 150 个国家和地区会放映美国电影(商务部国家贸易经济合作研究院,2016)。在纽约市,文化产业的经济效益甚至可以和华尔街比肩,每年在文化市场中流动的资金高达上百亿美元。

(2) 科技化

美国文化产业的面貌因高新技术的广泛使用持续地改变着,这些技术包括卫星通信技术、网络技术、数字技术和多媒体技术等。近几年来,数字技术和网络技术的快速发展促使美国的电影、电视、广播以及出版等行业全面跨入数字化时代。2010 年 3D 大片《阿凡达》的成功便佐证了电脑特技等高科技手段的运用已经取代其他传统手段,成为票房的最大卖点。此外,高新技术的发展促进了美国文化产业布局结构的变化,比如网络出版、电子图书等一些新兴产业的迅速涌现,推动了美国文化产业的转型升级。

(3) 垄断化

2000 年,时代华纳公司和美国在线公司合并,并成立了美国在线时代华纳公司,这两家公司的合并聚合了各自的优点,形成了其独特的在线服务结合电视文化的全球发展策略。这两个超级体量文化公司的合并,昭示了美国文化产业发展的风向和趋势,即大规模的兼并和市场资源的集中。因为企业的规模与其国际竞争力正相关,所以美国政府往往对文化产业的兼并和重组持鼓励态度。这些美国文化产业领域的并购直接推动了美国文化产业结构的大调整,并且促进了文化产品的转型升级,直接帮助美国文化产业扩大了在国际文化市场中的占有份额。目前,美国文化产业的主体行业,包括电视、广播、电影和出版等都已经被少数大型文化产业集团所控制。

(4) 国际化

美国的各大文化产业集团都是在世界范围内进行文化产品的生产和流通,这打破了传统的文化生产国际分工模式和市场状态。随着生产与销售的国际化,美国的文化产业集团不仅获得了巨额的资金收入,而且还削减了文化产品生产与销售的成本,保证了较高的经济效益。美国的文化企业采取全球同步销售策略,将销售网络布设到世界各地,以极高的同步率宣传其产品(李浩然,2020)。电影《泰坦尼克号》的制作与销售就是这样的一个经典案例。它是由来自 7 个国家的 30 余家公司共同承担制作的,用近 2 亿美元的投资成功收获了约 18 亿美元的全球票房总收入(商务部国家贸易经济合作研究院,2016)。此外,当其影视作品在全球掀起观影热潮时,美国的文化企业还会趁机推出玩具、服装、图书等影视周边产品,拓展了文化产品的盈利空间,提高了其附加值。由此可见,美国文化产业可谓经济全球化的一个巨大受益者。

（5）市场化

除了一些公益性文化产业以外，美国大部分文化产业都和其他产业一样遵循着市场经济的运行规律，在开放的市场环境里自由发展。由于政府对文化产业的投入十分有限，因此美国的文化产业需要依赖其他途径吸引投资。其资金来源主要包括两个方面，即企业基金会的捐赠和财团资金的投入。文化产品也同其他产品一样，根据市场需求进行调整和发展，从而达到适应不同层次消费者的要求。与其他产业类似，美国的文化产业也进行广告宣传和市场促销，并最终建立有效的销售网络。商业化的运作模式促进了美国文化产业的快速发展。

四、美国文化产业对经济的贡献

美国文化产业一直在美国国民经济中占据着不可或缺的重要地位。凭借在自由竞争中积累起来的经验，美国文化产业还成为美国出口贸易中的亮点，并且为美国吸引了大量的国际投资。在美国，文化产业的相关数据主要被记录在艺术及文化生产卫星账户（ACPSA）当中，该账户主要由国家艺术基金会和经济分析局（BEA）联合统计和公布。该账户将美国艺术及文化产业分为两部分，即核心和支持产业，核心产业为文化产业提供新的创意，主要包括表演艺术、设计服务等，而支持产业主要负责生产和分销文化产品，主要包括出版、信息服务等。

（一）实际总产出

根据美国经济分析局提供的数据（见表1-1），2011年至2020年这10年间美国艺术及文化产业的实际总产出（以2012年为基期）一直维持在1万亿美元（经过通胀调整后的数值）以上，2019年，该数值突破了1.5万亿美元，同比2011年增加了35.9%。2011年至2019年，美国艺术及文化产业实际总产出的年平均增长率约为4%，其中，2016年增长率达到7.8%，高于其他时期的增长率。此外，设计服务（包括广告、建筑服务和室内设计等）和信息服务（包括电影、广播和录音等）这两个子产业对实际总产出的贡献最大。2020年，受新冠疫情影响，美国艺术及文化产业实际总产出相较2019年减少了5.5%。其中，艺术表演行业受疫情冲击最大，其实际总产出相较2019年减少了55.2%。

（二）就业

2020年，美国文化产业总计提供了约459.1万个就业岗位（见表1-2）。2011年至2020年，文化产业就业人口占美国总就业人口的3.4%左右。新冠疫情之前，文化产业就业人口的年均增长率为1.1%，略低于美国总就业人口的年均增长率（1.6%）。

如表1-3所示，2020年，在美国文化产业中，核心产业提供了106.6万个就业岗位，而支持产业提供了339.2万个就业岗位，后者对就业的贡献率比前者多出了约218%。

表 1-1　2011—2020 年美国艺术及文化产业实际总产出情况（以 2012 年为基期）

（单位：链式加权百万美元）

Commodity	2011 年	2012 年	2013 年	2014 年	2015 年	2016 年	2017 年	2018 年	2019 年	2020 年
Total ACPSA	1107509	1127556	1151244	1191491	1235526	1326158	1372898	1450326	1505548	1422114
Core arts and cultural production	532394	545402	553607	574651	595054	641614	666578	707002	737720	696202
Performing arts	26226	25484	25696	26585	28258	29799	31094	32454	33723	15104
Independent artists, writers, and performers	30749	33015	33365	34915	36306	37868	40240	43685	45892	36641
Museums	16548	18087	18521	18945	18428	18823	19812	20579	20795	17200
Design services	282246	294574	299819	318349	331832	362511	378210	406397	430296	428245
Fine arts education	5131	4958	4972	5175	5354	5780	6263	6775	7145	5184
Education services	102631	99102	100906	100122	99736	106638	107877	110951	111879	112172
Entertainment originals	68917	70181	70307	70689	75575	80537	83554	86893	89139	83648
Supporting arts and cultural production	575463	582155	598370	618227	642869	685646	707597	744715	769108	727114
Art support services	47597	47921	48298	49239	50107	52706	53999	57003	56688	43682
Books publishing	25539	22593	22215	22169	22277	22042	22421	22421	22085	21212
Other publishing	80654	83077	85287	88898	90473	102666	111384	119461	127740	137781
Information services	283304	297368	309593	320509	340239	364290	370164	392435	407032	382301
Broadcasting	126360	129909	132945	136894	142464	151198	148035	146731	146212	143057
Sound recording	16275	15761	15520	15992	17723	18653	19824	20929	23021	18163
Motion pictures	14182	15523	15862	16125	16351	20536	19943	21362	21136	10150
Audio/visual production	77027	75852	80754	80343	84195	83432	81846	89428	90555	71514
Other information services	49379	60323	64947	71620	80866	90693	101193	115583	129124	143913
Manufactured goods	110289	110538	111283	116514	117134	120707	124895	127859	127611	118468
Construction	27302	20658	20989	20944	22564	23946	25562	26803	27414	25670

数据来源：根据美国经济分析局提供的数据整理得出。表中金额采用 2012 年为基期的链式（chained）加权，是采用按年重订权数及环比连接法计算的产出值。链式加权计算出来的总量和分项具有不可加性，即总量不等于分项之和。因此，2012 年以外的年份，总量不等于分项之和。

除了直接提供就业机会之外,美国文化产业还间接帮助了约275万人解决就业。数据显示,大多数文化产业子产业的就业乘数稳定在1到2之间。在美国文化产业众多的核心文化艺术子产业中,对就业贡献最为突出的是设计服务业(11.4%),而在众多支持性文化艺术子产业中,艺术支持服务业(26.6%)和信息服务业(25.5%)对就业的贡献率最为醒目。

受新冠疫情影响,2020年艺术及文化产业创造的就业岗位相较2019年下降了11.6%。其中,受疫情冲击最大的是表演艺术行业,该行业创造的就业岗位缩水了45.2%。① 这与疫情影响旅行和人员流动有着很大的关系。为了缓解疫情带来的负面影响,政府鼓励表演艺术行业的从业人员将表演场景转移到线上,通过科技手段的辅助来确保行业的稳定发展。

表1-2　2011—2020年美国各产业就业情况　　　　　　　（单位:千人）

Industry	2011年	2012年	2013年	2014年	2015年	2016年	2017年	2018年	2019年	2020年
Domestic industries	137222	139906	142215	145003	147942	150199	152180	154674	156873	147561
Private industries	112635	115519	117880	120668	123521	125605	127458	129820	131806	123102
Agriculture, forestry, fishing, and hunting	1293	1327	1356	1380	1439	1417	1418	1417	1420	1389
Mining	727	794	810	842	751	611	622	672	674	539
Utilities	551	551	549	550	555	555	553	553	549	544
Construction	5636	5761	5996	6282	6613	6883	7127	7420	7664	7383
Manufacturing	11729	11935	12023	12189	12332	12335	12440	12672	12806	12111
Wholesale trade	5573	5685	5773	5847	5905	5897	5934	5882	5915	5648
Retail trade	14800	15006	15200	15462	15777	15960	15989	15933	15752	14886
Transportation and warehousing	4307	4419	4506	4675	4891	5021	5198	5444	5741	5775
Information	2695	2700	2719	2747	2772	2817	2804	2821	2856	2717
Finance and insurance	5774	5850	5895	5949	6069	6153	6282	6328	6457	6501
Real estate and rental and leasing	1966	1994	2043	2074	2137	2173	2230	2294	2373	2231
Professional, scientific, and technical services	7760	7993	8209	8442	8719	8932	9101	9384	9635	9540
Management of companies and enterprises	1918	2007	2090	2152	2195	2234	2284	2351	2411	2322

---

① 数据来源:根据美国经济分析局提供的数据整理得出。

(续表)

Industry	2011年	2012年	2013年	2014年	2015年	2016年	2017年	2018年	2019年	2020年
Administrative and waste management services	7796	8080	8337	8633	8874	9046	9151	9315	9372	8619
Educational services	3300	3360	3403	3467	3540	3606	3662	3722	3769	3589
Health care and social assistance	16719	17422	17850	18154	18644	19204	19576	20019	20446	19825
Arts, entertainment, and recreation	1952	2008	2066	2172	2192	2281	2335	2408	2470	1742
Accommodation and food services	11447	11842	12242	12611	13033	13420	13711	13917	14127	11148
Other services, except government	6690	6785	6812	7041	7081	7061	7042	7268	7368	6591
Government	24587	24387	24335	24336	24421	24594	24721	24854	25067	24459
Rest of the world	(964)	(1021)	(1112)	(1245)	(1307)	(1464)	(1526)	(1497)	(1549)	(1019)
Total employees	136258	138885	141103	143758	146634	148735	150654	153176	155324	146542
ACPSA	4731	4761	4813	4883	4982	5075	5121	5149	5195	4591
% of ACPSA to Total employees	3.5%	3.4%	3.4%	3.4%	3.4%	3.4%	3.4%	3.4%	3.3%	3.1%

数据来源：根据美国经济分析局提供的数据整理得出。

注：产业分类依据来自北美产业分类系统（NAICS），本表仅记录到三级子目录。艺术及文化产业就业数据（即表中的 ACPSA）来源于艺术及文化生产卫星账户，与其他产业并非互斥关系。

表1-3　2020年美国艺术及文化产业就业情况　　　　　　　　　　（单位：千人）

Industry	Direct ACPSA employment	Total industry employment multiplier	Total ACPSA-related employment	% of total direct ACPSA employment (%)
Total	4591	—	7341	100.0
Core Arts and Cultural Production	1066	—	1531	23.2
Performing Arts	204	—	307	4.4
Performing Arts Companies	78	1.419	111	1.7
Promoters of performing arts and similar events	68	1.659	114	1.5
Agents/Managers For Artists	13	1.659	22	0.3
Independent Artists, Writers, And Performers	44	1.374	61	1.0
Museums	120	1.286	155	2.6

(续表)

Industry	Direct ACPSA employment	Total industry employment multiplier	Total ACPSA-related employment	% of total direct ACPSA employment (%)
Design services	525	—	817	11.4
Advertising	157	1.738	273	3.4
Architectural Services	141	1.614	228	3.1
Landscape Architectural Services	33	1.614	52	0.7
Interior Design Services	43	1.32	57	0.9
Industrial Design Services	18	1.32	24	0.4
Graphic Design Services	53	1.32	70	1.2
Computer Systems Design	26	1.606	42	0.6
Photography and Photofinishing Services	46	1.294	59	1.0
All Other Design Services	9	1.32	12	0.2
Fine Arts Education	118	1.198	141	2.6
Education Services	98	1.133	111	2.1
Supporting Arts and Cultural Production	**3392**	—	**5543**	**73.9**
Art support services	1219	—	1251	26.6
Information services	1173	—	2831	25.5
Publishing	299	1.905	569	6.5
Motion Pictures	258	1.546	399	5.6
Sound Recording	16	1.453	24	0.3
Broadcasting	392	2.17	850	8.5
Other Information Services	209	4.742	990	4.6
Manufacturing	145	—	247	3.2
Construction	82	1.462	120	1.8
NonACPSA-related Production	**133**	—	**267**	**2.9**
All Other Industries	133	2.013	267	2.9

数据来源：根据美国经济分析局提供的数据整理得出。

(三) 贸易与投资

美国文化产品的出口在其对外贸易中占据着重要的地位。其中，电影业的出口产值仅次于航空业，占据全球市场份额的80%。美国国际贸易的顺差大部分来自文化产品的输出，以东欧国家捷克为例，该国进口的电影都来自美国，而其对美国没有任何电影输出。为了确保电影的出口,美国将许多国家控制在反竞争协议之下。此外,许多欧洲的媒体和文化公司也都被美国公司控制。例如,迪士尼公司就是欧洲体育电视台、德国有线电视频道TM3以及西班牙等国电视台的大股东。美国的媒体集团以20世纪末发生在美国国内的媒体并购潮为契机,大肆向国外扩张,无论是电影、音乐,还是广播、电视,其并购的足迹遍布世界。根据美国经济分析局公布的数据,美国文化产业出口海外的产品主要包括广告、视听、建筑设计、教育、版权许可和艺术相关等服务。以2020年为例,在数据公开的服务产品中,广告及相关服务的出口额最高,约为207.5亿美元,约占当年美国服务出口总额的2.9%(详见表1-4)。

表1-4 2011—2020年美国艺术及文化产业服务出口情况 (单位:百万美元)

	2011年	2012年	2013年	2014年	2015年	2016年	2017年	2018年	2019年	2020年
Advertising and related services	7529	9002	10048	12714	14925	16811	17663	19065	21523	20750
Advertising services	6292	7473	8575	11147	13140	14316	14524	16397	19258	19805
Market research and public opinion polling services	1200	1483	1426	1522	1729	2433	3001	2571	2196	901
Trade exhibition and sales convention services	38	45	47	45	56	62	137	97	69	44
Audiovisual services	16301	17385	17149	18341	19891	19025	21500	19160	17922	14826
Audiovisual production services	428	515	552	601	668	608	736	752	—	—
Rights to use audiovisual products	15873	16870	16596	17738	19220	18413	20741	18402	—	—
Movies and television programming	14658	15586	15460	16216	17707	16497	18553	16084	15148	12094
Books and sound recordings	1215	1284	1136	1522	1513	1916	2188	2319	—	—
Audiovisual originals	—	1	1	2	3	4	23	5	6	9
Architectural services	1104	1243	1182	1372	1085	721	927	845	890	763
Artistic-related services	819	929	713	812	797	763	711	595	608	427
Education services	2288	2471	2447	2574	2511	2627	2444	1965	2284	4193
Licenses to reproduce/distribute audiovisual products	2053	2112	2634	3250	3658	3553	4216	4619	4894	5136

(单位:百万美元)(续表)

	2011年	2012年	2013年	2014年	2015年	2016年	2017年	2018年	2019年	2020年
Movies and television programming	616	666	—	—		1496	1581	1524	1620	1735
Books and sound recordings	671	633	629	736	834	593	826	1174	1334	1456
Broadcasting and recording of live events	765	813	—	—		1464	1810	1921	1941	1946
Total Exports of ACPSA Services	30094	33142	34173	39063	42867	43500	47461	46249	48121	46095
Total Exports of Services	644665	684823	719413	757051	769397	783431	837474	865549	891177	726433

数据来源:根据美国经济分析局提供的数据整理得出。
注:表中横线表示数据未公布或难以准确计量。

除文化产品贸易以外,美国还是当今世界上文化投资最大的国家,同时也是国际文化资本流入最多的国家。这与美国政府对非文化部门和外来资金投入文化产业的鼓励政策有关。大量的国际投资因为看重美国较高的利润回报率而涌入其文化产业。此外,美国金融制度的革新也提升了其文化产业对投资人的吸引力。投资组合理论最大程度地降低了投资人的风险,使得文化产业能够吸引大量国际游资,拓展了其融资的渠道。

第二章
美国文化产业经济支持政策

第一节 美国文化产业经济支持政策概述

1791年《美国宪法第一修正案》规定:国会不得立法剥夺公民的言论自由和出版自由。这一规定为美国文化产业政策定下主要基调,美国文化产业的自由发展由此得到坚实保障。不同于英、法等欧洲国家直接扶持本国文化发展的传统,美国在文化上秉持自由主义原则,立法机关和政府部门在制定和执行文化政策时需格外慎重,以防止逾越自由主义原则的行为发生(王景云,2016)。在行政体制上,美国没有针对文化发展设立专门的管理部门,多数文化产品只受市场规律支配,在"看不见的手"作用下经历优胜劣汰、公平竞争。然而,文化产业也是经济的一种形态,本身不会主动地有序进行,因此政府有必要制定相关政策加以调控和引导。虽然看似"无为而治",但从维护国家利益和文化主权的角度来说,美国文化产业政策是全方位、多层面覆盖的,并且渗透在各领域。因此可以说,美国文化产业的蓬勃发展离不开产业政策的支持。

根据张慧娟(2013)的研究,美国文化产业政策的发展大致可划分为三个阶段。第一个阶段是美国文化产业发展的萌芽期,即一战至二战期间,此时的文化产业政策初步形成。由于处在战争的特殊背景下,政府加强了对社会新闻和言论自由的监管。1917年至1918年,美国先后颁布并通过了《间谍法》《对敌贸易法》等。20世纪20年代后,伴随无线电、放映机等设备的出现,美国的广播业、电影业迅速壮大,相应的法律法规也不断完善,如《无线电法》《通信法》的通过使得美国无线电通信得到有效管理,制止了广播线路的混乱情况。这一阶段的文化产业政策着重在言论自由、出版自由与行业监管之间找到平衡点,探索和限制监管的边界。第二阶段是二战结束后至冷战结束,此时的美国文化产业政策受到东西方冷战和新自由主义思潮的深刻影响,成立了一系列与文化产业相关的机构,出台了多部相关法律,并重视对美国文化、价值观和生活方式的推广,具有较强的意识形态色彩。比如,成立国际新闻局和文化交流局(1948年),建立独立的美国新闻署(1953年),通过《相互教育和文化交流法案》(1961年)。该阶段的文化产业政策违背了《美国宪法第一修正案》言论自由的原则,但同时也促进了美国文化在世界范围的扩张,促使出现了一批实力雄厚的大集团。第三阶段是从苏联解体至今,美国面临着前所未有的局面和挑战。由于信息革命和网络的兴起,传统文化产业格局受到冲击,更新换代的需求十分迫切。同时,隐私保护、信息安全等问题在新行业中显现,知识产权领域也出现了新情况。全球市场上文化产业竞争激烈,英、法、日、韩等国家文化产业快速发展,抢占行业份额。美国文化产业政策在全球化和网络化的趋势下,不断进行相应调整以适应新变化。比如,对《专利法》《商标法》《版权法》和《反不正当竞争法》等进行多次修正,在知识产权保护领域出台新的法律法规等。

第二节　美国文化产业经济支持政策的主要表现

总体来看,美国文化产业经济支持政策主要表现在以下四个方面:

一、以市场为主导,政府有限干预

美国人对于政府主导和干预文化天然地排斥,因此,美国政府不设立文化部,没有专门的部门管理文化产业和制定文化政策。他们认为,文化产业发展的关键不是扶持,而是营造和维护自由表达的环境。文化产业在经济方面没有特殊的地位,与市场上的其他产品没有什么不同,遵循市场规律是美国文化产业发展的基本准则。企业通过遵循市场机制成为自主经营、自负盈亏、自我发展和自我约束的法人实体和竞争主体。市场机制具体包括价格机制、供求机制、竞争机制、利率机制和盈利预期机制等。美国政府尊重市场机制和市场规律,发挥价格、税收、利率等经济杠杆的自发调节作用,引导文化企业依法开展正常的生产经营活动,并实现利益最大化。

所以,美国政府对文化产业的管理其实是有所为,有所不为(孙有中等,2007)。例如,为了防范文化产业垄断现象的发生,美国政府陆续通过了《谢尔曼法》(1890年)、《联邦贸易委员会法》(1914年)和《克莱顿法》(1914年)三部基础性法律,保障各级企业平等参与市场竞争的权利。另外,对一些公益性非营利机构,如博物馆、图书馆等,其服务惠及普通群众,但其经济效益难以保证自身的独立运营,因此需要政府适当的税收政策激励和资金扶持。

二、税收激励机制完善,资助方式多元

美国联邦政府并不直接参与或介入营利性文化产业的市场化运作,一般不提供太多的财政支持。然而,许多州政府会提供各种税收优惠,鼓励个人和企业投资文化产业。截至2010年,有46个州为营利性文化产业提供税收优惠。大多数州都在不同程

度上为影视、广告、游戏等行业提供税收优惠。一些特定地区的文化产业发展还会得到另外的税收优惠。例如,马里兰州的文化从业人员或相关机构在指定区域享有艺术作品收入减税、居所免征物业税、减免招生和娱乐税等优惠。纽约市的文化企业可以通过市经济发展公司获得低息或无息贷款;纽约市对百老汇营利性剧目创作和演出过程中发生的各种开销免除消费税,如服装、道具、设备的购买、租赁、维修等(李雅丽,2018)。

对于非营利性文化产业,由于其难以凭借自身力量在市场上生存,政府一般会通过间接的税收激励政策或直接资助来助力该类产业发展。在美国,一般根据《国内税收法》第501条c款定义非营利组织的活动,有26种享有联邦所得税减免的非营利组织,包括工会、教堂、商业联盟、补充失业信托基金、社区组织等,除了"公共安全测试"类组织外,都可以接受减税捐赠。当捐赠者向501c3组织捐赠的时候,将会发生双向减税行为。一方面,捐赠者的捐赠金额从联邦所得税计算中减掉。另一方面,接受捐赠的501c3组织对于捐赠品免缴联邦所得税。比如,某人为一个非营利的芭蕾舞团捐出1000美元,其年收入所得税中就可以扣除这1000美元所应缴纳的所得税。假如他应缴纳的税率为35%,那么他可以少缴350美元的联邦所得税。而对于接受捐赠的501c3组织来说,联邦政府允许其接受免税捐赠,因此收到的就是1000美元。政府放弃了本该征收的350美元的税,少收的部分即为联邦政府对该机构的"间接补助"(李妍,2016)。

除税收激励外,地方政府也会直接资助或主动建设文化项目以促进城市发展。例如,新泽西州政府为纽瓦克建设"世界级"艺术设施提供支持;西雅图市议会拨款4000万美元帮助交响乐团建造新音乐厅,并支持艺术博物馆和剧院迁往新的市中心。尽管产生的直接经济效益有限,但文化项目作为高品位的象征会带来更强大的间接影响,因此州政府有动力自发资助文化产业的建设。譬如由于受过高等教育的员工不愿在文化荒地中生活,满足文化设施的需求可以吸引需要这类员工的公司在本州创立,并招到高素质员工;同时,其他州以及外国的游客也更愿意来有丰富文化景点的城市旅游,文化产业的建设有助于地方旅游业的发展(Strom,2003)。

美国政府对文化产业的资助是通过国家艺术基金会、国家人文基金会以及博物馆与图书馆服务协会等中介组织实施的。这类政府独立机构代替政府履行文化产业宏观调控职能,资助各类文化组织和项目,但没有行政管辖权。国家艺术基金会与国家人文基金会独立于联邦政府运作,通过对艺术和人文事业的补贴,促进美国艺术与人文事业的发展。博物馆与图书馆服务协会向全美12.3万家图书馆和1.75万家博物馆提供支持。它的使命是"创建强大的图书馆和博物馆,将人们与信息和思想连接起来"。然而,即便对于这类非营利性文化机构,政府的支持资金一般也不超过项目所需的一半,剩下的部分则需要申请者通过政府以外的渠道募集,如企业赞助、慈善捐款等。政府利用资金匹配作为杠杆,鼓励各地方政府、各企业参与并资助当地文化产业的保护和建设。这种形式既可以调动社会各界对推动文化艺术事业发展的积极性,也可以使企业减少对政府的依赖,倒逼其获得自力更生的能力。

从2018—2022年美国政府的资助金额来看(见表2-1、图2-1),政府拨款数额总体呈现上升趋势。2021年三家机构收到的资金同比涨幅均较大,均超过25%,但在2022年又有所回落。其中,博物馆与图书馆服务协会在2021年收到的政府拨款达到约4.8亿美元,相比2020年的3.1亿美元涨幅超过50%。这与新冠疫情大背景有密切关联。2020年3月,美国颁布《新冠病毒援助、救济和经济保障法案》(CARES法案),授权为博物馆与图书馆服务协会提供资金,以帮助各州、部落的博物馆和图书馆预防和应对新冠疫情,扩大数字网络接入,购买互联网接入设备,提供技术支持服务,造福于受公共卫生紧急情况影响的社区。其中除按人口基数为59个州级图书馆管理机构拨款3000万美元外,博物馆与图书馆服务协会建立了两个竞争性资助项目,以支持印第安人、夏威夷原住民社区应对疫情,总计拨款1380万美元。此外,该协会还资助了15个主要服务和代表夏威夷原住民的美洲原住民机构和非营利组织,共计120万美元。2021年,为响应CARES法案,该协会为博物馆和图书馆的22个项目的额外申请提供了总额为306万美元的资助。① 另外,2021年3月,美国总统签署了《美国救援计划法案》(ARP法案),为该协会指定了2亿美元的疫情应对资金,使该协会能够有效地向各州和地方图书馆管理机构提供关键资金。其中,分配给各州图书馆管理机构的款项总计为1.78亿美元,该协会已于2021年4月分发资金,这些资金可用到2022年9月(陈清,2021)。

表2-1 2018—2022年美国政府资助金额　　　　　　　　　　(单位:美元)

年份	国家艺术基金会 (NEA)	国家人文基金会 (NEH)	博物馆与图书馆服务协会 (IMLS)
2022	277635153	274986721	309096537
2021	316077111	340520552	475812990
2020	252588155	262566156	312744015
2019	169818391	178613451	251182919
2018	165005253	163925347	248427786

数据来源:USA Spending。

---

① 数据来源:https://www.imls.gov/research-tools/data-collection,经作者整理。

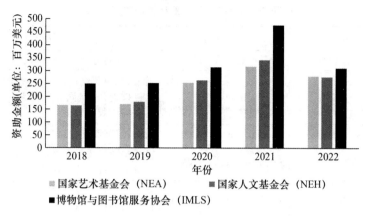

图 2-1 2018—2022 年美国政府资助金额

数据来源：USA Spending。

三、法律体系完善，重视知识产权保护

美国拥有较为完善的立法和政策框架支持文化产业发展。其中，法律的作用在知识产权保护领域尤为明显。美国的文化创意产业又称"版权产业"（copyright industries），主要指以版权保护为依托，生产经营具有版权属性的产品或作品的产业，包括影视行业、传媒行业和音像唱片行业等。美国的版权产业自 1996 年以来首次超过汽车、农业等传统行业，成为出口创汇最多的行业。

美国 1787 年《联邦宪法》第 1 条第 8 款规定：版权和专利权是"为促进科学和实用技艺的进步，对作家和发明家的著作和发明，在一定期限内给予专利权的保障……"其目的是保障作者和发明人对其作品和发明的有限所有权，以推动科学和实用技艺的进步。1790 年颁布第一部《专利法》，进一步规定：作者有 14 年的出版专权，到期后若作者还在世，则可以继续延长 14 年。在此之后，美国政府又根据随着经济、科技、社会发展出现的新的专利权需求，对《专利法》进行了多次修订。1802 年，美国成立直属国务院专利与商标局。1952 年，美国通过并颁布了现行的《专利法》。同时期，美国通过了第一部《版权法》，当时该法的适用范围仅限于书籍、地图和期刊，后将适用范围扩大到所有作品。1998 年，《数字千年版权法》出台，从法律层面对网络上的软件、音乐、文字等作品给予专门保护。2003 年，美国最高法院对该法进一步裁定并增补相关条款，将个人著作权从去世后的 50 年延长到 70 年，并将对公司的版权保护从 75 年延长到 95 年。除以上法律外，美国还出台了《版权保护期限延长法》(1998 年)、《防止数字化侵权及强化版权补偿法》(2000 年)、《家庭娱乐和版权法》(2005 年)等，共同构成了知识产权保护的政策体系，为美国文化产业的发展保驾护航。美国也因此被认为是世界上版权保护制度最完善的国家。表 2-2 整理了美国自建国以来制定的与文化产业相关的主要法律。

表 2-2　美国文化产业相关的主要法律

年份	法律	英文名称	主要内容
1790	《专利法》(多次修订)	Patent Act	创设、规制专利权,规定侵权责任
1790	《版权法》(多次修订)	Copyright Act	创设、规制著作权,将邻接权融入著作权,规定侵权责任,连同加入的著作权国际条约,共同构成版权保护体系
1870	《商标法》(多次修订)	Lanham Act	创设、规制商标权,规定侵权责任
1890	《谢尔曼法》	Sherman Antitrust Act	以托拉斯形式订立契约、实行合并或阴谋限制贸易的行为均属违法
1914	《联邦贸易委员会法》	Trade Commission Act	建立联邦贸易委员会,作为负责执行各项反托拉斯法律的行政机构
1914	《克莱顿法》	Clayton Antitrust Act	提出"早期原则",预防垄断行为
1917	《间谍法》	Espionage Act	建立书报检查制度,处罚反美国政府、军队等言论
1934	《通信法》	Communication Act	改组"联邦通信委员会",分配电台频率,审批营业执照
1956	《图书馆服务法》	Library Services Act	授权联邦政府向各州提供拨款,援助农村地区开展公共图书馆服务
1961	《相互教育和文化交流法案》	Fulbright-Hayes Act	促进其他国家学生、教师和科研人员与美国的交流
1964	《图书馆服务与建设法》	Library Services and Construction Act	进一步扩大联邦政府拨款范围和用途
1965	《国家艺术及人文事业基金法》	National Foundation on the Arts and Humanities Act	创立国家艺术基金会与国家人文基金会;政府每年都应在政府财政预算中拨付相应比例的资金支持文化和艺术事业;对非营利性质的文化艺术团体和公共电台、公共电视台免征所得税,并减免为其提供赞助的个人和公司的税额
1966	《信息自由法》(多次修订)	Freedom of Information Act	规范行政部门的信息公开行为
1967	《公共广播法》	Public Broadcasting Act	建立非营利的公共广播公司(CPB)
1974	《隐私法》	Privacy Act	规范联邦政府处理个人信息的行为
1986	《电子通信隐私法》	Electronic Communications Privacy Act	防止政府部门未经允许监听私人部门的电子通信
1994	《国际广播法》	International Broadcasting Act	授权政府以国际广播的形式对外传播意识形态
1996	《图书馆服务与技术法》	Library Services and Technology Act	建立博物馆与图书馆服务协会,资助图书馆和博物馆提供创新、终身学习以及公民参与文化的活动
1996	《电信法》	Telecommunication Act	解除电信公司、无线通信公司、有线电视公司分割市场的界限,允许三者相互进入对方市场

(续表)

年份	法律	英文名称	主要内容
1998	《数字千年版权法》	Digital Millennium Copyright Act	免除传输信息的国际互联网服务提供者(ISP)发生通过其网络侵害他人著作权事件时的责任,使美国数字版权保护达到国际标准
1998	《儿童在线隐私保护法》	Children's Online Privacy Protection Act	要求收集12岁以下儿童信息的网站和在线服务者,向儿童的父母发出有关信息收集的通知,并在向儿童收集个人信息之前得到其父母的同意
1998	《版权期限延长法》	Copyright Term Extension Act	将版权保护期由作者死后50年延长至70年
2000	《防止数字化侵权及强化版权补偿法》	Digital Theft Deterrence and Copyright Damages Improvement Act	保护包括计算机软件在内的创造性作品的版权
2005	《家庭娱乐和版权法》	Family Entertainment and Copyright Act	刑事处罚电影院未经允许录制和传播预览版作品的行为
2009	《美国复苏与再投资法》	American Recovery and Reinvestment Act	新增拨款5000万美元至博物馆与图书馆服务协会
2020	《新冠病毒援助、救济和经济保障法》	Coronavirus Aid, Relief, and Economic Security Act	分别新增拨款7500万美元至国家艺术基金会和国家人文基金会,其中40%的资助分配给州艺术机构和地区性艺术组织;5000万美元分配给博物馆、美术馆和图书馆及相关研究机构;2500万美元分配给约翰·肯尼迪表演艺术中心
2021	《美国救援计划法》	American Rescue Plan Act	新增拨款2亿美元至博物馆与图书馆服务协会

四、重视文化产品出口,培育国际市场

二战后,美国政府通过在世界不同国家设立美国文化中心,向不同国家派遣文化大使,并邀请各国精英分子和普通民众来美国留学,以参观访问等形式开展文化外交。1946年,美国政府制定并实施了著名的教育交流计划——富布莱特项目,旨在为他国研究生、学者、职业技术人员、教师和管理人员提供奖学金和在美国学习研究的机会(李雅丽,2018)。美国通过外交和文化宣传,将其意识形态、价值理念和生活方式传播至其他国家,不仅使美国文化在全球更具影响力,也使全球文化同质化效应显现。这种同质化现象促进了美国文化帝国主义的形成,也为其开展国际贸易奠定了基础(Crane,2014)。

在对外经济政策方面,为大力支持美国文化产品出口,美国积极投入经济全球化的浪潮,极力促进国际版权保护机制的形成和自由贸易政策的实施。同时,鼓励企业在国

际市场上融资,建立跨国公司,在世界范围获得巨额利润。从1986起,美国开始利用自身国际影响力,大力促进国际贸易相关的版权保护机制的建立。不同于法国、加拿大等国家在国际贸易中强调文化例外和保护文化多样性的观点,美国坚持认为文化不应该被排除在国际贸易之外,并且强调若文化被赋予特殊性,本质就是在践行贸易保护主义,这有悖于经济全球化的趋势,有害全球自由贸易机制。1994年,各国在《关税及贸易总协定》(GATT)乌拉圭回合多边谈判中就是否应该将文化排除在国际贸易之外等问题进行了激烈的讨论。乌拉圭回合多边谈判在美国的提议下专门成立了起草《服务贸易总协定》(GATS)的工作组。以法国为首的一些国家在谈判中提出按本国意愿制定文化产业政策的意见,试图把文化产品排除在《服务贸易总协定》之外,以此来保护本国文化的多样性和本国文化产业的发展。但美国及其背后的大型传媒集团对"文化例外"的提议表示强烈反对,谈判一度僵持,最终结果是美国同意欧盟继续对视听产品实行政府补贴,但阻止将"文化例外"作为条款写进《服务贸易总协定》。此外,美国还利用"特别301"条款,与发展中国家和地区签订双边条约,以此保护本国的知识产权,帮助美国知识产权产品更加顺利地进入海外发展中国家市场(张慧娟,2013)。

以美国电影产业为例,该产业在世界市场占有绝对主导地位。欧洲视听观察组织(European Audiovisual Observatory,EAO)数据显示,在2009年产出25部以上电影的34个国家中,票房排名前10的电影中美国电影占多数。世界年总票房排名前20的电影都是美国出品或参与共同出品的。美国政府在电影产业政策方面的目标是取消其他国家的电影配额,使他国电影市场对美国完全开放。联合国教科文组织在《保护和促进文化表现形式多样性公约》中提出国家有权实施文化保护并且承认文化产品的特殊性。这一公约虽然得到了许多欧洲国家的大力支持,但是美国却拒绝签署并大力游说反对公约内容。美国应对该公约的方式是与其他国家一对一签署对外贸易协定,旨在取消电影配额以促进美国电影出口。对与美国签订协定的许多国家而言,其国产电影市场份额迅速下滑,如加拿大和澳大利亚,不再能够充分保护自己的产业。20世纪90年代初,墨西哥因与美国和加拿大《北美自由贸易协定》而削减了电影配额,墨西哥制作的电影数量从1992年的100部下降到2003年的14部。2009年,墨西哥本土电影的市场份额仅为7.5%。另外,美国还向韩国施压,要求其减少已经存在数十年的外国电影配额,作为《美韩自由贸易协定》谈判的先决条件。尽管韩国电影业强烈反对,但政府还是将配额减半,因为希望其他行业在协定中受益(Crane,2014)。

第三节　美国文化产业经济支持政策的效果

文化产业已经成为美国经济发展的重要动力。根据美国经济分析局的统计,2017—2019年,美国文化相关产品及服务的产值约以3%的速度增长,高于美国GDP

增长率。① 2019年,美国文化相关产品及服务的产值达9197亿美元,约有520万从业者(不含自营艺术工作者),总薪酬达4470亿美元。2020年,尽管受到新冠疫情的影响,美国文化产业受冲击严重,产值下降至8767亿美元,但其关键经济地位毋庸置疑。另外,文化产业相比传统制造业更环保,发展文化产业可以优化经济结构和产业结构,带动相关产业发展,创造更大的就业空间,长远来看对社会经济发展更有益(姚静,2016)。

美国文化的繁荣离不开相关产业政策的引导。美国政府为文化产业领域的个人和企业提供了宽松且有序的生存环境,支持各种文化产业发展,保护了文化的生机与活力,满足了大众的精神需求,维护了社会的稳定与和谐。受1791年《美国宪法第一修正案》影响,言论自由、出版自由和政府监管与调控之间的平衡与博弈贯穿了美国文化产业政策的始终。完善的法律法规使创作者的权利和收益得到保障,尤其在版权保护制度上激发了创作者和行业人员的积极性。

经济上,美国通过国家艺术基金会、国家人文基金会和博物馆与图书馆服务协会三大机构向艺术家、艺术组织和各级博物馆、图书馆提供直接资助,借此带动整个文化产业的发展。在具体实践中,三大机构采用立项审批的模式对主要是中小文化内容生产商的申请人进行资助,并监督经费的使用。以博物馆与图书馆服务协会立项情况为例,2018—2020年,该协会分别资助申请634、625和773项,每项平均资助额为356616、364547和367962美元。② 文化产业项目初期投资高,收益具有较大不确定性,但一旦得到市场认可,则后期维护成本低,这意味着文化产业不利于中小文化企业和机构的发展。这种资助模式一方面大力扶持中小文化企业和机构,在内容端生产中注入了活力;另一方面也避免了资金的大规模浪费。

进一步,我们以美国财政资助为主要研究对象,选取1997—2021年上述三大机构实际支出的资助经费总量自然对数的增加值(d_Ln_Grant)与年度文化产业毛经济增加值自然对数的增加值(d_Ln_GVA)数据,采用向量自回归(VAR)模型研究美国财政资助与文化产业发展之间的关系。其中,文化产业GVA的核算具体涉及出版业、动漫和音乐业、广播和电视业、数字出版业和艺术娱乐业。由于广播和电视业主要由康卡斯特和迪士尼等六大集团控制,大部分不属于直接资助的对象,且在文化产业GVA中占30%以上份额,可能会对计量结果产生误导,因此,我们将其剔除,生成更加针对中小文化内容生产商的年度文化产业毛经济增加值自然对数的增加值(d_Ln_GVA_O)。

表2-3报告了财政资助对文化产业GVA的实证结果。结果表明,财政资助一阶滞后对文化产业经济增加值的回归系数为0.178,财政资助的增长率每增长1%,文化产业总经济增加值的增长率增加0.18%。与此同时,美国财政资助对文化产业发展起到

---

① Arts and Cultural Production Satellite Account, U.S. and States. https://www.bea.gov/news/2022/arts-and-cultural-production-satellite-account-us-and-states-2020,2022-03-15.

② 数据来源:https://www.imls.gov/research-tools/data-collection,经作者整理。

推动作用,体现了美国立项审批资助体制的有效性,即一方面在审批过程中严控项目质量,对不合格项目不予资助;另一方面严控项目进度,督促项目有序推进。

表 2-3 财政资助对文化产业 GVA 的实证结果

	Coef.	Std. Err.	Z	P>Z	[95%Conf.	Interval]
d_Ln_GVA						
d_Ln_GVA						
L1.	−0.501	0.187	−2.68	0.007	−0.868	−0.135
d_Ln_Grant						
L1.	0.178	0.055	3.22	0.001	0.070	0.287
截距	0.064	0.011	5.87	0.000	0.042	0.085
d_Ln_Grant						
d_Ln_GVA						
L1.	−0.581	0.468	−1.24	0.214	−1.498	0.336
d_Ln_Grant						
L1.	0.191	0.139	1.38	0.168	−0.080	0.463
截距	0.055	0.027	2.02	0.044	0.002	0.108

表 2-4 进一步报告了财政资助对中小文化内容生产商的经济增加值的实证结果,其中一阶差分滞后项回归系数为 0.286。财政资助对中小文化内容生产商的带动效应较大,这也启示财政资助应当向中小文化内容生产商倾斜,从内容端带动全产业链发展。

表 2-4 财政资助对中小文化内容生产商的经济增加值的实证结果

	Coef.	Std. Err.	Z	P>Z	[95%Conf.	Interval]
d_Ln_GVA_O						
d_Ln_GVA_O						
L1.	−0.497	0.181	−2.74	0.006	−0.853	−0.142
d_Ln_Grant						
L1.	0.286	0.080	3.59	0.000	0.130	0.442
截距	0.073	0.014	5.28	0.000	0.046	0.100
d_Ln_Grant						
d_Ln_GVA_O						
L1.	−0.461	0.311	−1.48	0.139	−1.071	0.149
d_Ln_Grant						
L1.	0.195	0.137	1.43	0.153	−0.072	0.463
截距	0.053	0.024	2.23	0.026	0.006	0.099

第三章
新闻出版行业经济支持政策研究

第一节 新闻出版行业现状

一、报纸杂志业现状

自 2010 年以来,美国报纸发行量和总收入连续下滑,数字广告收入略有上升。尽管报纸正在进行数字化转型,但尼尔森(Nielsen)调查数据显示,2014 年,美国 56% 的读者只读纸质报,11% 的读者通过固定网络端阅读,5% 的读者同时通过移动端和固定网络端阅读,还有一些读者同时通过三种渠道阅读。① 目前,大部分报纸读者依旧遵循纸质阅读,在线端中移动端访问量远超固定端访问量。不过对于全国性媒体来说,移动端的访问量远超纸质发行量。

需要说明的是,虽然目前报纸行业线上模式增长迅猛,但新增收入依旧占比很小,整体收入一直处于下行区间,记者和编辑岗位数量也持续下降,报业兼并易主时有发生。在这场数字化转型浪潮中,得益于数字广告投放增长,新媒体和科技公司是最大赢家。2014 年,由谷歌、脸谱网、微软、雅虎和美国在线组成的 TOP5 占据了 61% 的全美数字广告收入和 50% 的显示广告收入。在移动显示广告方面,脸谱网、谷歌、推特、潘多拉和苹果组成的 TOP5 占据了 64% 的市场份额(郑蔚雯,2015)。

美国杂志行业历史悠久,发行历史超过 50 年以上的纸质杂志就有约 180 种。当前消费类杂志发行量持续下滑,其主要价值在于作为广告载体。2014 年,欧莱雅、宝洁、辉瑞制药、路易威登和强生等美国前 50 名杂志广告商总计向纸质杂志投放了 68.26 亿美元的广告费(吴保平和刘向军,2015)。当前,美国纸质杂志除了推出网络版以外,还出现了纯电子杂志,*Salon* 和 *Slate* 是电子杂志的鼻祖。

二、图书出版业现状

美国书业研究集团将图书分为一般图书、大众平装书、邮购图书、宗教图书、专业图

---

① 报业下降趋势仍在延续——2015 美国新闻媒体现状报告. http://media.people.com.cn/n1/2016/0112/c401982-28042821.html,2016-01-12.

书、大学出版社图书、中小学教材以及大学教材共九大类(饶世权,2017)。中国发布的《国际出版业发展报告(2019版)》显示,截至2019年,美国仍是世界主要纸质出版大国,当年纸质新书出版总数为20.38万种,较2018年增长4.67%。在销售方面,2019年,美国纸质图书市场销售额较2018年有所下降,但仍有123.30亿美元。两项数据说明,美国图书出版业在世界上依旧保持超一流水准(范军、张晴,2020)。当前,美国实体零售渠道图书销售收入同比下降,但网络零售渠道同比增加,反映出两线市场的不同境遇。

在美国,自助出版已成为一种新兴出版模式。目前,创作空间、Kindle直接出版、斯麦沃滋三家垄断了自助出版平台。创作空间和Kindle直接出版均为亚马逊子公司。创作空间负责纸质图书出版,Kindle直接出版负责电子书出版,但不使用国际标准书号,而是采用自己的识别码。美国目前自助出版的作品质量已经和传统出版不相上下,但读者对纸质图书的喜欢程度可能还是要大于电子书。在美国、英国、法国、德国、西班牙五国的亚马逊官网上,创作空间出版的纸质图书至少有2万种,而在售电子书却只有2000多种(范军、张晴,2020)。

第二节 新闻出版行业管理体制

在政府管理体制中,美国政府没有专门单设出版管理机构,主要通过财税政策和一般法律体系对出版行业进行管理(李祥洲,2004)。在版权事务方面,美国政府设置了版权局,其主要职责是提供立法咨询,对如何注册、如何复制及许可问题作出相应的规范,并通过和其他职能机构合作,全面保护著作人版权利益(Jeffrey,2015;段诗韵,2014)。美国还成立了独立的版税裁判所,用以确定和调整合理的版权许可使用费,解决版权人和使用者的纠纷。在仲裁程序方面,版税裁判所还赋予版权人或使用者再调整版权作品使用费率的权利。此外,美国司法部还规定纽约南区地方法院为"费率法院"。在使用费数额无法协商一致的情况下,双方均有权向费率法院提起认定请求。但在实践中,费率法院在案件审理过程中暴露出效率低下的弊端。因而,美国司法部规定费率法院受理案件后,应在一年内一审审结(吴文婉,2019)。

在内容出版方面,美国采用登记制。美国各地都可以登记成立出版公司,没有全国统一的登记处所。在对出版的前后管理中,美国采用事后处罚的"追惩制"。在非政府管理体制中,和其他产业一样,美国对新闻出版行业采用行业协会的管理模式。美国出版行业协会采用会员制,主要职责是维权、服务、沟通、公证和监督(李祥洲,2004),出版行业协会还担负直接管理行业的任务,为会员提供技术、市场、投资和法律等服务。美国出版行业协会中最具代表性的是美国出版商协会(Association of American Publishers，AAP），具有民间性、自愿性、独立性和非营利性的特点。出版商协会下设核心委员会、核心国际委员会、核心版权委员会、数字问题委员会、高等教育出版委员会、PreK-12学习小组委员会和专业与学术出版部门委员会，为会员提供维权、行业自律、行业规划与促进和信息服务。

具体来说，在版权保护方面，美国出版商协会成立了在线盗版工作组，不仅保护印刷出版物的版权，还保护线上出版物的版权。谷歌图书数字拷贝侵权案就是其本土版权保护最成功的案例。出版商协会的版权保护还延伸到海外市场，持续推行"查禁行动"。在出版自由方面，出版商协会长期与法院和立法机构协商，反对审查制度，并于每年举办"禁书周"以捍卫书面表达自由。在学术自由方面，出版商协会还曾携手多个组织将美国政府告上法庭。在行业自律方面，出版商协会陆续制定了 EPUB3 标准、电子图书开放标准、数字对象识别系统、《编辑行为守则》和《大学出版商道德规范》等行业标准和出版行业自律规章，其范围涵盖出版物内容、生产、经营和版权保护等全流程。在行业奖惩方面，出版商协会设立了"美国国家图书奖""柯蒂斯·本杰明奖""美国专业学术出版奖""普若斯奖""里维尔奖"和"'点灯人'荣誉奖"等一系列激励大众或学术出版的荣誉奖项，也以将违规会员单位驱逐出协会的方式惩戒不良行为，从而为出版行业树立声誉。在内部协调方面，出版商协会对业内纠纷的调解和仲裁比法院更有优势。这是因为出版商协会不仅更加了解行业规则，而且调解和仲裁过程为内部秘密进行，有利于保护涉事公司的声誉。在行业规划与促进方面，出版商协会以建议的方式影响立法和政策，以创建创新和数字学习中心项目的方式推动教育出版研发（陈大猷，2017）。最典型的例子是美国开放存取运动中，出版商协会与研究图书馆协会直接开展政策博弈，要求对版权资料加以限制，完全否定开放存取政策（张宏胜，2010）。

在国内交流方面，出版商协会与国会图书馆、美国艺术家联盟（AAA）等频繁合作，还积极投身社会公益。例如，出版商协会发起名为"抓紧阅读"的阅读宣传活动，配套的还有书展、新书推荐、名人演讲和阅读培训等。出版商协会还会对公司发起图书捐赠活动，并在官网上列出符合捐赠条件的 501c3 组织，以鼓励其捐赠图书。在国际交流方面，出版商协会积极组织国际交流活动，每年举办图书展览，扩大图书和出版物的市场，增加会员产品的出口（潘文年，2009），同时还积极加入国际出版商协会（IPA）等国际出版组织，建立多边定期交流机制以解决国际版权保护等问题（赵光敏，2007）。在信息服务方面，出版商协会统计并发布行业信息，除了年度行业报告外，还会每月发布统计简表，归纳不同领域的数据和趋势。其中，年度行业报告包括收入、成本、费用和库存等方面信息。这些信息由专业咨询公司进行收集和分析。在信息交流方面，出版商协会搭建信息交流平台，并为各会员提供人力资源等内部培训服务（陈大猷，2017）。

第三节 新闻出版行业产业政策

一、新闻出版政策

美国宪法对出版的基本原则是从根本上保证出版自由和有限度地限制出版自由的滥用(姚德权,2006)。对于出版自由的确定来源于《美国宪法第一修正案》,建国以来,美国联邦最高法院采用连续判例的方式明确新闻出版自由。例如,在1931年尼尔起诉明尼苏达州这一案件中,联邦最高法院不但保护新闻出版不受联邦法律的干涉,而且还保护其不受州法律的干涉。但美国也针对特别情况,对出版自由的范围进行规制。例如,美国曾出台《反猥亵法》和《康斯托克法》,禁止出版淫秽色情类图书(Ana and Mendez,2016)。在一战期间,美国还陆续出台《间谍法》《对敌贸易法》,严格压制反战和反美国政府言论,这一政策在一战后得到延续。在20世纪四五十年代,美国出台《国家安全法》和《共产党管制法》,禁止对美国国家安全不利思想的传播。在"9·11"恐怖袭击事件后,美国出台《爱国者法》,将出版言论审查理论上渗透到了公民日常通信中(崔明伍,2012)。

需要特别指出的是,美国政府管制出版自由采用的是民意压制和非正式行政参与方式。2002年夏的一次民意调查显示,"9·11"恐怖袭击事件后美国民众对《美国宪法第一修正案》的支持骤降。在对全美范围内1000名成人所作的随机调查中,49%的人认为《美国宪法第一修正案》对言论自由的保护走得太远,还有许多人将《美国宪法第一修正案》所保障的自由权利视为反恐战争应打击的目标(Manwell,2010)。在非正式行政参与方面,为阻止反歧视文章的发表,美国于二战时期所成立的战时生产委员会更是砍掉了许多报纸的油墨及纸张供应(崔明伍,2012)。

二、版权保护政策

1790年,美国颁布了第一部《版权法》,将书籍、地图和航海图纳入保护范围,并实行初始期限为14年、续保期限为14年的保护期。1976年,美国全面修改《版权法》,确立了当代美国版权法律体系中主体、客体、内容、邻接权、版权限制和利用等方面的制度。值得注意的是,1976年《版权法》对版权作品中的五种专有权利的规定全部都是关于财产权利,没有当今知识产权法中署名权、发表权和修改权等人身权利的规定(张戈平,2020)。

在数字出版方面,美国率先在《版权法》中将电子传送系统及尚未使用或发明的系统引入表演和展览的设备或程序,为数字版权的创设和传统版权向数字端的转变提供了依据。1982年,美国提高版权犯罪惩罚标准,出台《反盗版和假冒犯罪修正法》,将侵权行为由民事上升到刑事层面。《知识产权和国家信息基础设施》白皮书进一步将数字信息传输下的发行权纳入保护体系。在此基础上,《在线版权侵权责任限制法》和限制了互联网服务提供商的侵权责任,为其设置了"避风港"(黄先蓉、李魏娟,2012)。《数字千年版权法》延长了个人和公司的版权保护期,对于个人,保护期延长到创作者去世后的70年;对于公司,则延长到95年。《防止数字化侵权及强化版权补偿法》加强了针对侵犯版权人版权行为的民事处罚力度。《规范对等网络法案》限制了传输者责任,保护版权作品的线上传输过程(张戈平,2020)。

三、税收补贴政策

美国对营利性和非营利性出版机构实行税收双轨制。针对营利性出版机构,联邦政府征收15%—34%的所得税。部分州政府对营利性出版机构的征税率在12%以下,加征3%—7.5%的出版物产品销售税。对于营利性出版机构,美国政府仅提供版权保护、支持行业标准制定等公共服务。但对非营利性出版机构,从1917年起,联邦政府不仅不征税,还给予相对应的财政补贴。1970年起,美国建立了文化资源出版中心,帮助大学出版社、学术团体出版社、社团出版社和宗教出版社等非营利性机构解决出版困难问题,并设立严格的"宽进严出"机制,打破营利性出版机构的垄断(财政部财政科学研究所等,2013)。

美国政府大多通过国家科学基金会、国家人文基金会、富布赖特学者出版基金等资助出版行业。这些基金来源于财政直接拨款或对应税收项目。但美国书业研究集团的统计表明,从国际横向的角度进行比较,美国政府给予新闻出版业的人均直接资助水平较低,分别为加拿大和英国的6%和1.5%(财政部财政科学研究所等,2013)。

美国政府对出版业税收采取"国民待遇",具体政策有:(1)绿色经济退税。出版行业的上游是造纸行业,容易造成严重污染。美国政府规定,若造纸公司回收副产品黑液,可享受对应0.50美元/加仑的退税补贴。除此之外,还有1.01美元/加仑生物燃料的税收抵扣。(2)电子商务免税。美国联邦最高法院裁定,州政府不得因邮寄或线上订购发生的交易事项,对实体不在该州的公司征收销售税,这使得美国的网络贸易长期免征销售税。(3)捐赠退税。自1917年起,美国联邦税法就规定对非营利性出版机构免征所得税,并减免资助者的税额。2005年,美国政府颁布的《卡特里娜紧急减税方案》规定,出版商可以通过捐赠图书的方式获得退税。(4)高报损率优惠。针对出版业高退货率的特点,美国从1925年起就实行书店可以退货的制度,税务局允许出版业在报损率方面享有很宽松的政策优惠。(5)报业直接减税政策。2009年3月,美国众议院通过的《报业减税法案》规定,报业公司直接减免60%的税收。(6)各州特别待遇。例如,在新泽西州,对直接或主要用于印刷出版报纸的机器设备免征销售税;在亚特兰大州,对《圣经》图书免征销售税;在纽约州,对电子书免征销售税(财政部财政科学研究所等,2013)。

四、贸易保护政策

为了鼓励本国出版物出口,美国对出口图书实行增值税和营业税全额退税政策,并以加大绿灯补贴和减少红灯补贴两种方式进行贸易保护。绿灯补贴是指《补贴与反补贴措施协议》规定的两类不可诉的补贴,即不针对特定对象的补贴和指定的专项性补贴,包括研究和开发补贴、贫困地区补贴和环保补贴等。美国采用文化宣传基金和国际教育援助基金等方式补贴出版物出口,规避红灯补贴。美国新闻署也在海外设立联络站,举办文化交流、英语教育和图书展览活动,间接支持海外出版(财政部财政科学研究所等,2013)。若本国图书产品在对象国权利受到侵害,美国政府还会将侵权人和对象国列入黑名单,从其他贸易中惩罚侵权人和对象国。美国还利用《关税及贸易总协定》,达成了《与贸易有关的知识产权协议》(《TRIPs协议》),建立起对其有利的国际版权保护机制(Cartwright,2019)。

五、其他扶持政策

美国对新闻出版行业提供了较为完善的公共服务体系,具体包括:

1. 廉价的邮政服务

美国邮政服务对出版商至关重要,美国邮政作为国企在降低出版业流通成本中起到了至关重要的作用。美国政府采用隐性补贴的方式将书刊的邮资定为三级,确保邮寄书籍的费用均一致。

2. 制定出版标准

美国政府通过免税、基金支持等多种方式支持出版商协会制定和推广行业标准,并借此使供应链标准化和网络化。到目前为止,美国图书出版行业标准已经涵盖了产品识别、描述、电子图书格式、图书文本、标准名称标识符、主题分类、数据交换等方面。依据这些标准,出版商、书目服务机构可以对出版物的元数据进行标准化,产业链各环节也能够共享这些信息,降低运营成本(财政部财政科学研究所等,2013)。

3. 人才培养扶持

美国公立高等教育为出版业输送了大量优秀人才。在美国新闻专业学科评估中,排名前10的大学中有9所为公立大学。

第四节 典型案例:美国数字出版商业模式

数字出版产业链从上游到下游分别为内容提供商和平台运营商。产业基建为移动终端制造商。内容提供商包括作者、传统和数字出版商,平台运营商为交易与服务平台。

一、传统出版巨头:内容为核,数字化转型,多渠道变现

美国出版集团历史悠久,规模大,内容资源丰富,在某个或某几个专业领域占据垄断地位(程维红等,2011)。美国出版商的数字化转型方向与代表性企业如表 3-1 所示。以大众出版巨头哈珀·柯林斯为例,它从三方面推进数字出版:(1)数字化基础设施建设。2005 年,哈珀·柯林斯出资数百万美元,创建了全球出版业的首个"数字仓库",将 1.2 万种图书扫描入库,后又进一步将图书数字化、有声化(李娟,肖叶飞,2017)。(2)利用资本优势开拓数字化市场。2006 年底,哈珀·柯林斯母公司新闻集团以 5.8 亿美元的低价收购了世界知名的 MySpace 以提供营销渠道。(3)和谷歌、微软、亚马逊等网络伙伴合作,增加终端访问量。2007 年,哈珀·柯林斯与苹果公司达成电子图书项目合作,读者可以通过苹果手机阅读哈珀·柯林斯所提供的电子图书。

表 3-1 美国出版商的数字化转型方向与代表性企业

	教育类出版商	大众类出版商	学术类出版商
转型方向	在线教学支持、学习平台远程教育、广泛测试和评估教学用品	大众图书在线访问、网络书评、多元化与数字化营销服务	由纸质出版向电子化出版过渡
代表性企业	麦格劳-希尔、圣智学习	哈珀·柯林斯	律商联讯

二、IT 巨头:掌握渠道优势,盈利模式各异

(一)苹果:平台抽成

苹果主要运营平台,即渠道端,其关键资源是五大出版集团、知名期刊等在其平台上销售的内容。苹果公司较早就允许出版商对出版物自主定价,实现了和出版商的战略联盟关系(李娟,肖叶飞,2017)。

(二)亚马逊:内容和终端双盈利

在营销策略上,亚马逊以低价吸引消费者。亚马逊坐拥 2600 万种自建内容,于 2007 年 11 月推出 Kindle 阅读器,并开始销售 Kindle 电子书(饶毅,2012)。客户购买一部 Kindle 阅读器就可以读到美国主流的图书。亚马逊还给出版社和著作权人提供

自助数字出版平台(digital text platform),使其可以直接登录并将电子图书上传至网站,实现在线销售(黄先蓉、刘菡,2011)。2011年5月,亚马逊用户在Kindle阅读器上购买电子书的数量已经超过纸质图书数量。可见,相对于传统出版模式,数字出版模式更受消费者青睐(郑立新,2010)。

(三) 谷歌:广告盈利

谷歌通过为消费者提供免费搜索服务,了解客户需求,从而实现广告精准投放。谷歌的核心优势在于其具有全球领先的搜索技术,并凭借其技术优势自建具有上千万册图书的数字图书馆(陈净卉、肖叶飞,2012)。相较于苹果,谷歌更加注重与出版商的协作,在数字图书馆中只向出版商收取10%的收入分成。

第四章
广播影视行业经济支持政策研究

第一节　广播影视行业现状

美国的广播影视行业是在市场体制下发展而来的媒体产业,其显著特征是高度垄断、集团化。美国传媒集团将资本实力与媒体资源集于一体,在美国控制了主要的有线电视网和电影公司。一些传媒集团还涉足电视运营领域,即同时控制中上游内容生产和下游渠道运营。美国传媒集团是美国广播影视行业高度产业化、市场化、专业化和全球化的结果。这些集团在影视节目制作能力、资本总量、员工数量、市场经营能力、销售渠道、技术研发等方面都有着较大的优势。

一、广播电视行业

美国传统广播电视台由广播公司发展而来,在早期奠定了美国视频产业发展的基础。美国大部分电视台为私有经营,并通过加盟或附属的方式形成电视网。美国最早的电视台由全国广播公司(NBC)在1939年创办,随后与美国广播公司(ABC)和哥伦比亚广播公司(CBS)逐渐形成了三大电视网。除了商业电视网以外,美国还有非营利性的公共电视台,宗旨是为公众提供教育或服务,经费依靠政府拨款、经办者筹集和企业赞助。目前,NBC、CBS、ABC、福克斯(Fox)、哥伦比亚及华纳兄弟联合电视网(CW)和美国公共电视网(PBS)组成美国六大电视网。

传统意义上的有线电视业主要包括三个领域:有线电视运营业、有线电视节目和有线电视技术设备(李宇,2018)。其中,有线电视节目主要经营有线电视频道及其节目的制作、集成和播出等相关业务。美国多数有线电视频道都归属于头部大型传媒集团,主要包括康卡斯特(Comcast)、华纳传媒(Warner Media)、迪士尼(Disney)等。有线电视台分为两类,即基本有线台和高级有线台,基本有线台如 USA、TNT、FX、AMC、Sci-fi、Disney、MTV 和 CNN 等以订阅费、广告和 DVD 销售为收入来源。高级有线台如HBO、Showtime 等主要以订阅费和剧集 DVD 销售为收入来源。

有线电视是付费电视业的重要组成部分,也是美国电视节目传播过程中的关键环节。有线电视运营业通过有线电视系统向用户提供电视节目传输服务以及电话、网络等其他服务。Comcast 年报显示，截至 2020 年第四季度，美国有 470 家有线互联网服务提供商，其中最大的提供商是 Comcast 旗下的 Xfinity，覆盖 40 个州，共 1985 万人。IPTV 是通过电信运营商专网提供电视服务的业务。与中国 IPTV 目前持续增长的情况不同，美国的 IPTV 产业已呈现衰退的迹象，这可能与美国居民房屋分布相对分散、网络升级成本较高有关（Kim、Nam、Ryu，2020）。

OTT（over-the-top）是绕过广播、线缆、卫星等传输渠道，通过互联网进行传递的视频分发形式。OTT 可以分为两类：一类是虚拟多频道视频节目分销商（vMVPD，即网络视频直播服务），另一类是在线视频点播（video-on-demand，VOD）。可以说，只要是通过开放的互联网传播的视频服务，无论是直播或点播，都可以称为 OTT。从消费者的角度来看，OTT 的主要卖点是其瘦身包（skinny bundle）服务，就是以比传统有线电视更低的价格购买的更具针对性的频道数量。就订阅用户的规模而言，vMVPD 尚处于发展阶段，用户以年轻人为主，规模还不能与传统有线电视相比。FierceVideo 及相关企业年报显示，Hulu ＋ Live TV、YouTube TV 和 Sling TV 以 400 万、300 万和 247 万的用户规模位列美国 vMVPD 市场前三（Kwak、Ju、Woo，2021）。

VOD 以点播的灵活性俘获用户，广义上的 VOD 既包含通过互联网的视频点播，也包含通过有线电视线缆、IPTV 等传输渠道的视频点播。我们主要关注典型的基于互联网的视频点播服务，即 YouTube、Netflix 等流媒体，这些 VOD 平台使观众可以根据自己当下的偏好随时访问想要观看的内容。VOD 又可以分为三类：第一类是基于广告的 VOD，即 AVOD，收入来源主要包括广告收入以及用户为免广告所支付的订阅费用，典型代表为 YouTube；第二类为按次交易内容的 VOD，即 TVOD，这类又可以分为按次下载和按次出租两类，分别对应不同的价格；第三类是最常见的订阅型 VOD，即 SVOD，需要定期支付订阅费用以获得观看内容的权利，如 Netflix、Hulu 等，价格在每月 6—16 美元不等（Jenner，2016）。

传统的美国电视节目市场主要有两种运营模式，一种是电视网的加盟和附属模式，另一种是辛迪加模式。根据 TVNewsCheck 的研究，在加盟和附属模式下，美国各地电视台往往与电视网签署合作协议，以播出它们的节目。电视节目的首轮往往会在自己的频道上播出，并由其所有或附属的电视台转播。辛迪加模式是指以联卖的形式在其他电视网的频道上播出的销售方式，一般包括两种类型：一是首轮播出，即节目最初就专门定位为辛迪加销售模式；二是网外辛迪加，即节目原本为某家电视网制作，随后又转交辛迪加组织销售。辛迪加模式适用的节目类型广泛，包括电影、电视剧、电视综艺节目等（Anne et al.，2019）。

除了传统的节目销售方式外，随着流媒体的兴起，电影与电视节目纷纷登上各大流媒体网站。据美国电影协会（Motion Picture Association of America，MPAA）的数据，美国目前有超过135个在线服务平台为消费者提供电影和电视节目,且在线视频观看量持续增长,在2020年达到了2659亿次,相比2019年增长了32%,其中在线电影的观看量增长45%,在线电视剧的观看量增长31%。[①] 因此,除了传统的有线电视频道,点播平台的授权也逐渐成为电视节目的重要收入来源。

无论是付费电视、视频租赁和销售,还是订阅付费,美国消费者在这些产品上历来都比绝大多数国家的消费者有更强的消费意愿,且美国的电视及视频订阅服务往往比其他国家价格更高。目前,美国居民平均每人每月订阅3种流媒体服务。用户规模方面,美国的传统付费电视市场已趋于稳定,在线视频订阅和虚拟付费电视(网络电视)的用户规模逐年上升。根据MPAA的数据,2020年,美国在线视频订阅的用户规模达到3.08亿人,同比增长32%;虚拟付费电视订阅的用户规模为1210万人,同比增长29%,多数家庭在拥有付费电视的同时拥有1个以上流媒体会员。收入方面,美国视频市场的主要收入仍来自付费有线电视和卫星电视,同时在线视频订阅的收入逐年上升。2020年,美国付费电视订阅收入为1020亿美元,其中有线电视订阅收入为508亿美元;在线视频订阅收入达到247亿美元,同比增长35%,是仅次于有线电视和卫星电视的第三大订阅种类。[②]

目前,美国正在燃起的流媒体大战驱动众平台向AVOD模式转型。在亚太地区,AVOD是向用户提供流视频服务的主要模式,有的与订阅组合,有的仅依靠广告收入。而在美国,大多数视频服务都在追随Netflix引领的无广告订阅模式。随着越来越多的电视网络、电影公司以及科技公司推出自己的订阅服务,消费者开始陷入"订阅疲劳",只会选择少数几个必须拥有的订阅。因此,许多平台开始引入广告支持的模式,以吸引用户和抢占市场份额(Anne,2019)。70%拥有3个或更多订阅的美国消费者表示,如果广告负载合理,他们愿意观看广告以换取内容。根据数字电视研究公司(Digital TV Research)的预测,随着大量新平台的推出,以及各家平台纷纷引入AVOD模式,在2018—2024年,美国的AVOD收入总额将增加3倍以上,达到202.77亿美元,占全球总额的36%。[③]

电视网络作为内容品牌正与OTT展开合作。近年来,传统付费电视观看人数逐年下降,因此,有线电视网络的领导者们开始探索新的发展方向,比如将精力集中在知识产权及其背后的品牌上。他们不再将有线电视网络定位为渠道,而是作为内容工厂和全IP营运者。

---

① 数据来源:https://www.motionpictures.org/research-docs/2020-theme-report,经作者整理。
② 数据来源:https://www.motionpictures.org/research-docs/2020-theme-report,经作者整理。
③ 数据来源:https://digitaltvresearch.com/reports,经作者整理。

二、电影行业

自电影制作开始以来,美国电影制片厂就一直主导着美国电影院和全球电影业。美国电影制片厂受益于强大的先发优势,率先将电影制作产业化,掌握着大规模生产和发行跨文化、高质量电影的艺术。

美国电影行业已经进入存量时代。MPAA 数据显示,2019 年,美国电影总票房 114 亿美元,同比下滑 4%;售出电影票 12.4 亿张,同比下滑 5%。美国是世界最大的电影市场,虽然已经触到了天花板,并出现大幅下滑,但美国流媒体市场规模达到 193 亿美元,同比增速为 24%。①

目前,美国部分电影在流媒体与影院同时发行或形成一种特色模式(Anne,2019)。2020 年自新冠疫情在美国爆发以来,因绝大多数电影院关闭,很多电影选择在流媒体直接上线的方式发行,即 PVOD 模式(premium video on demand,PVOD),价格多为 20—30 美元。从电影收入来看,PVOD 模式获得的票房收入并不落后于传统模式,且相比票房收入中的 50% 影院分成,对制片方来说,通过 PVOD 模式发行因流媒体分成比例较低,可获得更多的利润。

第二节 广播影视行业管理体制

一、广播电视行业

美国商业广播电视系统分为公共广电系统和私营的商业广电系统。公共广电系统一般由 CPB 依法进行管制,商业广电系统则主要由联邦通信委员会(FCC)依法进行监管。FCC 的主要作用在于:一是对申请者个人、财政和技术进行实质审查,通过后颁发执照;二是进行执照使用者股权结构审查,并定期更新执照;三是对常见违法行为进行行政处罚。表 4-1 列示了美国对常见违法行为的最低罚金(约瑟夫·多米尼克、刘宇清,2006a;Yanich,2015)。

表 4-1 常见违法行为及罚金

违法行为	最低罚金(美元)	违法行为	最低罚金(美元)
违反儿童节目管理规定	8000	天线高度过高	5000
传送下流和色情内容	7000	超越权限	4000
播送欺骗行为	7000	不能进行台名识别	1000

---

① 数据来源:https://www.motionpictures.org/research-docs/2020-theme-report,经作者整理。

二、电影行业

美国电影行业市场属性极强,政府对行业管理较少,以行业自律型组织为主。在国家层面,MPAA 和美国影院业主协会(National Association of Theatre Owners,NATO)是主要行业组织。MPAA 由美国电影和电视传媒巨头共同组成,在全球 30 多个国家建有分支机构,并作为企业和政府之间的桥梁起到重要作用(约瑟夫·多米尼克、刘宇清,2006b;Jens,2020)。MPAA 主要从打击盗版和协助进军海外市场两个角度管理电影行业。

在打击盗版方面,MPAA 采取起诉违法网站的方式,并积极资助反盗版的学术研究(McDonald,2016;戎红梅,2018)。例如,MPAA 起诉了未经许可通过网络播放节目的加拿大 iCraveTV 网站,使得宾夕法尼亚州地方法院发布对这家网站的禁止令(约瑟夫·多米尼克、刘宇清,2006b)。MPAA 官网显示,2012—2013 年,MPAA 曾向卡内基梅隆大学捐赠超过 100 万美元用于支持反盗版研究项目。2014 年,MPAA 公布了提供盗版下载链接的网站名单(戎红梅,2018)。在进军海外市场方面,MPAA 每年会向政府提交贸易壁垒报告,并要求有针对性地出台对抗措施。在政府支持下,MPAA 制定了"集体一致"同意为基础的海外上映政策,具体来说,美国电影在海外上映都必须先获得好莱坞的"集体一致"同意,并缴纳一定的版权费以购得放映权。

NATO 是目前全球最大的电影放映业组织,拥有美国 50 个州超过 29000 块电影银幕以及遍布 50 个国家的影院。NATO 主要以打击盗版和利用新技术促进电影业发展的方式管理电影行业(约瑟夫·多米尼克、刘宇清,2006b)。在打击盗版方面,NATO 主要打击在电影院内的偷录行为。在 MPAA 和 NATO 的游说下,2005 年美国政府颁布的《联邦家庭娱乐与版权法》将偷录行为上升到刑事层面。在利用新技术促进电影业发展方面,NATO 大力增加 3D 数字银幕数量,为观众提供更好的视觉体验。同时,各州设立电影办公室以支持本州电影业的发展。电影办公室的基本职能依旧以沟通为主,并创建资源共享联盟为电影业的生产提供支持。例如,电影制片商可以在加州电影办公室网站上申请使用公共场所进行拍摄(戎红梅,2018)。

第三节 广播影视行业产业政策

一、宽松的内容审查和反垄断政策

(1) 广播电视行业

美国 1927 年颁布的《无线电法》和 1934 年颁布的《通信法》明确提出广播电视业为

公众利益服务的原则。两法案授予 FCC 行政审查和吊销经营许可证的行政权力。通过产业原则和事后处罚等手段,FCC 实现了对内容的规制,规制强度在 20 世纪 60—70 年代冷战时期走向顶点。到 80 年代,FCC 简化许可证申请和审查程序,延长经营许可证年限,给予经营者自主收费权,还放松了对内容、广告时段、新闻和少儿节目的限制。为了保障消费者权益,到 90 年代,美国陆续出台了《儿童电视法案》《有线电视消费者保护和竞争法案》,限制儿童节目中的广告量以及电视台数量、收费价格和节目内容。1996 年颁布的《电信法》大力促进了美国广播电视行业的合并浪潮,规定广播电视行业可以和其他行业结合、兼并,同时允许一家电视台扩大发展平台,拥有多个附属电视台(张云平、王海,2007)。

(2) 电影行业

美国电影行业在内容审查和反垄断方面也从严格规制走向宽松。1922 年,美国成立电影制作人和发行人协会作为管制机构。该协会于 1930 年出台《电影业制作准则》,确立了发行审查制度,并要求制片商根据审查意见,在正式发行前修改内容。1968 年,MPAA 和 NATO 推出了分级制,对在美国发行的影片按其内容对不同年龄观众群的适宜度进行分级,但并不强制要求电影制片商进行送审(Richard and Belden,2009)。从此,美国电影业将选择权交给消费者。

对于垄断规制,美国于 1948 年通过《派拉蒙法案》,要求大公司只能保留制作和发行权。自此,大制片厂解体。但随着 80 年代美国奉行自由主义经济政策,《派拉蒙法案》被温和稀释。自 1996 年颁布《电信法》后,美国政府大力促进企业合并,形成媒体集团。

二、完备的知识产权保护体系

美国的知识产权保护体系源于殖民地时期宗主国英国的《安娜法令》。1790 年,美国颁布了第一部《版权法》,将书籍、地图和航海图纳入保护范围。随着表演行业的扩张,1831 年施行的新《版权法》首次规定音乐作品进入作品序列。1856 年施行的《戏剧作曲版权法》首次剥离附属于戏剧作品的伴奏音乐,确立其拥有公开表演权。1987 年施行的《戏剧作曲版权法修正案》将公开表演权扩展到适用于"所有音乐作品",表演权进入版权法保护的时代。

1960 年后,美国广播影视行业高度发达,盗版泛滥成风。1971 年,美国国会报告指出,录音盗版犯罪使该行业每年损失 4 亿美元,占行业总收入的 11.42%。1976 年,美国全面修改《版权法》,确立了当代美国版权法律体系中主体、客体、内容、邻接权、版权限制、利用等方面的制度。1982 年,美国提高版权犯罪惩罚标准,出台《反盗版和假冒犯罪修正法》,进一步将侵权行为由民事上升到刑事层面。1995 年,美国国会颁布《录音制品数字表演权法》,首次规定录音制品数字传输的公开表演权不包括网络传输,赋予广播电台更大的权限。1998年,美国《数字千年版权法》延长了个人和公司的版权保护期,对于个人,保护期延长到创作者去世后的70年;对于公司,则延长到95年(张戈平,2020)。

在版权的海外保障方面,美国始终坚持利己主义立场。美国在整个19世纪都拒绝对外国作品进行保护,且积极盗版外国作品。虽然1886年就实施了国际版权公约《伯尔尼公约》,但美国直到二战后的1989年成为广播影视行业出口国时,才选择加入该公约,与国际接轨。1994年,美国加入《TRIPs协议》,有效保护了海外影视产品的版权。

三、积极的财政和行政扶持政策

美国政府对广播影视行业的扶持主要体现在州政府层面。国家层面主要是成立了国家艺术捐赠基金会。该基金会的经费来源于国会拨款,负责向全美艺术性事业项目提供资金支持(Gordon and McNeely,2009)。自1965年成立以来,该基金会已经提供了近40亿美元支持个人和组织的艺术创作,并设有传媒专项补助支持电台、电影和电视等媒介的发展。该基金会每年花费数百万美元资助美国的国际性电影节,为电影行业的发展搭建平台,向全世界展示美国电影行业。

美国各州政府采用税收优惠、人才扶持、拍摄支持和营销支持的方式积极扶持行业发展(Noonan,2007)。2009年,美国共计有44个州与波多黎各等均大力开展"进军好莱坞"计划,颁布了减免电影制作税收等在内的数十项电影制作鼓励措施。

在税收优惠方面,美国娱乐行业数据研究中心的研究表明,美国28个州以企业所得税抵免的方式实施电影制作激励措施。为满足政策要求,电影制作公司通常需要在该州有最低消费、员工雇佣或投资。为避免税收抵免政策导致价值超过电影制作公司应向该州承担的纳税义务部分,加利福尼亚州与堪萨斯州规定税收抵免金额不超过其纳税义务部分。可转让税收抵扣是以在州内发生的生产费用百分比为基础计算的,可以转卖给其他人的抵免额度。美国26个州与波多黎各规定可转让税收抵扣可被转让或退还,3个州规定可同时被转让和退还,另有15个州还允许电影制片商将超额的税收抵免直接出售给政府。因很多制片人在拍摄完电影后就会离开拍摄地,其获得的税收抵免额度需要及时套现,可转让税收抵扣的存在满足了此项需求(戎红梅,2018)。除此之外,还有30个州提供销售税豁免;18个州对电影公司以直接返还现金的方式补偿符合要求的部分费用,以避免税收抵免的成本(Noonan,2007)。除此之外,还有向电影制片商直接拨款的资助方式(戎红梅,2018)。

在人才扶持方面,美国各州政府积极扶持大学电影人才专业教育。例如,美国州立大学为电影产业的发展提供低价工作室、摄影棚以及后期制作设备;新墨西哥州在5个州立高校实施"总督电影技术人才培训项目";南卡罗来纳州为电影制片商提供"电影制片基金"用于发展电影制片商与高校之间的人才培养项目。与此同时,各州政府还积极提供电影教育和培训项目以发现大学外人才(娄孝钦,2011b)。

在拍摄支持方面,各州政府通过提供包括税后激励、发布招聘电影专业人才信息、制定外景拍摄制片指南、设立电影事务办事处、协助制片商寻找拍摄场地等方式支持拍摄活动。

在营销支持方面,各州政府会举办州内电影节,培育电影观众市场,并推销电影制片和后期制作设备(娄孝钦,2011b)。

四、激进的贸易扩张政策

美国联邦政府虽然没有设立文化部,但在商业部的海外贸易司单设电影科。在影视外交上,美国政府在与其他国家的外贸谈判中要求对方开放电影市场,保护美国产权,甚至采用政治和贸易惩罚手段,扫清美国广播影视进入全球市场的障碍(戎红梅,2018)。例如,1946年,法、美两国签订《布鲁姆—伯恩斯协定》,以免除法国战争债务、提供战后贷款的条件,换取解除战前法国限制美国电影进口的规定。1993年,美国在GATT乌拉圭回合谈判中要求电影及音像制品也应适用自由贸易原则(Jens,2020)。

第四节 典型案例:好莱坞并购史

好莱坞制片厂的演进史就是不断进行垂直整合和横向扩展,然后继续拓展业务边界,赚取多元化收入,最终形成大型媒体集团的过程。消费者习惯变迁、媒介更迭和监管政策是冲击好莱坞产业格局的三大外生因素,并导致内容、发行、渠道端不断互动整合。渠道和发行方往往是并购发起者,内容商一般是被并购方。

纵观好莱坞并购史,我们发现,对于影视行业来说,低频且搜寻成本高的娱乐形式和介质总会被高频且搜寻成本低的娱乐形式和介质取代,短视频为代表的技术进步依旧是国内影视行业弯道超车的法宝。电影内容制片是皇冠上的明珠,IP衍生品多元化是必由之路,构成娱乐集团的核心壁垒。而多元化的扩张主要是依赖并购而非内生能力进行的。"制片—发行—放映"产业链中,制片商通过垂直并购取得的先发优势影响后来的竞争格局,渠道和发行稳定的利润和现金流能够帮助制片商最大程度消除业绩的不确定性。垂直整合往往能够形成更强的电影工业,主要是包括制片、发行和渠道环节的大厂形成了自然垄断,能够部分保证影片产出的回报,因此敢于投入高预算制作影片,同时也带动整个行业进行工业流水化改造,在降低生产成本的同时提高生产效率。

一、好莱坞并购历程

1. 1900—1935年默片时期：发行环节先集中，并购下游放映商后再反向并购上游制片商

截至1929年美国大萧条之前，美国的电影工业从无到有，走向集中整合阶段，并在大萧条时期逆势发展。根据MPAA的统计，1933年影片投资规模达到8.5亿美元，每周的观影人数提升至8000万人。从产业结构看，当时上游制片和下游放映的集中度都非常低，行业运营以重资产模式为主，制片行业需要自建片场和更新设备。20世纪30年代，电影作为当时最受欢迎的媒介，全美已经有超过1万家影院，其中派拉蒙、斯坦利和米高梅市占率仅为3%、3%和1%(Sedgwick and Michael，2010)。

这一时期，好莱坞中游发行端先向下游并购院线的放映资源，再向上游中型制片厂发起并购。环球、华纳兄弟等老牌一体化制片厂都是在这个时间段出现的，逐步形成大制片厂模式，即以制片厂作为资金流动的中心控制产品的预算、生产和流通，并通过规范化各个环节生产出厂商间异质、厂内同质的影片(McKenzie，2012)。华纳兄弟早期并购史见表4-2。

表4-2 华纳兄弟早期并购史

时间	事件	详情
1924年	并购制片厂	1924年，华纳兄弟并购维塔格拉夫制片厂，借此建立了自己的全国发行系统
1923—1925年	并购技术和剧院	1923年，华纳兄弟并购Vitaphone工作室，开发录音和音响技术。1926年，华纳兄弟买下皮卡迪里剧院，并将其更名为华纳剧院
1928—1929年	并购连锁影院	1928年，华纳兄弟并购著名的连锁影院公司——斯坦利；1928年，取得美国第一国家电影公司控股权；1929年，并购连锁电影院线斯库拉斯兄弟公司
1929—1935年	并购唱片公司	华纳兄弟并购多家唱片公司并取得了众多歌舞剧的版权。1930年后，歌舞片市场衰落，华纳兄弟不得已临时转向黑帮片的拍摄，应对了危机

数据来源：道格拉斯·戈梅里、克拉拉·帕福·奥维尔顿(2016)。

2. 1936—1945年大制片厂时代："五大三小"体系迈入巅峰期

在大萧条后经济复苏和二战期间，美国私人部门财富迅速积累。受惠于此，电影工业观影人数增长迅速，产业格局上形成了大制片厂寡头垄断局面。此时以"五大三小"(也称"八大")为代表的大制片厂拥有齐全的上游制片、中游发行、下游放映体系和国际发行网络(见表4-3)。在该体制下，大制片厂垄断地位十分稳固(道格拉斯·戈梅里、克拉拉·帕福·奥维尔顿，2016)。

表 4-3 好莱坞"五大三小"情况

制片厂名称	主要特点	影院数量(1939年)(个)	影片数量(1939年)(个)
"五大"			
派拉蒙	高预算、欧式历史片	1239	63
米高梅	高预算、明星多	517	45
福克斯	童星、幽默喜剧	507	51
华纳兄弟	战争片、传记片	139	51
雷电华	歌舞片、迪士尼动画	222	48
"三小"			
环球	B级片	/	63
哥伦比亚	低预算、西部片	/	45
联艺	无声片、悬疑片	/	51

数据来源:道格拉斯·戈梅里、克拉拉·帕福·奥维尔顿(2016)。

此时,大制片厂垄断地位主要体现在影片产品的分成定价、分轮次放映、票价定价和"成批定片"的发行方面。在分成定价策略上,由于超级影片的赚钱效应突出,且只有大制片厂才有资本投资做超级影片,制片和发行方分到的租金收入为毛收入的40%。与之类似的是,制片和发行方在预算50—100万美元的A级影片上能够分到毛收入的30%—35%的租金,在50万美元以下的B级影片上收取固定租金。在放映和票价定价策略上,由于当时八大制片厂旗下控股了大量的首轮院线,垄断发行了90%以上的美国电影和40%以上的全球电影,可以决定上映影片的内容、数量、地点和时间,且首轮的票价要远高于后几轮。这样的价格歧视手段使大制片厂尽可能攫取消费者剩余。在发行策略上,大制片厂会同时将自己生产的短片和B级影片打包租给中小型放映商,以清空存货。在大制片厂时代,独立制片商和非八大的制片厂几乎没有生存空间,加上缺少片源支撑,只能被迫放映八大发行的影片,而且非八大的制片厂由于没有首轮影院渠道,只能寻求八大合作发行。

3. 1946—1980年派拉蒙时代:被迫加强发行、制作能力,制片厂金融资本化

1938年,美国政府提起"派拉蒙诉讼",指控八大包档发行影片,排斥独立电影等进入大型首轮影院,涉及垄断和不公平竞争。1948年,美国政府宣布八大必须剥离它们旗下的院线,仅保留制作和发行公司。

在《派拉蒙法案》通过之前,独立的制片商和放映商生存空间十分狭窄。法案通过后,由于放映环节从八大体系中分拆出来,成批定片的行为越来越少,独立制片商竞争格局边际得到改善。此时,八大开始将更多预算集中在A类影片以上的制作上,希望这类大片在多轮放映中尽量拉长上映时间,并强化本身的发行、交易能力,帮助独立制

片商发行影片，以此形成对下游院线的竞争溢价。超级影片的集中和自身无制片能力的现状使放映商被迫接受了这一分成新规。大发行商在放映商处获得的票房提成份额从1948年的30%上升到1960年的60%（道格拉斯·戈梅里、克拉拉·帕福·奥维尔顿，2016）。

在这一时期，大制片厂开始裁撤演员和制作团队，并将设备、片场租借给小的制片商使用。伴随着明星制的火热，大制片厂开始围绕某个作家、某个演员成立小型制片公司。而独立制片商通过制片人或者经纪人将剧本和制作人才组建成临时公司制作电影，最后依托大的发行公司发行。好莱坞的生产组织核心开始由制片厂移向把控人才要素的经纪公司。WMA和CAA两家经纪公司在20世纪六七十年代开始大放异彩，它们负责将一部影片的基本要素如剧本、核心明星、导演组合在一起，然后出售给好莱坞的大公司。也就是说，经纪人某种程度上充当了原来制片厂体系下制片经理的角色（Labuza，2021）。

随着美国电视行业的兴起，电影的竞争能力显著下降。相对于电影，电视节目的获取成本更低、消费频次更高，电影的优势开始从"故事讲述"移向"奇观塑造"。只有投入高预算，在全美各个地方同时上映形成"事件"的巨片才能赚取利润。根据MPAA统计，1960—1968年发行的影片中毛利超过100万美元的只有1%。大型制片厂对于"巨片"的不断过度投资导致亏损严重。1957年，雷电华因为影片损失而宣布破产，米高梅也在1962年因为一部影片巨亏2000万美元。为了缓解经营风险，制片厂加快成为资金枢纽的步伐，从而形成好莱坞层面上的协作体系（道格拉斯·戈梅里、克拉拉·帕福·奥维尔顿，2016）。

面对困局，大制片厂要么大规模进军电视业，要么融入大型集团。由于《派拉蒙法案》规定制片公司不能拥有渠道，因此好莱坞无法发展有线电视网络，但另一方面，有线电视网络需要依赖好莱坞已经形成的片库的资源供应。在这个背景下，好莱坞开始进军电视制作领域。到20世纪70年代初，好莱坞大公司生产的节目已经占到电视网节目的一半，80%的黄金档节目是由好莱坞提供的，这部分给好莱坞制片厂提供了稳定的毛利。但几家大的制片厂由于遇到了财务上的各类问题，同时其拥有的片库、地产极具潜力，使其成为更大财团的并购对象。如环球影业被美国音乐集团并购，派拉蒙被综合性集团海湾—西方公司并购，米高梅被拉斯维加斯的金融家柯克·克科里安收购，联艺公司被泛美公司并购，而华纳兄弟在与七艺影业合并后被肯尼国家公司并购（见表4-4）。客观上，大制片厂归于大型集团，降低了经营风险，但也带来了老牌制片厂的进一步衰落（道格拉斯·戈梅里、克拉拉·帕福·奥维尔顿，2016）。

表 4-4 1950—1970 年好莱坞并购情况

年份	并购对象	并购者	并购公司主要业务
1957	雷电华	霍华德·休斯	制作、发行、放映等,后宣布破产
1959	环球影业	美国音乐集团	演员代理、制片
1966	派拉蒙	海湾—西方	汽车缓冲器和地产业务等
1966	米高梅	柯克·克科里安	金融
1967	联艺	泛美	金融和汽车租赁
1967	华纳兄弟	七艺影业	电影制片
1969	华纳兄弟	肯尼国家	汽车租赁、停车场、墓地等

数据来源:道格拉斯·戈梅里、克拉拉·帕福·奥维尔顿(2016)。

4. 1981—2000 年再次复兴时代:形成娱乐集团,开启多元化变现

20 世纪 80 年代,随着里根政府在经济上实行更加自由宽松的政策,《派拉蒙法案》已经名存实亡,好莱坞制片厂可以介入渠道类资产的经营。之后,好莱坞又陆续进行了一轮新的整合。到 80 年代末,环球影业、哥伦比亚、华纳兄弟、派拉蒙分别并购了部分影院资产。除了收购院线进行垂直整合,好莱坞巨头们也开始新设或者横向并购部分独立制片商,内容的集中度进一步提高。打破单片盈利瓶颈的好莱坞急需大量作品来持续验证好莱坞的营利逻辑,因此新类型片的挖掘成为各大制片商的重点。例如,迪士尼 1984 年成立试金石影业,主要是在迪士尼本身针对青少年的基础上单独列出一个针对成年人的品牌,而收购米拉麦克斯则主要是对自己实力的补充(道格拉斯·戈梅里、克拉拉·帕福·奥维尔顿,2016)。

这期间,老牌制片厂并未重新成为制片业的中心,而是与电视网深度融合。好莱坞公司在电影产业的垂直整合让位于更大的新兴媒体集团式的整合,媒体集团的内容端包括电影、电视剧、动画等产品形式,发行和宣传端有覆盖全球的发行网络和出版传媒,渠道端有院线等一级发行体系和录像带、DVD、有线电视、卫星电视等二级发行体系,后端还有消费衍生品、主题公园、游戏等 IP 产业。正因为影片开始成为大型娱乐集团 IP 产业链最靠近源头的一级产品,好莱坞公司对于票房的盈利要求有所降低,转而强调影片 IP 形象和知名度的塑造(道格拉斯·戈梅里、克拉拉·帕福·奥维尔顿,2016)。

5. 2001 年至今的国际化时代:走向国际化,拥抱互联网

在 20 世纪 90 年代之前,好莱坞的影片可以分为三类:超高成本的影片、由大公司投资和发行的中等成本的影片、独立的低成本影片;在 2000 年后,逐渐演变为两大类:高预算的可以依赖国际市场的影片(主要由好莱坞六大[①]发行)和中低预算的主要针对本土市场的影片(可以由 Mini-Major 负责发行)。影片营利能力量级上的差距也导致

[①] 好莱坞六大包括迪士尼、华纳兄弟、环球影业、福克斯、派拉蒙和哥伦比亚。

制片厂之间产生差距,目前,好莱坞在制片发行体系上已经形成了完整的等级体系,最顶层的是我们熟知的好莱坞六大。这六家公司主要做高预算的超级电影,其所属的媒体集团有完整的国内外发行体系。第二层是规模略逊的制作和发行公司,即Mini-Major,包括狮门影业、梦工厂、新线等,它们比较欠缺的是电视网络的发行渠道和海外完整的发行体系。第三层是独立的制片和发行公司,目前这类公司的电影发行主要有三种方式:一是委托好莱坞六大或者Mini-Major发行;二是通过小型路演、电影节等方式找到其他影片发行商,参与电影和电视交易市场;三是直接通过互联网平台发行。

国际化是媒体巨头发展的助推剂,而互联网渠道的出现则为其带来了巨大的挑战。在原有的影片发行体系中,院线是第一发行渠道,发行商需要和放映商确定投放地区、投放时间和投放模式以及配套的宣传手段,制片商和发行商可以分到90%的毛利;第二发行渠道一般是家族录像带市场,包括DVD直接销售和租赁,制片商可以分到10%—15%的毛利;第三发行渠道主要是电视,付费台主要包括HBO、Showtime、Cinemax等,制片商能够拿到点播分成,之后会发行至公共台,这类广告支撑的电视台通常以买断片源为主。除此之外还有一些电视辛迪加、机场等其他较小的发行渠道。

互联网流媒体的崛起大大降低了旧发行体系中除院线外的渠道价值。目前,互联网渠道距离院线渠道的"窗口期"(即从影院上映到家庭点播等服务上线的时间间隔)在30天到90天不等,但互联网渠道成本过低导致付费电视、电视网、DVD销售的吸引力急剧下降。Netflix等流媒体巨头甚至自己生产了部分影片,不流入院线发行市场,直接在流媒体上点播播放。2015年,Netflix生产的影片《无境之兽》遭到RGC、AMC、Carmike和Cinemark北美四大院线联合抵制,主要就是因为制片商Netflix未能遵守90天的标准"窗口期"规定。

除了对发行体系的冲击之外,互联网流媒体巨头的崛起也会带来内容制作商格局的巨变。好莱坞六大通过自己雄厚的资金实力和媒体集团整体的变现渠道稳居娱乐行业一线位置。但近年来流媒体飞速发展,流媒体市场目前已经完全超过了VOD市场。根据Netflix财报,其2017年的营收规模达到117亿美元。在改革电视行业后,Netflix宣布进入电影制片业,当时预计在2018年推出80部原创电影,并在年内全部完成发行,这意味着Netflix影片的年发行量将超过任何一家好莱坞公司(道格拉斯·戈梅里、克拉拉·帕福·奥维尔顿,2016)。

21世纪以来,面对国际化带来的制片厂马太效应和互联网带来的压力,好莱坞六大选择通过并购进一步提升内容端的集中度(见表4-5)。

表 4-5 2000 年之后好莱坞并购情况

年份	并购者	并购对象	并购对价	备注
2006	迪士尼	皮克斯	74 亿美元	增强迪士尼动画实力
2009		漫威	42.4 亿美元	超级英雄系列取得巨大成功
2012		卢卡斯	40.6 亿美元	收购美国第一 IP 星球大战系列
2017		福克斯	524 亿美元	收购其内容和部分电视资产
2000	美国在线	时代华纳	1640 亿美元	2003 年,美国在线巨亏 987 亿美元,后来于 2009 年以 34 亿美元被剥离,单独上市
2004				
2006				
2013				
2011	康卡斯特	NBC 环球	300 亿美元 + 170 亿美元	维望迪 2003 年出售 NBC 环球至 GE 公司,2011 年康卡斯特并购 51% 的 NBC 环球股份,后于 2013 年完成剩余股份并购
2016		梦工厂	38 亿美元	收购梦工厂动画 IP 库
2017		日本环球影城	22.7 亿美元	收购日本环球影城剩余 49% 股份
2005	索尼影业	米高梅	48 亿美元	后于 2010 年米高梅宣布破产
2003	狮门影业	艺匠娱乐	1.6 亿美元	艺匠娱乐为独立影片发行商和制作商
2012		顶峰娱乐	4.13 亿美元	顶峰娱乐为 Mini-Major 一员
2016		Starz	44 亿美元	Starz 为付费电视台

数据来源:道格拉斯·戈梅里、克拉拉·帕福·奥维尔顿(2016)。

另一方面,好莱坞所属的媒体集团也开始提供流媒体点播服务,但目前规模比较小。

二、好莱坞发展启示

1. 消费者习惯变迁、媒介更迭和监管政策为驱动产业并购的主要原因

消费者习惯变迁和媒介更迭对电影这一娱乐产品的定位产生了巨大的影响,进而影响了好莱坞的组织形式。随着 20 世纪 80 年代起录像带、DVD、付费电视、互联网等更加高频低廉的媒介形式的出现,电影这一内容消费越来越偏向"奇观"消费,而不是古典好莱坞的"故事"消费,后者的消费者需求已经由更加灵活的电视剧提供(Stephanie、Kelley、Jozefowicz,2009)。这从 1980 年至今的好莱坞大厂影片风格的转变可见一斑。20 世纪 80 年代,迪士尼、华纳兄弟、福克斯、环球影业、哥伦比亚和派拉蒙最赚钱的影片集中在喜剧、剧情等偏向"故事"功能的影片上,而在 2010 年之后头牌影片已经基本集中在科幻、冒险、动作影片上。好莱坞深谙高投入才能有高回报这一电影业的商业逻

辑,目前宁愿生产一部高预算的超级影片,也不愿意以更低的预算生产中低成本的故事片,因为这类影片的IP效应不强,不符合好莱坞巨头IP长产业链的变现逻辑,这类影片的生产补足任务已经完全由独立制片商承担。表4-6列示了1980年至今美国好莱坞电影风格的演变历程。

表4-6 好莱坞电影风格演变历程

电影公司	项目	第一阶段: 1980—1990年	第二阶段: 1991—2000年	第三阶段: 2001—2010年	第四阶段: 2011年至今
迪士尼	代表作	漂亮女人	狮子王	加勒比海盗	星球大战:原力觉醒
	北美票房(百万美元)	178.4	422.8	423.3	936.7
	擅长类型	喜剧、动画	动画	冒险、动画	科幻、冒险
华纳兄弟	代表作	蝙蝠侠	龙卷风	蝙蝠侠:黑暗骑士	蝙蝠侠:黑暗骑士崛起
	北美票房(百万美元)	251.2	241.7	533.3	448.1
	擅长类型	动作、喜剧	动作、冒险	幻想	动作
福克斯	代表作	小鬼当家	星球大战1	阿凡达	死侍
	北美票房(百万美元)	285.8	431.1	749.8	363.1
	擅长类型	喜剧	科幻、喜剧	科幻、冒险	动作
NBC环球	代表作	E.T.外星人	侏罗纪公园	拜见岳父大人	侏罗纪世界
	北美票房(百万美元)	359.2	357.1	279.3	652.3
	擅长类型	喜剧	喜剧	喜剧	动画、动作
哥伦比亚	代表作	捉鬼敢死队	黑衣人	蜘蛛侠	蜘蛛侠:英雄归来
	北美票房(百万美元)	229.2	250.7	403.7	334.2
	擅长类型	喜剧	喜剧、动作	动作、冒险	动作
派拉蒙	代表作	妙探出差	泰坦尼克号	变形金刚2	变形金刚3
	北美票房(百万美元)	234.8	600.8	402.1	352.4
	擅长类型	剧情、喜剧	爱情、剧情、喜剧	动作	科幻、动作

数据来源:Box Office Mojo,IMDB。

2. IP是收入之源,影视产品可以放大营收,但多元化IP产品矩阵才能稳定业绩

好莱坞高管马丁·戴尔曾说:电影工业的真正价值已不再是影片本身能产生多少

利润,而在于它为企业与其他领域合作提供多少机会,电影开启了一个魔术般的王国。这句话道出了好莱坞多元化经营的奥秘,电影更像一个 IP 源头,好莱坞通过电视产品、主题公园、日用消费品、原声带 CD、电脑游戏和互动娱乐等形式不断乘数放大这一 IP 的影响力,并攫取利润。电影内容制片一直是好莱坞注重的中心,采取多元化经营方式,从经营影像到经营 IP 版权,则是好莱坞巨头的核心壁垒。

好莱坞本身的经营多元化也经历了漫长的发展历程。20 世纪 60 年代,电视开始兴起,好莱坞巨头受制于《派拉蒙法案》而无法直接并购有线电视渠道,只能通过内容制作的方式进入电视业拓展收入来源。80 年代出现录像带后,电影可以作为家庭娱乐产品进行二次发行,好莱坞迅速拓展了自己的录像带和 DVD 渠道。

多元化经营主要依赖并购而非内生能力。以华纳兄弟为例,它在创立时仅仅涉足电影制作业务,随后通过并购放映厂打通了电影的垂直产业链。20 世纪 30 年代,华纳兄弟通过并购唱片公司和聘请乐队的方式进入音乐行业。70 年代,华纳兄弟首先在内容上与七艺影业合并,然后被肯尼国家公司收购,新涉足通信和地产行业。80 年代,华纳兄弟与时代出版正式合并,开始有了出版业务矩阵。90 年代末,华纳兄弟大举并购特纳广播网,正式进军有线和付费电视网。2000 年,华纳兄弟与美国在线合并,形成互联网＋有线电视双轮驱动模式,但美国在线经营不善,未能跟上互联网时代的进步速度,2003 年巨亏,这让华纳兄弟元气大伤。后来,华纳兄弟先后剥离了美国在线和时代杂志社等,在战略上进行了收缩。可以看出,华纳兄弟进入新的领域基本上都是由并购资产开路,非内生孵化(见图 4-1)。

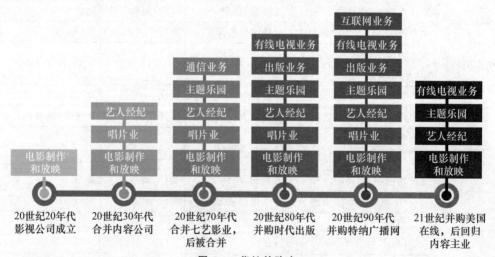

图 4-1 华纳并购史

数据来源:道格拉斯·戈梅里·克拉拉·帕福·奥维尔顿(2016)。

对于内容商来说,进行产业链的垂直整合是十分必要的,以只做横向整合的狮门影业为例,公司公告显示,狮门影业历史上最好的业绩为 2.3 亿美元,而 2014—2017 年狮门影业后继乏力，净利润呈现下跌状态，2017年净利润仅为1400万美元，2009年还曾发生过1.8亿美元的巨亏。这说明仅作为内容发行商，利润确实很难平滑，甚至每年的利润都难以保证。由于逐渐意识到缺少渠道的问题，狮门影业于2016年并购了付费电视台Starz。这一电视台拥有2500万付费用户，能够帮助狮门影业更好地发行自己的娱乐内容产品。而根据2017年财报，并购完成后的第一年，狮门影业的媒体模块（主要包括流媒体和Starz）的税息折旧及摊销前利润（EBITDA）就达到了1.4亿美元，超过电影和电视剧成为狮门影业利润的重要支撑。

第五章
文化演艺行业经济支持政策研究

第一节 现场表演剧院行业经济支持政策研究

美国的现场表演剧院行业始于18世纪。当时,上层社会人士以去剧院观赏歌剧、表演为身份象征。早期的美国剧院主要有歌剧、舞剧等表演形式,随着移民潮和西部拓荒对娱乐产业的冲击,魔术、杂技等表演形式也逐渐为剧院观众所接受。19世纪,由轻歌剧、综艺秀和黑人剧结合演变而来的音乐剧(也称歌舞剧)以其多变的风格、通俗的剧情风靡各州。直至今日,在美国文化演艺行业的重要组成部分——百老汇,音乐剧已然成为剧院表演形式的主流。此外,新兴的表演形式如脱口秀、现场综艺节目、现场演唱会等也在这一行业占有一席之地。

一、政策支持

就现场表演剧院行业而言,国家艺术基金会为该行业提供包括艺术项目、国家主导项目以及合作协议等多类别的捐款。其中,艺术项目涵盖艺术家社区、舞蹈、设计、民间和传统艺术、媒体艺术、博物馆、音乐剧、歌舞剧和戏剧等多个方面。国家艺术基金会下设的爵士大师奖金、国家遗产奖金以及国家艺术奖章分别代表了全美爵士乐最高荣誉、全美民间和传统艺术的最高荣誉以及美国政府授予艺术家和赞助者的最高奖项,以表彰对美国艺术的卓越发展做出杰出贡献的个人或团体。

以2022年为例,国家艺术基金会共设置了1498个奖项,奖金总额近3320万美元,这些资助项目涵盖了15个艺术门类,其覆盖范围包括本土的所有州以及哥伦比亚特区和波多黎各自由邦。国家艺术基金会资金的40%用于支持各个州的艺术机构。

二、市场规模

美国现场表演剧院行业市场规模自2012年至2019年保持稳定增长,从2012年的62亿美元增长至2019年的69亿美元。2020年新冠疫情期间,该行业市场规模降至44亿美元,后逐步呈现回升的趋势(见图5-1)。

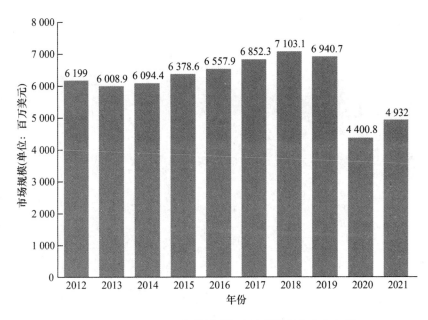

图 5-1　2012—2021 年美国现场表演剧院行业市场规模

数据来源：https://www.statista.com/search/? q＝live＋performance＋theater＋industry&Search＝&p=1，经作者整理。

三、行业分析

本节运用 SWOT 模型进行分析。

在优势方面，美国现场表演剧院行业经过几个世纪的发展，各方面要素已经颇为成熟。从该行业从业人员角度来看，该行业拥有大量训练有素、分工明确的从业人员。新冠疫情前该行业的从业人员数量高达 3.8 万人（见图 5-2）。从业人员来自各行业，如舞美设计师、演员、IT 支持人员、市场营销人员、物流运输人员、艺术总监、人力资源管理人员等。制作一部现场表演剧目作品需要很多人分工合作，因此该行业的制作公司必须利用连贯的组织结构以使分工更加高效。此外，严格的员工等级制度有助于员工拥有明确的角色，每个员工都必须了解自身工作的内容及界限并严格执行，从而将高质量、受欢迎的作品带给观众。

从产品开发角度来看，该行业的产品主要为在各个现场表演剧院上演的歌舞剧、音乐剧等。这类产品的开发具有人才集成度高的特点。美国拥有世界上最优秀的艺术类院校，如位于纽约的茱莉亚音乐学院，每年为美国表演行业输送大量优秀的艺术家及各类相关人才。另外，由于该市场在美国的薪酬待遇颇具吸引力，其他国家的相关专业从业者也往往选择远渡重洋前来发展。

此外，长久以来形成的剧院文化为该行业提供了大量的消费者基础。而资本的介

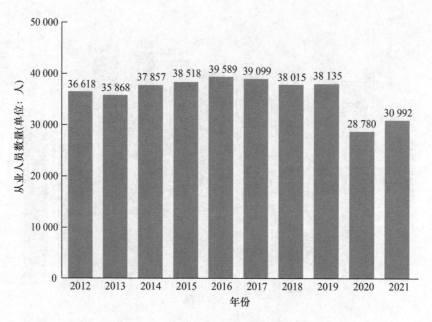

图 5-2　2012—2021 年美国现场表演剧院行业从业人员数量

数据来源：https：//www.statista.com/search/？q＝live＋performance＋theater＋industry&Search＝&p＝1，经作者整理。

入则为该行业提供了雄厚的资金支持，一方面为该行业提供坚实的技术支持和设备、场地支持，使产品开发、剧目排练更加高效专业；另一方面，该行业的服务也逐渐趋于资本化、商业化。

在劣势方面，现场表演剧院行业的缺点在于开发周期过长，一部优秀的、具备商业潜力的剧目往往需要很长的时间进行开发、打磨、排练。较长的开发周期往往意味着较高的风险，如果一部剧目在经历较长时间的开发后观众反响一般，缺乏商业效果，那么该剧目将面临被"砍掉"的命运，这对于投资方、制作人而言意味着巨大的损失，无论是从时间、精力的投入还是资本的投入角度而言。

从机会和威胁的角度看，一方面，随着近年来社交媒体、信息技术的进一步发展，人们有更多的渠道接触、了解现场表演，现场表演剧院也有更多的方式进行广告投放以扩大消费者群体。另一方面，来自其他国家和地区的竞争者也给美国的现场表演剧院带来压力和威胁，例如，英国伦敦西区拥有比肩美国百老汇的最优秀的现场表演剧院，而自 2008 年国际金融危机以来，经济和就业的压力加重了美国该行业创意人员的挫败感和疲劳感。

四、典型案例：百老汇剧院

百老汇剧院位于美国纽约，有 41 家拥有超过 500 个座位的大型专业剧院。作为世界最高水平的商业剧院，百老汇自身为其所处的纽约市带来大量收入并以其高质量的演出、广泛的受众以及享誉海内外的知名度成为现场表演剧院行业的代表。根据 Statista 和百老汇联盟的统计数据，自 2006 年至 2019 年，百老汇演出总收入呈稳定增长趋势，并在 2019 年超过 14 亿美元。

百老汇的成功可以归结于很多因素，一方面，美国消费者在戏剧、音乐剧等方面的人均年支出远高于其他国家，在新冠疫情前，这一数字已经超过 60 美元（见图 5-3）。同时，百老汇的获客量也从上世纪的 650 万人/年增长至疫情前的 1470 万人/年。

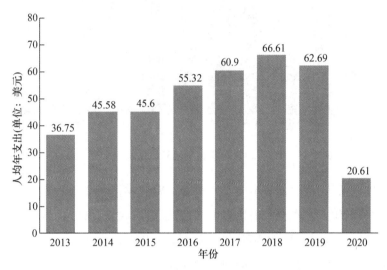

图 5-3　2013—2020 年美国消费者在戏剧、音乐剧方面的人均年支出

数据来源：https://www.statista.com/search/? q=broadway&Search=&p=1，经作者整理。

另一方面，长久以来形成的剧院文化使得民众对这类场所的需求带动了供给。从 2012 年到 2021 年美国现场表演剧院行业的企业数量来看，新冠疫情前美国提供现场表演的企业多达 5055 家，虽然新冠疫情对该行业造成了负面冲击，但随着接种疫苗等一系列措施的实施，这一数字也在逐步回升（见图 5-4）。[①]

此外，对于百老汇而言，其独特的商业模式也为其高额的营业收入提供了帮助。首先是演出剧目的资本化。一般而言，制作人会在前期从各个渠道筹集资金，这部分资金的很大一部分源自剧院本身的"粉丝"，他们通常是资金雄厚的高净值人群，且比起投资风险，他们更看重剧院、制作人的潜力以及艺术本身。接下来，制作人会对前期所需资本进行估计，之后对费用进行估计。对于一部传统的百老汇音乐剧，除前期投资外，其各项费用可以细分为：演员及雇员工资、剧院费用、宣传费用、管理费用、剧院租金、设备租金等，平均每部音乐剧每周所需费用可达 65 万美元左右（见表 5-1）。制作人对各项成本及费用的估计是为了后续对门票进行定价，基于观众数量的历史数据对可以售出

---

① 数据来源：https://www.statista.com/search/? q=live+performance+theater+industry&Search=&p=1，经作者整理。

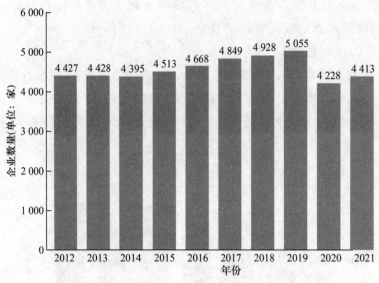

图 5-4　2012—2021 年美国现场表演剧院行业企业数量

的门票数量进行预估,从而使演出的收入覆盖运营成本。对于票房收入连续未达标的剧目,剧院方和制作人通常会取消该演出;而对于票房收入高的"摇钱树"剧目,如《猫》《歌剧魅影》,以及曾被改编成电影并获得多项奥斯卡提名的《芝加哥》,这类剧目带来的额外收入由创意团队、剧院方以及前期投资者进行分红。

表 5-1　百老汇音乐剧的周平均费用

费用明细	金额(美元)
工资	174 150
剧院费用	154 800
宣传费用	129 000
管理费用	83 850
剧院租金	38 700
设备租金	32 250
分部费用	16 125
担保支付最低特许权使用费	16 125
合计	645 000

数据来源:The Hustle Daily Newsletter。

其次是百老汇高额的票价。尽管自上世纪 80 年代至今,百老汇演出的平均票价已经从剔除了通货膨胀因素影响的 74 美元上涨到 124 美元,但人们对百老汇高额的票价似乎并不在意,甚至有很大一部分人在为高额的票价买单后,试图用各种理由说服自己的非理性消费行为。另一方面,造成百老汇高票价的原因在于消费群体的特征,这部分消费者往往属于美国社会中的高收入群体。2018年至2019年百老汇消费者家庭年均收入为26.1万美元,大约是美国家庭年均收入中位数的4倍,如图5-5所示。

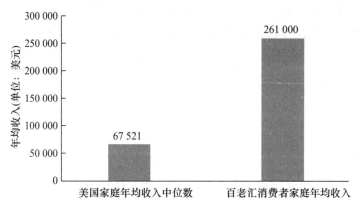

图 5-5　百老汇消费者家庭年均收入和美国家庭年均收入对比

数据来源：The Hustle Daily Newsletter。

第二节　文化游憩行业经济支持政策研究

美国的文化游憩行业主要包括各类博物馆和历史景点以及主题公园。美国有四五千间博物馆,大者如华盛顿的史密森学会,收藏品涵盖艺术、历史、航天等多个领域,占据国会山旁的国之重地;小者可能只是在镇子上开了一个房间,收藏些地方工艺品。内容与规模各异的博物馆有公立的,也有私立的。主题公园的数量更多,各个州均有具自己特色的主题公园。除此之外,更具知名度的则是连锁主题公园企业名下的各大主题公园,如我们所熟悉的迪士尼就有迪士尼乐园、迪士尼动物王国、迪士尼好莱坞影城等,环球娱乐则有环球影城、环球冒险岛等。

一、政策支持

(1) 国家艺术基金会

在美国国家艺术基金会下设的艺术项目补助中,对视觉艺术,包括绘画、雕塑、摄影作品、手工艺作品以及公共艺术等展览的补助占据了不可忽视的份额。尽管部分针对视觉艺术的补助会侧重特定的地区,但是秉着尊重和促进个人和群体不同信仰和价值观的原则,符合条件的申请者仍可以向国家艺术基金会申请1万美元至10万美元不等的补助。

(2) 地方文艺办公室

地方文艺办公室(Local Arts Agencies)是美国各地为帮助支持和促进地方层面的艺术和文化而提供服务的部门,充当的是艺术家和艺术组织以及当地居民和游客之间的中介角色。对于艺术家和艺术组织,地方文艺办公室提供技术援助,如对设施和机构的运营提供管理服务。对于当地居民和游客,该机构则通过和社区、公共教育、公共安全等相关部门合作,增加居民和游客接触艺术的机会。

地方文艺办公室不一定是政府部门,事实上,只有一部分地方文艺办公室是政府部门,另一些是非营利组织,还有一些是两者的混合体。

二、市场规模

2021年,美国博物馆和历史景点的市场规模达到154亿美元,比上年的129亿美元增长19%。尽管新冠疫情期间市场规模有所下滑,但2021年该数据又超过疫情前水平(见图5-6)。

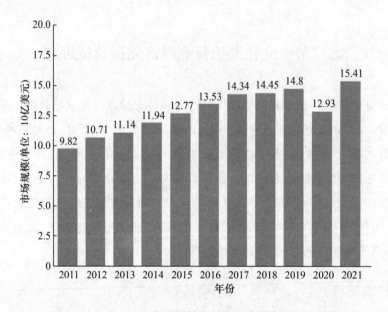

图5-6 2011—2021年美国博物馆和历史景点的市场规模

数据来源:https://www.statista.com/search/？q=museum+industry+intend&Search=&p=1,经作者整理。

美国主题公园的市场规模在2021年有所增加,达到123.7亿美元,比上年的86.5亿美元增长4%(见图5-7)。

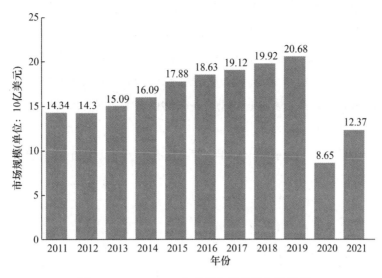

图 5-7　2011—2021 年美国主题公园市场规模

数据来源:https://www.statista.com/topics/1525/parks/#topicOverview,经作者整理。

三、行业分析

本节运用波特五力模型进行分析。

从替代品竞争角度看,考虑到消费者在假期和空闲时间各种选择的多样化,文化游憩行业有许多替代品,如去电影院、打保龄球、滑雪或远足野餐都是度过假期的常见方式。然而,博物馆和历史景点以及主题公园在美国非常普遍,尤其是在热门的旅游目的地,因此消费者很难完全避开它们。有孩子的家庭会发现避开这类景点是一件难事,因为它们通常以鲜艳的色彩做广告,并设以儿童为中心的区域。此外,对于消费者而言,在不同的替代品之间进行转换的成本可以忽略不计,例如,价格敏感的消费者可以很容易地找到其他方式来享受他们的空闲时间,而支付较少的费用。尽管博物馆和历史景点以及主题公园的体验难以替代,但总体而言,该市场存在较大的替代品威胁。

从准入门槛角度看,该行业放置各类设施往往需要相当大的面积,而设施和场地的规模将带来固定维护成本,这可能会形成准入门槛。此外,考虑到一些主题公园游乐设施的安全问题,政府对这类公司的监管更为严格。另外,品牌效应也是进入该市场的重要因素之一,许多市场参与者利用其在其他行业的知名度来吸引消费者,从而降低准入门槛,如迪士尼和康卡斯特的子公司环球娱乐。对于博物馆和历史景点而言,越有声望则会吸引越多的参观者,这会降低新进入者的竞争力。国有博物馆和历史景点的运营也会限制新进入者的发展空间,因为新进入者不太可能有能力与政府拥有的景点竞争。总体而言,该行业准入门槛相对较高。

从行业内竞争者角度看,美国的文化游憩行业包含各种各样的参与者,从家庭经营的小型景点到大型跨国游乐园。该行业的主要竞争者是迪士尼和梅林娱乐等大型跨国公司,但也有较小的区域参与者,使得竞争加剧。对于主题公园,其建立所需的大量资本限制了参与竞争的公司数量。例如,奥兰多环球影城于2010年在其冒险岛主题公园内开设了哈利·波特魔法世界乐园,随后又于2014年在其毗邻的佛罗里达环球影城公园开设了另一个以哈利·波特为主题的区域。对于较小的参与者来说,扩张可能会很困难,因为需要大量资金来购买土地和设备或现有的公园。对于博物馆和历史景点来说,通常在很大程度上有国有资本参与,一般的公司很难与拥有大量资金、技术以及政策支持的国有资本相抗衡;且对于博物馆和历史景点而言,其门票往往有很大的折扣,如对学生和老年公民的折扣,因此从价格上看其他公司更加难以与之相竞争。总体而言,这个市场的竞争不是十分激烈。

从买方竞争力角度看,该市场的买方通常以个人消费者居多。对于这些消费者来说,他们在不同的卖方之间进行选择的转换成本很小,几乎可以忽略不计。此外,个人消费者的消费往往是一次性的,无须对卖方进行承诺,从而增强了买方的力量。

从供应商竞争力角度看,主题公园领域的供应商往往是设备制造商,各类游乐设施往往缺乏替代性,这使得买方更加依赖供应商。对博物馆和历史景点来说,供应商通常规模较小,且专业集成度较高,众多的艺术家和机构可供选择,降低了供应商寡头垄断的可能性。但如果买方即博物馆和历史景点提前撤展,则会产生转换成本。买方也可以通过购买自己的展品(如艺术收藏品)来实现向上游整合,从而降低供应商竞争力。

四、相关案例:迪士尼

迪士尼及其子公司是一家多元化,业务遍布全球的娱乐和媒体公司。该公司的主要产品和服务包括娱乐和教育书籍、杂志、漫画书、媒体网络、有线节目服务、无线电广播、电视广播和互联网站点的运营。此外,该公司还经营度假村、酒店、俱乐部和邮轮公司,并提供动画电影、视频、音乐录音和现场舞台剧等演播室。该公司在美国、加拿大、欧洲、拉丁美洲和亚太地区都有业务开展。公司总部位于美国加利福尼亚州的伯班克。2021年,该公司的收入为674.18亿美元,比上一年增长3.1%;营业利润为31.31亿美元,净利润为19.95亿美元,和上一年净亏损28.64亿美元相比有明显改善。

目前,该公司通过五个部门运营:主题公园、体验和产品,媒体和娱乐,闭路电视网络,客户服务以及版权授权业务,每个部门都为迪士尼带来大量收入。我们主要关注与文化游憩行业相关的主题公园、体验和产品部门。

迪士尼的主题公园、体验和产品部门旗下拥有佛罗里达州的华特迪士尼世界度假区、加州迪士尼乐园度假区、夏威夷迪士尼度假村和水疗中心、迪士尼度假俱乐部、迪士尼邮轮公司和迪士尼冒险乐园。此外,公司拥有巴黎迪士尼乐园81%、香港迪士尼乐园度假区47%和上海迪士尼度假区43%的所有权权益并直接参与管理。该部门通过其母公司在商品许可、零售、游戏和出版业务上的优势积极开展主题公园活动。其主要收入源自出售主题公园的门票,提供食品、饮料和商品,提供酒店的住宿、餐饮服务,邮轮和其他度假套餐的销售以及度假俱乐部物业的销售和租赁业务。2020年,该部门的收入为165.5亿美元,占公司总收入的13.9%(见图5-8)。

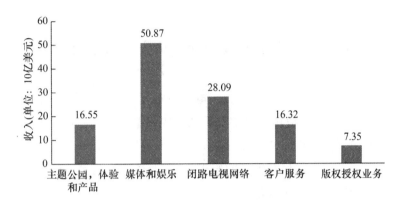

图5-8 2020年迪士尼公司各部门收入

数据来源:https://www.statista.com/topics/1824/disney,经作者整理。

第六章
游戏动漫行业经济支持政策研究

第一节 电子游戏产业经济支持政策研究

直到上世纪70年代商业街机的流行,电子游戏才真正成为完整的产业。90年代3D技术在电子游戏领域的应用使得游戏的图像表现愈发逼真。近年来,大数据、云计算等技术更是促进了当代电子游戏即时演算系统的发展,为电子游戏产业提供了更为先进的技术支持。电子游戏因其丰富的娱乐性、商业性以及艺术性已经被人们广为接受,更是有众多媒体称其为"第九艺术"。

一、研发税收抵免政策支持

随着市场对电子游戏行业的需求愈发增长,美国政府通过各类政策降低游戏开发商的研发成本以满足这部分需求。以研发税收抵免政策为例,2018年,美国政府拨款220亿美元。符合条件的公司最多可以收回其研发费用的10%。该政策惠及范围包括软件开发等IT行业,自然也包括了电子游戏开发商。此外,除联邦的研发税收抵免政策以外,各个州也有不同的研发税收抵免政策,根据不同州的政策,符合条件的公司最多可以收回12%的研发费用。如果符合条件,公司还可以同时申请联邦和州级信贷,从而节省资金成本并重新投资于业务增长。

二、产业规模

从全球的角度来看,2020年,电子游戏产业的市场规模高达1550亿美元。其中,北美、西欧和亚太地区占据市场份额的主要部分。

单就美国而言,近10年来电子游戏产业规模稳定增长,从2011年的386亿美元增长至2022年的955亿美元(见图6-1)。值得注意的是,尽管新冠疫情对全球经济造成了严重的负面影响,但电子游戏产业的市场规模并未出现明显下降。

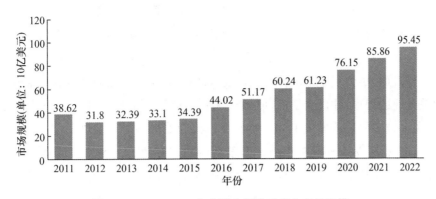

图 6-1　2011—2022 年美国电子游戏产业市场规模

数据来源：https://www.statista.com/topics/868/video-games/，经作者整理。

从市场结构来看，处于行业头部的大型电子游戏制作商拥有相当高的市场份额（见图 6-2）。小型制作商往往因为缺乏资金和人力，无法完成开发周期长的游戏项目，在宣传方面也处于相对弱势。以美国著名游戏公司 Take-Two 为例，其旗下的 Rockstar 公司开发《荒野大镖客 2：救赎》这一项目共耗费 8 年时间，开发成本高达 5 亿美元，这远不是小型制作商能够承受的。

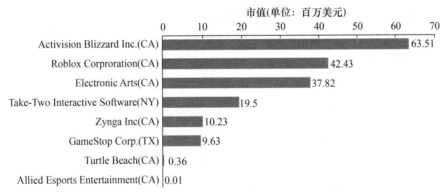

图 6-2　美国电子游戏公司市值（2022 年 2 月）

数据来源：Statista。

三、行业分析

本节运用 SWOT 模型进行分析。

在优势方面，近年来，随着信息技术和娱乐产业的高速发展，电子游戏产业也在以惊人的速度增长。近几年，每当各大主要游戏厂商如任天堂、索尼、微软发布新款游戏主机时，行业的增长率都超过 16%。例如，任天堂 Switch 游戏机的发布不仅吸引了广大游戏玩家，更引起了众多游戏开发商、设备制造商以及娱乐媒体的广泛关注。整个电子游戏产业拥有完整、成熟的产业链和商业模式。例如，大厂商拥有自己的开发公司和线上销售平台,可以覆盖整个游戏市场调研—开发—管理—销售产业链;与此同时,许多小型公司仅致力于生产游戏外设产品,以低廉的价格、高效的供货渠道、紧跟潮流的产品吸引一众消费者。

在劣势方面,尽管近年来电子游戏产业人才供给不断,海内外高校也相继开展电子游戏相关专业的课程,并设立学位,但是整体来看该产业仍处于人才短缺的状态。以美国为例,越来越多的艺术家由于其电影制片方面的经验和对专业制作平台如 3DMAX 或 Maya 的熟悉而投入游戏制作中。但很多游戏厂商缺乏优秀的项目负责人和策划师,这部分人才在整个行业中往往直接对接产品开发和后期运营维护,缺乏这方面的人才会直接影响客户体验,进而影响市场份额。

从机会来看,由于游戏产业的大众娱乐属性,无论是大型还是小型电子游戏项目都有广泛的受众和可观的市场份额。对于小制作成本的项目,很多公司都有非常成功的经验,如动视暴雪旗下的小型休闲游戏 Candy Crush 的市场份额就达到了 11 亿美元,作为一款广受欢迎的休闲游戏,消费者可以通过不同的平台如平板电脑、手机以及台式机进行游戏。而大型电子游戏项目更是以其超高的收益著称。例如,截至 2022 年,第一人称角色扮演类游戏 GTA5 就为其母公司 Take-Two 带来了超过 60 亿美元的销售额。此外,虽然 2020 年的新冠疫情严重冲击了全球经济,但是居民长期居家对游戏产业而言某种意义上是一种机会,电子游戏成为人们居家期间为数不多的娱乐方式之一,如任天堂在 2020 年 4 月至 9 月期间售出了超过 1200 万台 Switch 游戏机,截至当年 9 月,其半年内的销售额就同比增长了 73.3%,高达 7695 亿日元。

从潜在威胁来看,电子游戏产业的威胁之一在于其消费者群体相对固定,主要为 18—35 岁的男性,对其他群体而言电子游戏的吸引力相对较小。尽管一些公司曾作出一些尝试以发展其他群体的消费者,如任天堂旗下的 Wii 主打的市场定位是"家庭游戏机",此外还有一些公司制作针对女性玩家的游戏,但是其影响相对较小。

四、相关案例:任天堂

任天堂在美国的总部位于华盛顿的雷德蒙德,这家成立于 1889 年的日本游戏企业早年依靠生产手工花札纸牌发家,二战结束后该公司与迪士尼合作,生产了各类与迪士尼捆绑销售的纸牌类产品,成功的营销策略为其带来了知名度和大量资金。1962 年,任天堂在日本大阪证券交易所上市。20 世纪 60 年代末,任天堂的业务逐渐扩展到玩具市场,当时玩具市场主要由万代和 TOMY 等老牌公司主导,任天堂抓住了当时电子产业蓬勃发展的机会,开发了一系列电子玩具,此后任天堂的业务逐渐由传统的纸牌和玩具扩展到电子游戏市场,其主要业务包括街机、游戏主机和游戏软件等。任天堂旗下的 NES、Gameboy、Wii、3DS 和 Switch 等主机走进了亿万人的生活。此外,任天堂还开发了包括动作与冒险、第一人称动作、角色扮演、益智与策略、派对、音乐与健身、运动与赛车等种类繁多的游戏。

任天堂以其出色的营销以及质量过硬的游戏主机和游戏软件赢得了广泛的市场。其业务至今已经遍布全球,主要市场集中在亚洲、北美和欧洲,其中北美市场是最为重要的。如图6-3所示,2021年任天堂在北美市场的销售额超过了7300亿日元,约为日本市场和欧洲市场的总和。

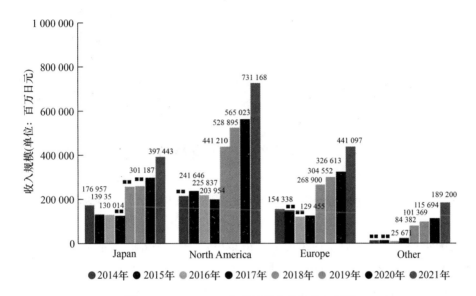

图6-3 2014—2021年任天堂分地区收入规模
数据来源:https://www.statista.com/topics/2284/intendo/,经作者整理。

任天堂独特而成功的商业模式在为其赢得全球市场方面功不可没。其商业模式主要包括以下三种:

首先,任天堂开发的电子游戏通常不是独立的,而是根据不同世代的主机性能对游戏进行迭代,使得每个IP都可以拥有众多粉丝为其续作买单。以享誉全球的"超级马力欧"系列为例,初代《超级马力欧》由宫本茂于1985年在NES平台开发,随后其续作《超级马力欧2》《超级马力欧世界》《超级马力欧·奥德赛》等在不同平台上发售。至今,任天堂的"超级马力欧"系列已经有23款续作和衍生作品,尽管售价相对较高,但凭借着出众的质量和粉丝情节仍有相当高的销量。此外,任天堂旗下各个IP角色之间的客串也是任天堂游戏的特色之一,这种类型的客串往往格外受消费者和粉丝青睐。例如,"任天堂明星大乱斗"系列中,任天堂将自己旗下的各个IP中的知名角色放入其中,甚至还购买了其他知名角色如《精灵宝可梦》中的皮卡丘、《超级索尼克》中的索尼克等,从而吸引更多玩家进行购买。

其次,任天堂通过自己的在线商店销售游戏软件、游戏主机和配件。任天堂开发了一套成熟的、便捷的在线商城系统。消费者可以直接登录后在电脑或手机上进行消费,这样做的好处在于销售成本大大降低。例如,当玩家购买一款任天堂 Switch 的游戏时,他可以在付款后直接将游戏下载到游戏主机,从而省去到商店购买的时间成本。对于任天堂而言,更是省去了游戏发行和制作实体游戏卡带的资金。

最后,任天堂的扩展包系统近年来成为其发行的游戏的一大特色。和新发行游戏不同,扩展包系统通常会将一部分内容隐藏或锁定,随着玩家投入时间的增加,探索新内容的需求也在逐渐增加,此时任天堂发布的扩展包可以满足玩家的这部分需求,这样做的好处在于不需要投入开发新系统、新平台的高额成本,大大降低了开发的风险,同时增加了营业收入。例如,上述的"任天堂明星大乱斗"系列,消费者在购买游戏产品本体后,往往还需要购买季票进行游玩,以解锁独家物品、关卡和新角色,而季票的价格并不便宜,但对角色的喜爱往往会使玩家为其买单。

第二节 动漫产业经济支持政策研究

事实上,"动漫"一词仅出现在中国,其意义为动画和漫画。在全球其他地区,人们在称呼动画和漫画时,通常对其进行严格的界定和区分。就动画而言,其广泛流行始于19世纪末电影业兴起之后。1920年到二战结束,大量动画界的人才为躲避战乱由欧洲迁至美国。1937年,第一部有声动画片《白雪公主和七个小矮人》由美国迪士尼出品,彼时动画技术已日趋成熟,即便在今天,这部动画也拥有极高的艺术性和娱乐性。同时,动画的制作技术也在不断更新升级,从最早的手绘赛璐珞动画到定格动画,再到现在用计算机制作的各类 2D、3D 动画,如今的动画技术几乎可以达到以假乱真的精细水平,如《冰雪奇缘》中主人公艾尔莎的发丝纹理和雪地的颗粒效果。就漫画而言,其历史则要悠久许多,早在文艺复兴期间达·芬奇便开始使用夸张的手法进行草稿速写。现代漫画的起源则可以追溯至 1830 年瑞士画家鲁道夫·托普佛的 *Histoire de Monsieur Cryptogame*。美国拥有众多享誉全球的漫画作品,如《史努比》以及斯坦·李的各类超级英雄。

一、研发税收抵免政策支持

尽管美国没有像英国的《动漫行业税收减免》(Animation Tax Relief,ATR)那样的直接针对动漫产业税收减免的政策,但美国的动漫产业从业者仍然可以向税务局申报,从而享受研发税收抵免,尤其是对于动画制作公司,其产品研发过程中往往需要很多高新技术,通过研发税收抵免政策可以节省相当一部分成本。

二、产业规模

截至 2020 年,全球动画市场规模为 226 亿美元,并保持强劲增长趋势,预计 2030

年这一数字可达483亿美元。①

需要注意的是动画市场和动画制作市场,二者是完全不同的产业,前者的英文名称是"anime",而后者的英文名称是"animation";前者主要指的是动画剧集、动画电影,而后者则泛指各类动画制作,包括演示、商业广告制作等。

在美国,漫画产业仍然以传统的纸质漫画为主流,截至2021年,美国漫画产业市场规模约为11.8亿美元,并呈现上升趋势。②

三、行业分析

本节运用SWOT模型进行分析。

从优势来看,对于美国的动画市场而言,其主要行业优势在于其出色的媒体基础设施、电影院的普及以及整个电影娱乐业的高度成熟化。以2019年11月上映的动画电影《冰雪奇缘2》为例,其宣传始于2019年初各个媒体平台以及线下影院的预告海报,尽管海报上只有一个巨大的冰晶和电影名,但是铺天盖地的宣传叠加该系列电影第一部的巨大成功使得舆论瞬间被点燃,仅仅几个小时各个主流电影媒体、自媒体等先后转发,在Twitter、Instagram等媒体平台更是登上热搜榜榜首。2019年2月13日,迪士尼在其YouTube官方账号发布了一条长达两分钟的预告片,该预告片仅用不到两周的时间就获得了超过4千万的浏览量。对于漫画市场而言,其主要行业优势表现在与各大片商的联名营销上,如漫威旗下的超级英雄漫画在原作者斯坦·李去世后仍保持较高的销售额,漫威的《复仇者联盟4:终局之战》上映两周就收获了20亿美元的票房。另外,成功的漫改作品也使得非漫迷用户开始对漫画原著产生兴趣并进行阅读。

从劣势来看,美国的动画产业新产品稀缺。近年来,随着一系列漫改作品以及对老IP翻拍的巨大成功,动画制片方不愿再冒较大的风险进行全新作品的制作。

从机会来看,一方面,新冠疫情使人们居家工作与生活一度成为主流,在这期间各种流媒体平台蓬勃发展,对于动画产业而言,可以借助这一平台进行新产品的宣传,如YouTube、Netflix拥有数量相当庞大的用户群体,借助这类平台进行宣传的成本与风险较小,收益可观。另一方面,对于漫画产业而言,随着智能设备的普及,传统纸质漫画逐渐朝着电子化的方向发展。以往读者需要走进商店选购漫画书,现在只需要打开亚马逊平台订阅自己喜爱的漫画,每期更新的漫画便可以传输至他的个人设备,这种方式随着新冠疫情期间各个线下店面的关闭而变得更加普遍。

从威胁来看,无论是美国动画市场还是漫画市场,面临的最大威胁都来自其强劲的竞争对手——日本动漫。日本动漫的存在一直以来是美国动画、漫画进军亚洲市场的重要阻力。一方面是由于价值观的不同,如亚洲文化往往强调亲情、家庭责任与社会责

---

① 数据来源:Precedence Research。
② 数据来源:Precedence Research。

任,而美国文化则突出个体的发展。这也是在亚洲享有极高知名度的《哆啦A梦》在欧美市场遇冷的原因之一。另一方面是由于日本动漫市场的高度市场化和高度创新。美国的超级英雄漫画近年来新IP的创作趋缓,但日本漫画各类题材的创作从未停下脚步。以日本最火爆的漫画杂志《周刊少年JUMP》为例,尽管老牌漫画如《火影忍者》《龙珠》等陆续完结,但各类新作品的出现仍呈现井喷之势,众多高质量的新作品为市场注入活力,也为未来的漫改剧集、电影提供了众多题材。

四、相关案例:皮克斯动画工作室

皮克斯动画工作室是一家位于加州爱莫利维尔市的计算机动画制片厂。1986年,苹果公司前任CEO史蒂夫·乔布斯在初次离任苹果公司后收购了卢卡斯影业的计算机动画部门,正式成立独立制片公司——皮克斯。此后,皮克斯被迪士尼以74亿美元并购。之后的10年间,皮克斯和迪士尼利用合作带来的优势各自出品了一系列精品动画电影。表6-1列示了2006—2016年迪士尼、皮克斯的主要作品以及票房收入。

表6-1 2006—2016年迪士尼、皮克斯的主要作品以及票房收入

迪士尼作品	票房收入(百万美元)	皮克斯作品	票房收入(百万美元)
《风中奇缘》	346	《玩具总动员》	362
《钟楼怪人》	325	《虫虫危机》	363
《大力士》	253	《玩具总动员2》	485
《花木兰》	304	《怪兽电力公司》	525
《人猿泰山》	448	《海底总动员》	865
《恐龙家族》	354	《超人总动员》	631
《变身国王》	169		
《星际宝贝》	273		
《星银岛》	110		
《森林王子》	136		
《小熊维尼历险记》	250		
《牧场是我家》	104		
《四眼天鸡》	249		

数据来源:Marketline。

皮克斯作为美国动画行业的中流砥柱,其作品广为观众接受并且在商业上大获成功的原因在于以下几点:

首先是其商业模式。从产品的角度看,皮克斯的作品通常面向儿童销售,但却具有吸引成年人的情感深度和制作质量。事实上,对产品质量的关注正是皮克斯市场差异

化的最重要因素之一。从表6-1可以看出,尽管皮克斯10年来作品数量并不多,但其作品票房销售额却超过其母公司迪士尼的诸多作品。这正是皮克斯的商业模式:在更少的电影上下更大的赌注。皮克斯每四年到五年制作一部电影,并对电影质量严格把关,从而将风险降至最低。

其次是其独特的运营架构。在该行业,新的创意团队往往围绕新的电影概念成立,然后在电影制作完成后解散,而在皮克斯,创意团队的合作和工作往往是长期的。这样做的好处在于,创意团队通过长期合作可以拥有更熟练的技能和更大的默契。此外,皮克斯还设立了创意孵化团队——由导演、编剧以及艺术家组成的小型团队。创意孵化团队对初始阶段的创意进行开发和改进,同时对整个开发团队的合作起到积极作用,从而保证产品的质量,从这个角度看,其运营架构和专注产品质量的商业模式具有一致性。

第七章
新冠疫情下的美国文化产业及其经济支持政策

第一节 新冠疫情对美国文化产业的影响

2020年新冠疫情爆发后,美国的文化产业受到较大冲击。据统计,2020年,文化产业为美国国内生产总值贡献了总计约8700余亿美元的产出,相较2019年下降了约4.9%;文化产业的产出值下降了约6.4%(经通胀调整后),快于美国经济下降速度(3.5%),吸纳的就业人数减少了近60万人。①

一、新冠疫情影响文化产业下的各个子产业

虽然疫情期间美国文化产业的总体量与其子产业多元化的特征使其在国民经济中的重要地位得以保留,但某些子产业却遭受了严重的打击。例如,表演艺术行业,2020年,其产出同比下降约73%,很多经营表演艺术业务的公司转而投向原油勘探和空运行业。此外,博物馆业贡献的附加值下降了22%;独立艺术家贡献的附加值下降了20.6%;电影和视频制作业贡献的附加值下降了17.9%。

然而,新冠疫情也为某些文化子产业的发展提供了契机。比如,2020年,网络发行和直播业对美国经济贡献的附加值相较2019年增长了约14.3%。这些子产业的逆势增长减轻了文化产业总产值下滑给美国经济带来的负面影响。②

二、新冠疫情影响文化产业的劳动力市场

政府对社交距离的要求以及对人员流动的限制直接导致展览、音乐会、现场表演和音乐节等活动的取消,进而影响了文化产业雇员、自由职业者和个体经营者的生计,减弱了美国文化产业吸收就业人员的能力。在2020年美国文化产业裁员总人数中,约有40%来自以下三个产业:电影和视频制作业、表演艺术经纪业和表演艺术公司行业。它们吸纳的就业人数分别减少了136000人、56000人和50000人,相较2019年分别下降了52.7%、82.4%和64.1%。到2021年,虽然文化产业有所恢复,但其繁荣程度远不

---

① 数据来源:NEA。
② 同上。

及 2019 年。2021 年,美国艺术家的失业率为 7.2%,相较于 2020 年的 10.3% 有所下降,但是远高于 2019 年的 3.7%。①

除了成规模企业之外,美国文化产业从业人员还集中在小规模企业或者以个体经营者的形式就业,有相当一部分文化企业家甚至是依托演唱会经济,以项目为单位接受雇用的自由职业者。研究显示,相较于商业模式成熟的大型文化企业,这些个体经营者和自由职业者往往缺乏应对新变化的策略,应变能力较差,失业人数可能超过目前的统计数据(Florida and Seman,2020)。

三、新冠疫情影响文化产业商业模式的转变

尽管面临着种种困难,文化产业的从业者还是找到了应对疫情的方法。这些方法可以大致分为两类,一类是对线下商业模式进行改动,例如,某些博物馆和画廊开始提供无接触电子售票服务,并且通过改动线下设施的空间布局来允许人们相互之间保持合理的社交距离;某些交响乐团和剧院缩减了演出人员的规模以适应小规模观众的现状;某些资金实力雄厚的连锁影院通过升级线下场地的空气过滤系统,同时在观影间隙辅以自动喷雾系统来为影院消毒。另一类是借助线上工具变革商业模式,例如,线上工具被越来越多的艺术家和组织用来建立与观众之间的联系。据当时的调查,美国约 72% 的表演艺术组织表示它们将在 2020 年 11 月底之前将部分或者全部节目转移到线上。同时,交响乐团、乐队和音乐家也会通过使用 Zoom、Facebook 和 Instagram 等工具举办线上演出(Guibert and Hyde,2021)。

由此可见,疫情对美国文化产业造成冲击和负面影响的同时,也通过向文化产业施加压力来促进该行业转型升级。后疫情时代,文化产业创新方面很有可能集中出现线上发展模式的探索(Kamal,2020)。

第二节 美国政府为应对新冠疫情冲击采取的支持政策

美国文化产业一直是在低政府干预度下运行的,其发展遵循开放市场下自由竞争的规律,传统意义上政府对文化产业的资金投入和支持非常有限。但是,由于新冠疫情对文化产业的冲击达到了前所未有的程度,考虑到疫情有可能对文化产业未来的发展产生永久性影响,美国各级政府机构都开始采取适当的应对措施来帮助文化产业渡过难关。

一、联邦政府提供的支持政策

2020 年 12 月,美国国会通过了一个旨在缓解疫情对文化产业冲击的法案。该法案的内容包括扩大政府开支以补助受疫情影响的文化产业组织或从业者,承诺向疫情

---

① 数据来源:NEA。

期间遭受重大损失的现场艺术和娱乐场所提供总计 150 亿美元的补助。该法案为娱乐产业的独立经营者,如音乐演出场所、独立电影院等,提供了一个向美国小企业管理局(Small Business Administration,SBA)申请补助的途径。这项补助可用于帮助经营者承担 6 个月以内的员工薪酬、房租、公共服务和维修费用。作为限制条件,申请者必须证明他们在疫情的影响下损失了至少 25% 的日常收入,那些收入减少超过 90% 的申请者将被优先考虑。每个申请者接受的补助一般不超过 1000 万美元。除了剧院和博物馆,该法案还鼓励星探和艺术经纪人申请补助。为了确保资源能够流向最需要帮助的组织和个人,该法案还限制了成规模公司申请补助的金额。

此外,某些文化产业组织独立于该法案外自行向政府相关机构申请资助。据统计,2020 年 7 月至 2021 年 1 月,美国通过小企业工资保障计划(Small Business Administration Paycheck Protection Program,SBAPPP)向各类文化产业组织提供了超过 17 万笔贷款,贷款总额累计达到 137 亿美元。在这些贷款中,非营利组织占 9917 笔,贷款总额约 18 亿美元(Guibert and Hyde,2021)。

二、地方政府提供的支持政策

除了联邦政府,美国各级地方政府也纷纷在疫情期间向文化产业提出缓解冲击的产业支持政策。比如,得克萨斯州奥斯汀市于 2020 年筹资创建了音乐灾难援助基金会(Music Disaster Relief Fund,MDRF),用以向受疫情影响的本地音乐家提供每人约 1000 美元的补助。相比之前的资助项目,此项目放宽了对申请人的审核条件,因此更多的专业音乐人、策划人和一般从业者都能够得到帮助。该项目最终总计资助了 1600 位有资格的申请人。2022 年初,科罗拉多州政府启动了科罗拉多艺术援助补助计划(Colorado Arts Relief Grant,CARG),旨在为当地艺术、文化和娱乐产业的从业者和组织提供总计 1550 余万美元的资金支持。

第三节 美国社会和民间组织为应对疫情冲击采取的措施

相较于美国政府,美国的社会和民间组织一直以来对美国文化产业发展的参与程度更大。1965 年《国家艺术与人文基金会法案》通过并实施后,美国的艺术与人文事业一直由国家艺术基金会、国家人文基金会以及后来成立的博物馆与图书馆服务协会联合执行补助。美国国家艺术基金会于 2020 年启用了《新冠病毒援助、救济与经济安全法案》(CARES Act),用以直接资助受疫情冲击的艺术组织和个人,满足他们正常发展的需求。该法案总计为各艺术组织和个人支付员工薪资、艺术家或合同工报酬、场所和设施成本提供了 7500 万美元的补助,这些组织当中很多都是非营利性的。这些补助中,40% 的资金直接发放给各州和各地区的政府中介,以加快资金落实到需求者的速度。此外,60%的资金直接发放给全美境内的非营利艺术组织。超过3700家过去4年间接受过美国国家艺术基金会资助的组织可以申请直接资金补助,这些补助将不参与成本分摊,直接资助金额为每笔5万美元,而由政府指定的地方层面受理文化产业事务的中介机构有权申请每笔10万到25万美元的资助,用以帮助地方艺术家。

除了以上提及的三家组织之外,美国其他民间组织也参与了救助文化产业的行动。例如,由美国诗人学会(Academy of American Poets,AAP)、当代艺术基金会(Foundation for Contemporary Arts,FCA)和创意资本(Creative Capital,CC)共同筹资建立的艺术家援助基金会(Artist Relief,AR),在2020年4月至2021年6月这15个月间向4682位艺术家提供了总计约2340万美元的紧急救助。

第四节 应对新冠疫情冲击的数字化支持政策

文化创意产业的线上发展转型之路被联合国贸易和发展会议(UNCTAD)称为创意产业4.0(Creative Industry 4.0)。UNCTAD的报告指出,第四次工业革命的浪潮同等程度地影响了创意产业,新科技为创意产业提供了新的发掘和推广有才能艺术家的工具,也为创意产业提供了新的与受众群体互联互通的途径。近年来出现的不少新技术在疫情期间被文化产业从业者付诸应用,为文化产业的正常发展提供了新的路径选择。

一、为规范NFT采取的措施

NFT(Non-Fungible Token)近年来在全球艺术界吸引了不少的关注。NFT是基于区块链技术发展出来的一种电子凭证,它继承了区块链去中心化和不可篡改的特征,近年来被广泛运用于艺术品标记和鉴定。经NFT标记的艺术品,如音乐、绘画作品等,其所有权将归属于NFT持有人,其他人仅被赋予预览的权限。NFT持有人也可将艺术品转让给买家,原持有人查看该艺术品的权限将随着NFT的易手而丧失。与传统艺术品交易不同,NFT允许艺术家从艺术品后续生命周期的溢价过程中获利。也就是说,在卖出艺术品后,艺术家仍可通过NFT追踪艺术品的价格,并从每笔交易当中获得一定比例的分成。据报道,苏富比和佳士得等拍卖行以及世界各地的博物馆和画廊已经开始与数字艺术家合作,在平台上销售NFT艺术品。虽然NFT为艺术家和收藏者提供了一定程度的便利,但NFT社区也不可避免地成为诈骗行为滋生的温床。

虽然NFT技术目前存在着种种问题,但它无疑为艺术家提供了一种销售产品的新思路。在新冠疫情影响下,人员流动受限,艺术家无须承担线下销售和展览作品的费用和风险,可以借助NFT来推广和交付作品,一定程度上缓解了疫情对文化产业的冲击。

据统计,截止到2021年2月,艺术家出售的音乐作品NFT为音乐产业创造了约2500万美元的产值。①

为了规范NFT的交易行为,美国政府和立法机构采取种种措施。2021年通过的《基础设施法案》将NFT定义为一项证券交易品,要求交易者将交易记录上报给政府,并且规定单笔交易金额超过10000美元的需要缴税(Baker、Thomas、Mckinney,2022)。美国白宫2022年9月表示有意愿同美国国会一同商议修订《银行保密法案》《反内幕消息法令》和《反非法资金转移法案》等,从而将法律的外延扩展到电子资产服务提供商,这其中特别注明需规范NFT服务提供商。

二、为规范虚拟现实和元宇宙采取的措施

自虚拟现实概念被提出以来,各行各业均在摸索将其结合到商品的生产与销售过程中的途径。元宇宙作为近年来大热的虚拟现实衍生物,首先被运用于游戏、会议等领域,将来会延展到互动式线上学习、电子商务、房地产以及时尚等产业。元宇宙的实现机理主要是通过虚拟现实(VR)或增强现实(AR)头套来连接用户终端,创造一个沉浸式的网络社交环境。

在疫情极大约束人员流动性时,许多艺术机构和艺术家个人将展览从线下转移到线上。但由于传统互联网技术的限制,这些线上展览往往不能达到预期效果。而元宇宙与生俱来的社交属性和沉浸式特点无疑使其成为举办线上展览的最佳备选方案(Beatrix and Bhansing,2021)。例如,亚特兰大地下城(Underground Atlanta)的DIGATL艺术画廊是当前全世界规模最大的线上画廊。2022年4月至6月,该画廊举办了一次大规模的线上线下结合的艺术展览。该展览在线下通过三维投射和增强现实技术展出艺术品,游客既可以通过佩戴头套与展品互动,也可以通过扫描作品二维码选购。购买者需要支付虚拟货币来购买艺术品,一旦达成交易,被选中的艺术品将通过NFT的形式发行,其所有权也将自动转移给买家。其线上展会通过元宇宙平台搭建,允许访客佩戴头套参观展会,并可以在平台上与其他访客实时交谈,分享对作品的看法。②

为了规范虚拟现实和元宇宙平台的发展,确保艺术家的正常利益,2022年,美国立法机构在修改反垄断法的提议中增加了元宇宙平台之间应当互相兼容的要求。除此之外,有关信息隐私的法律对元宇宙平台也具有实质性的影响,要求平台搜集的用户生物信息只能用于识别,对于文化产业来说,这保护了艺术家的个人隐私。③

---

① https://www.musicbusinessworldwide.com/music-related-nft-sales-have-topped-25m-in-the-past-month/,2021-03-12.
② McCann, A. Step into the Metaverse in Underground Atlanta's Digital Art Gallery. https://www.wabe.org/step-into-the-metaverse-in-underground-atlantas-digital-art-gallery/, 2022-06-14.
③ McCabe, D. and M. Isaac. F.T.C. Sues to Block Meta's Virtual Reality Deal as It Confronts Big Tech. https://www.nytimes.com/2022/07/27/technology/meta-facebook-vr-ftc.html, 2022-07-27.

第二篇

文化产业经济支持政策研究：英国的经验与启示

第八章
英国文化产业简介

第一节 英国文化产业简介

继 2001 年公布创意产业定义后,英国工作基金会(Work Foundation)在 2007 年英国创意产业经济表现报告(Staying Ahead:The Economic Performance of the UK's Creative Industries)中将创意产业概括为基于版权的可进行大规模复制的表达性产出活动。

2016 年,英国文化、媒体和体育部(DCMS)发布《创意产业经济评估方法》(Creative Industries Economic Estimates Methodology),使用"创意强度"(creative intensity)即创意职业的劳动力比例来确定哪些职业和行业代码被归类为"创意";同时,明确"创意职业"(creative occupations)、"创意产业"(creative industries)以及"创意经济"(creative economy)之间的关系(如图 8-1 所示)。

1. 创意经济:包括创意产业内和创意产业外的所有创意职业对经济的贡献

2. 创意产业:创意经济的一部分,包括所有创意产业内的工作。既包括创意产业内的创意职业,也包括创意产业内的其他职位,如财务

3. 创意职业:创意经济的一部分,包括所有在创意产业内和创意产业外的创意职业上的工作

图 8-1 创意经济、创意产业与创意职业

英国是最早提出与定义文化产业为"创意产业",并给予大力支持的国家,是世界上仅次于美国的第二大文化产品制造国。英国文化产业的发展对其国家经济发展与稳定产生了长远的积极影响,在发展文化产业方面有着悠久的历史和诸多成功经验。

自 1997 年英国率先将创意产业列为新的经济增长点之后,文化产业在世界很多国家和地区受到重视,在部分国家和地区,文化产业的发展速度明显高于其他产业,其规模也逐渐占据领先地位。

英国是世界上第一个运用政策推动文化产业发展的国家,多年的实践证明,英国政府的文化发展政策和经济结构调整政策顺应了世界经济发展潮流,取得了巨大的成功。

第二节 英国文化产业发展及对经济的贡献

在英国,文化产业的概念不再仅限于传统的艺术领域,而是将更多行业包括在内,并特别强调创新、创意和新技术。术语上,从"文化产业"到"创意产业"的转变,更多是基于政策上的考量与调整,以及信息时代背景下新的发展框架。这个转变将重心放在了创新、数字技术和信息经济等领域的发展上,使得文化产业在数字化时代更富活力和前景。"创意产业"实际上延续了"文化产业"的传统,强调文化在经济和创新领域的重要性和影响力。

一、英国文化产业发展介绍

"英国由于历史悠久、文化资源相对丰富,通过对本国的自然资源和历史文化资源进行合理开发整合及市场化运作,打造出了自己的文化品牌,从而形成了具有地域特色的产业文化,如王室文化、博物馆文化、生态旅游文化、表演艺术文化等。"(陈美华、陈东有,2012)

(1) 博物馆文化产业

作为英国文化产业基础结构的博物馆,在英国总共有2500多家。"英国是世界上博物馆密度最大、质量最高、历史最悠久、体系最健全的国家。英国主要博物馆和展览馆的年营业额超过90亿英镑,而这些博物馆和展览馆每年的支出又达65亿英镑。43%的英国人至少每年要去一次博物馆或展览馆。加上境外游客,英国主要博物馆和展览馆的年访问量高达4200万人次,而英国的人口不到6100万。大英博物馆藏品之丰富、种类之繁为全世界博物馆所罕见。整个建筑气魄雄伟,蔚为壮观。同时,大英博物馆还举办各种专题展览和展示,并提供各种类型的参观向导服务。"(陈美华、陈东有,2012)

(2) 旅游文化产业

"英国旅游业收入占世界第五位,仅次于美国、西班牙、法国和意大利。旅游业是英国最重要的经济部门之一,产值占国内生产总值的5%,从业人员约210万人。2010年游客达2959万人次,收入达167亿英镑,约合270亿美元。"(陈美华、陈东有,2012)英国充分利用王室文化、各地特色文化资源,形成特色文化主题,开展观光旅游、文化旅游、艺术表演文化旅游、摇滚乐旅游等特色项目。以斯特拉福德小镇为例,政府利用"莎士比亚文豪故居"这一文化名片,大规模、大投入、高起点、高水平地策划与建设,恢复古镇历史风貌,开辟纪念馆,同时建设以莎士比亚名字命名的皇家歌剧院、图书馆、博物馆、纪念塔等相关配套设施,吸引了众多游客前来观光体验。

(3) 表演艺术产业

英国的表演艺术产业包括芭蕾舞、现代舞、歌剧话剧和音乐剧。其最大特点是公益性与市场性相结合。

"该产业的核心商业活动是作品创作、节目制作、演出、巡回演出、道具设计及生产和灯光;相关产业包括电视、广播、设计、音乐、电影、出版和特技效果;相关的商业活动还有旅游和餐饮业。表演艺术业的产业结构多样化,形成大型商业公司和完全依靠公共或私人经费生存的小型团体共存的局面。大型商业公司分别在产品的制作、包装、发行等环节发挥其专业性经营的作用。英国表演艺术产业的发展首先得益于政府的经费支持,据英国政府公布的资料,1998—2001年,政府对该行业陆续注入1.25亿英镑的补贴,用于鼓励优秀作品的创作,实施针对开发青少年观众群体市场的计划和强化表演艺术教育功能的'人人参与艺术'等计划。

从1947年起,英国北部城市苏格兰首府爱丁堡每年夏秋季节都要举行为时3周的著名的爱丁堡国际艺术节。届时,世界各地著名的文化团体和演员、歌星云集于此,爱丁堡变成展示音乐、戏剧、芭蕾、电影等艺术的大舞台,吸引了大批访问者赶赴这一历史名城欣赏艺术表演。此间,在公园、广场搭棚,专业和业余艺术家免费教跳苏格兰民间舞以吸引众多游客。爱丁堡国际艺术节意在突出本地区民族的文化特征,以增进人们对其文化的认同感,推动苏格兰文化的发展。"(陈美华、陈东有,2012)。

二、英国文化产业发展的特点

(1) 建立相应的文化产业法律体系

"政府是推动文化产业发展的重要力量,有责任营造一个适宜产业发展和企业公平竞争的外部环境。对文化产业而言,知识产权的保护具有特别重要的意义,可以说是产业健康发展的命脉。由此,英国政府制定了一套完整的文化产业政策,出台了一系列相关的法律法规,从法律和制度方面提供强有力的保障。例如,1993年颁布《彩票法》、1996年颁布新的《广播电视法》以及《著作权法》《电影法》和《英国艺术组织的喜剧政策》等,从而在制度上确保了文化市场的健康发展和持续繁荣。"(陈美华、陈东有,2012)

(2) 合理利用独特的自然与文化资源,打造属于本土的文化品牌

"英国区域文化产业非均衡发展的状况比较突出。从地域来看,英国是由大不列颠岛和爱尔兰岛东北部及附近许多岛屿组成的岛国,分英格兰、威尔士、苏格兰和北爱尔兰4个部分。由于各种有形和无形资源分布的差异性,英国各地区文化产业的发展状况和程度也有差异。如英国首都伦敦以电影节、时装节、设计节、游戏节为基础,发展艺

术、演艺、电影、时装、设计、数字传媒、音乐等产业,成为全球'创意城市'的典型。距伦敦100公里的牛津城是著名的大学城,英国借助名校品牌深度开发了文化旅游资源。英格兰西北部利物浦是披头士摇滚乐团的故乡,现在发展成为英国音乐、艺术、博物馆、足球队等文化荟萃的名城,被誉为'创新之城'。苏格兰高原北部大峡谷的尼斯湖,利用水怪神话深度开发文化产业而闻名遐迩。北方之都曼彻斯特虽然在二战中受到重创,但通过一系列文化升级策略却保住了往日大城市的地位。因此,合理利用独特的自然与文化资源,打造属于本土的文化品牌,有利于推动地区特色文化产业的发展。"(陈美华、陈东有,2012)

(3) 营造良好的发展环境,推动文化产业的发展

1997年5月,英国首相布莱尔为振兴英国经济,提议并推动成立了创意产业特别工作小组。1998年,英国创意产业特别工作小组首次对创意产业作出明确定义,将创意产业界定为"源自个人创意、技巧及才华,开发和运用知识产权,能够创造财富并具有就业潜力的行业"。

例如,英格兰的康沃尔郡、默西塞德郡、南约克郡和威尔士等地区,由于区域位置、资源禀赋、文化开发活动等方面的劣势,文化产业发展相对落后。1998年,英国政府出台了《英国创意产业路径文件》,要求采取措施积极推动各区文化产业的发展。10余年间,英国以文化产业发达地区为核心,迅速带动了周边地区文化产业和相关经济的发展(陈美华、陈东有,2012)。

(4) 注重培养创新型人才,促进文化产业的良性发展

"早在英国创意产业特别工作小组成立之初,英国政府就制定了对文化创意产业发展至关重要的三项政府措施,其中第一项就是为有才能的人士提供培训机会,尤其注重对青少年的艺术教育和创造力培养。政府部门协助培养创意人才,在创意人才培养方面推出了一系列举措,例如,政府实行博物馆、美术馆、艺术馆免费对学生开放,将英国数量众多、馆藏丰富的文化艺术遗产转化为取之不尽的艺术教育资源,让学生从中得到形象生动的艺术教育。英国产业技能委员会在大学为电影、电视和多媒体行业举办为期3年的人才再造工程,为这些行业的人士提供电影摄制、编剧、动画、导演、作曲、录音等10个专门学科上百门学习课程,使影视行业的66%和多媒体行业的24%的从业人员达到研究生水平,有效地提高了这些行业的创新潜能。"(陈美华、陈东有,2012)

三、英国文化产业对经济的贡献

自1997年开始,英国文化产业一直在发展,已经成为仅次于金融业的第二大产业,做出了较大的经济贡献。政府在对文化产业做出政治承诺的同时,也进行了一些尝试,以描绘这些产业的特征并衡量其经济影响。正如前DCMS秘书Tessa Jowell所说,文化产业已经成为21世纪英国经济的中心舞台。2007年,DCMS发布《文化与创意

2007》(Culture & Creativity in 2007)报告,数据显示文化产业在1997—2007年的10年间经济平均年增长率为6%。分行业看,IT、软件和电子服务业增长最快,达10%,远超同期整体经济年增长率的3%。此后,英国按年度推出文化产业经济评估系列报告,公布文化产业及其13个子行业的统计数据,主要依靠总经济增加值(GVA)、服务出口(export of services)和就业(employment)三大指标衡量其对英国经济的贡献。2016年起,英国政府将DCMS划分成包括文化产业在内的8个子部门,开始公布整个DCMS及其子部门的经济评估报告。

（1）总经济增加值

从文化产业总经济增加值（经通胀调整后）的情况看,2010年,文化产业贡献了791.28亿英镑的经济增加值,占全英经济增加值的4.8%,其中,IT、软件和电子服务(276.44亿英镑)以及电影、电视、广播和摄影(169.06亿英镑)两个子行业贡献最大。到2016年,DCMS（不包括旅游和文明社会子部门）所涉行业的经济增加值为1904.46亿英镑,约占全英经济增加值的10%,其中,数字和文化产业两个子部门贡献最大。整体来看,2010—2019年,DCMS（不包括旅游和文明社会子部门）所涉行业的经济增加值实际增长了30.0%,文化产业子部门增长了43.6%,一直快于英国整体经济增长速度(17.7%)。从数据也可以看出,英国文化产业发展的核心竞争力正是创造力和数字技术。

2020年受新冠疫情影响,文化产业经济增加值较2019年降低了11.58%,倒退回5年前水平。其中,波动最大的两个子行业为音乐、表演和视觉艺术（降低38.39%）以及博物馆、画廊和图书馆（降低32.10%）。DCMS（不包括旅游和文明社会子部门）所涉行业经济增加值降低9.6%,高于英国整体经济受到的冲击（降低9.9%）。

（2）服务出口

从文化产业服务出口的情况看,2010—2019年,英国整个DCMS所涉行业的服务出口持续增长,文化产业出口总额从147.19亿英镑增长到378.59亿英镑,直接翻了近两倍。其中,IT、软件和电子服务以及电影、电视、广播和摄影两个子行业的服务出口最受欢迎。2019年,DCMS（不包括旅游和文明社会子部门）所涉行业服务出口达629亿英镑,占英国服务出口总额的19.8%,其中,249亿英镑(39.5%)出口到欧盟国家,381亿英镑(60.5%)出口到非欧盟国家,美国(180亿英镑,28.6%)、爱尔兰(41亿英镑,6.5%)和德国(38亿英镑,6.1%)是三大主要出口国。服务出口最多的是数字(82.5%)和文化产业(60.2%)两个子部门。

面对疫情影响,2020年英国服务出口总额下降8%,但文化产业仍然保持增长势头,疫情防控禁令反而激发了文化产品消费热潮。文化产业服务出口413.76亿英镑,占全英服务出口比重有所增加。疫情重塑了消费者的文化需求,几乎所有文化产业都以这样或那样的方式在商品和服务的生产和消费中采用数字化。较2019年,2020年文化产业部门中 IT、软件和电子服务行业出口增长 27.06%,数字子部门增长 6.96%,文化产业的数字化转型在危机中不断加速。

四、英国文化产业的就业情况

从英国文化产业就业情况看,2011—2019 年,除博彩业就业人数下降了 14.7%,DCMS 所涉行业的就业人数都有所增加。2019 年,DCMS 所涉行业有 525.5 万个就业岗位,占英国全部就业岗位的 15.7%。其中,文化产业拥有最多的就业岗位,也是自 2011 年以来工作岗位数量增加最多的行业。文化产业就业总人数从 2011 年的 156.2 万人增长到 2019 年的 210.1 万人,年平均增长率为 3.8%,显著高于英国整体年均就业增长率(1.4%)。其中,设计和时尚设计(6.9%)以及 IT、软件和电子服务(6.2%)年均增长最快。受疫情影响,2021 年 DCMS 所涉行业就业人数同比降低 18.7%,主要是因为旅游业就业岗位锐减。

文化产业的包容性和多样性特点在劳动市场上体现为拥有更多灵活的短期合同制劳动力,从工作类型来看,自营职业者或者说自由职业者在英国文化产业中所占比重较大。数据显示,2011—2019 年,文化产业中自由职业者平均占比为 33.8%,在 DCMS 所涉行业中平均占比为 21.1%,显著高于自由职业者在英国整体就业中所占比重的 15.8%。从子行业看,音乐、表演和视觉艺术(70.8%)以及设计和时尚设计(58.3%)两个行业中自由职业者甚至占全部就业人数的一半以上。2020 年,受疫情冲击,DCMS 所有部门的自由职业者都大幅减少,暴露了文化产业结构的脆弱性和不稳定性,很多自由职业者被迫失业,倾向寻求更稳定的其他工作。2020 年,文化产业中自由职业者占比 30.93%,2021 年持续降低,占比 28.66%,不断刷新历史最低水平。由此可见,政府应给予这些自由职业者以及其他灵活就业模式的创意劳动力更多关注与保障。文化产业更稳定、更富弹性的工作模式改革将是下一步政策需要考虑的重点。

五、英国文化产业的区域集群发展现状

英国经济学家马歇尔早在一个多世纪以前就指出,在特定地点相关企业和产业的集群可以产生正外部性。文化产业的独特之处在于,它不仅由特定行业和职业专业化产生的外部性驱动,而且由城市本身的多样性产生的正外部性驱动(Lorenzen and Frederiksen,2008)。城市是文化产业"硬基础设施"的中心,政府通常在城市的文化基础设施上投入大量资金,拥有广泛的画廊、博物馆、图书馆、大学等,这反过来又可以成为"软基础设施"形成的催化剂,促进知识流动、思想传播、人才引进和新形式的创业。

创意产业与创意城市发展关系密切,从历史上看,早在文化产业概念被英国政府提出之前,英国就开始注重城市文化复兴。英国东南部尤其是伦敦仍然是吸引文化产业的主要地区,在英格兰、北爱尔兰、苏格兰和威尔士地区,通过文化产业创造财富和增加

就业还有很大的政策空间。越来越多的地方政府已经认识到文化产业对经济发展、城市复兴和社会包容的贡献。2001年,英国政府发布的《创意产业纲领文件》(Creative Industries Mapping Document)中就强调了创意集群对英国经济增长的重要性,并公布了英国创意产业集群布局。

英国的许多地区由于具备产业发展的良好经济基础,有着资源、人才的积累和优势,在政府引导和支持下集群和规模效应不断体现。数据显示,英国各地区文化产业的经济贡献与就业情况均保持明显增长态势。从经济表现看,2010—2019年,伦敦地区文化产业的经济增长率高达60.84%,2019年为英国经济贡献了597.78亿英镑,占全英文化产业总额的52.6%;此外,东北部地区(42.71%)和东部地区(32.91%)文化产业经济增长也十分迅速。从经济总量看,英国文化产业主要集中在东南部地区。从就业情况看,仍然是伦敦和英国东南部地区文化产业创造了最多就业岗位,2019年分别提供了全英文化产业34.3%(75.8万个)和14.6%(32.2万个)的就业机会,约克郡和西米德兰兹郡的就业增长也十分明显。

第九章
英国文化产业经济支持政策

第一节 英国文化产业经济支持政策概述

玛丽安娜·马祖卡托在 2011 年提出"企业国家"(entrepreneurial state)概念,认为政府的作用已经远远超出创建合适的基础设施和制定规则,如果创新主导的经济增长是优先事项,那么政府需要承担积极主动的角色。英国是世界上第一个政策性推动文化产业发展的国家。在英国,文化产业的发展政策已经提上重要政治经济议程,政府从国家战略高度为文化产业设计总体框架和发展规划,进行多方位的支持与管理,形成了国家自上而下和积极干预的政策模式,促进了文化产业的崛起和繁荣。Lee(2020)总结了自文化产业发展以来英国政府发布的关键政策文件,并概括英国采取的是一种横向、融合、分散和以地区为导向的政策。这种独特的"横向"与"融合"特点旨在提高产业的总体竞争力和整体创新能力,而不是提高特定产业的绩效。因此,英国政府首先做的事情就是改革政府文化管理机构,将原来分散在不同部门的文化管理职责融合在一个明确统一的部门下,实现跨部门、跨行业、跨领域的融合协同。这种文化管理体制似乎也为更广泛的文化政策议程创造了空间,即使政策未能提高文化产业的竞争力,它仍然可以在提供文化教育机会、完善区域基础设施、更新城市形象、增强社会包容等方面产生令人满意的影响(Pratt,2009)。英国政府注意到跨领域的一般性政策的重要性,其支持框架还涉及教育和技能、知识产权、贸易出口、科技和数字化、数据统计等方面。而英国文化产业的另一主要特征正是分散和地方化发展,支持区域集群发展战略,加强现有集群,培育新兴集群,确保人才留在特定地区,从而为城市复兴和地区经济增长做出贡献。表 9-1 给出了英国 2001—2018 年在文化产业领域出台的主要政策。

表 9-1 英国创意产业的主要政策

年份	主要政策	英文名称
2001	创意产业地图文件管理系统	Creative Industries Mapping Document
2006	创意经济计划工作组报告	Creative Economy Programme Working Group Report

(续表)

年份	主要政策	英文名称
2008	创意英国	Creative Britain
2014	创建英国	Create UK
2015	保守党宣言	Conservative Party Manifesto
2015	工党文化政策宣言	Labour Party Cultural Policy Manifesto
2017	创意产业宣言	A Manifesto for the Creative Industries
2017	独立审查	Independent Review
2018	产业战略：创意工业部门协议	Industrial Strategy: Creative Industries Sector Deal

第二节 英国文化产业经济支持政策的主要表现

总体来看，英国文化产业的经济支持政策主要表现在四个方面。

一、改革政府文化机构，合并文化管理职责

1992年，梅杰政府将原先分散隶属于艺术和图书馆部、环境部、工业贸易部、就业部、内政部、科教部六个部门的文化职责集于一部，成立了国家文化遗产部（Department of National Heritage，DNH），旨在融合艺术、广播、电影、体育、建筑和历史遗迹、皇家公园和旅游等多项职能。1997年，布莱尔政府将DNH更名为DCMS，内设"创意产业工作组"（Creative Industries Task Force），下设"创意产业出口""设计合作""文化遗产与旅游"和"表演艺术国际发展组织"等机构，由首相亲自担任工作组主席，成员包括外交部、文化委员会、财政部、贸易和工业部、教育和就业部、科学和技术部、环境交通和区域部、苏格兰事务部、威尔士事务部、北爱尔兰事务部、妇女部、唐宁街政策研究室等部门首长、政府高管以及与文化产业有关的重要商业公司的负责人和社会知名人士。这足以显示英国政府对文化产业的高度重视，也体现了跨部门、跨行业的融合做法，DCMS也成为英国文化产业最重要的政府管理部门。2010年，卡梅伦政府成立创意产业委员会（Creative Industries Council），由当时的DCMS大臣Oliver Dowden，商业、能源和产业战略部（Department for Business，Energy and Industrial Strategy，BEIS）大臣Alok Sharma以及英国广播公司演播室首席执行官Tim Davie共同主持，成员来自文化和数字产业包括电视、电脑游戏、时尚、音乐、艺术、出版和电影等行业的主要代表，负责组织协调与指导全国文化产业发展，包括制定产业政策、规划产业发展蓝图、预算和划拨产业资金等。2017年，特雷莎·梅政府将原来的DCMS更名为数字、文化、媒体和体育部（Department for Digital，Culture，Media and Sport，简称仍为DCMS），以反

映该部门在数字领域活动的增加。此外,像英格兰艺术委员会、工艺美术委员会、电影学会、博物馆和美术馆委员会、文化委员会等专业性质的公共文化管理机构,可以直接行使管理文化产业的职能,这也是英国文化管理的独特之处。O'Connor(2015)强调创意经济中的中介现在越来越以机构为基础,而英国管理文化产业的独特性就体现在设立中介机构代替政府进行管理,一方面使其可以行使政策咨询或制定政策的权力以及国家的一部分财政权力,另一方面也避免了政府对文化的直接干涉,符合英国政府管理文化的基本态度,即不干预、不影响行业部门的通用政策。

英国已经形成了具有自己特色的文化管理体系并积累了丰富的实践经验。张燕(2021)总结了英国实行的自上而下的三级文化管理:上面层级是中央政府,负责制定政策和统一划拨文化经费,具体由 DCMS 负责;中间层级是各类非政府公共文化管理机构和地方政府,负责执行政策并具体分配文化经费;下面层级是基层地方文化管理部门,负责贯彻落实文化政策和使用文化经费,直接面对各类艺术组织及其从业人员,审定其申请并予以不同资助。实践证明,英国政府通过统一文化管理职责,扩大文化管理范围,统筹兼顾,实现了跨部门、跨行业的融合发展,而这种独特的文化管理体制可以应对不同产业在发展过程中出现的相互交叉问题,以及不同行政管理主体之间的职能划分问题。

二、公共和私人投资结合,搭建文化金融生态系统

文化企业获得融资的能力一直是政府和利益相关方广泛讨论的问题。Fraser 和 Lomax(2011)着眼于申请融资但被拒的企业以及认为自己会被拒而不申请贷款的企业(也称"气馁的借款人"),研究文化企业融资困难的程度。结果显示,文化企业比具有类似风险特征的非文化企业在融资方面被拒绝和气馁的可能性更高。英国文化产业的成功正是基于政府对文化企业在财政和融资方面的大力支持,对文化产业的财政支持形成了一个更复杂的生态系统,包括公共资金、私人投资、慈善捐赠、非营利组织支持等形式。张娜等(2019)将英国发展文化产业获得资金的结构概括为"三三制",即 1/3 由政府财政拨款;1/3 来自社会资金,包括彩票收入、社会捐助、银行信贷和风险投资等;1/3 来自企业组织的自身活动所得,如门票收入、场地租用费等。

英国政府每年给予文化产业大量财政拨款,2013—2019 年,对 DCMS 的拨款金额从 4.98 亿英镑增加到 10.01 亿英镑,约占英国政府总支出的 13%。面对新冠疫情,2020 年英国政府更是提出了价值 25.01 亿英镑的财政支持计划。这些财政支出由中央政府统一拨款,由 DCMS 负责,分配给各级地方政府和公共管理机构,再由这些中介机构向下支持各类创意投资项目和定期资助各种文化组织、文化企业、艺术家和公众。例如,英格兰艺术委员会(Arts Council England)支持、发展和投资艺术、博物馆、图书馆活动,创意英格兰(Creative England)通过直接投资、贷款和商业指导支持英国电影、

电视和数字媒体产业,北爱尔兰艺术委员会(Arts Council of Northern Ireland)向艺术家和艺术组织提供支持、建议和资金等帮助。除此之外,英国是全球首个凭借税收调控政策推动文化产业发展的西方发达国家,英国政府最具支持性的财政支持政策正是税收减免。李丽萍、杨京钟(2016)整理了英国支持文化产业发展的税收激励政策,发现其税收优惠政策几乎覆盖了整个文化产业领域,包括多种税种和不同的优惠方式,并激励私人企业和引导民间资本投资,文化产业税收减免政策支撑着英国文化产业的成功扩张(具体税收激励政策见表9-2)。

英国发展文化产业另一个值得一提的独特之处是对国家彩票的创造性应用。英国1994年首次发行国家彩票,分别在1993年和1998年颁布了两部《国家彩票法案》,将国家彩票业作为一项特殊的文化产业,规定将国家彩票所得利润的一定比例用于支持文化、体育及慈善事业。自1994年以来,国家彩票已经为遗产、艺术、体育和社区领域的公益事业筹集了400多亿英镑,资助了全英国超过44000个项目。此外,社会资金中的慈善捐助和私人投资也是英国文化产业融资的一个重要途径。艺术和文化领域的企业赞助商在提供资金支持时,通常有慈善以外的重要目标,包括税收减免、公共关系、业务发展、社会责任等,鉴于这些重大的商业利益,更多企业受到政策制定者的鼓励,为国家文化事业提供赞助。这些企业小心管理着与捐赠者和合作伙伴的关系,这种财政支持是这些机构创造性成功的重要组成部分。

企业融资拥有更多选择。银行通常会规避风险,有些银行甚至可能偏向规避创新企业,但其他"另类"贷款机构已经出现,如英国商业银行(British Business Bank)为数以万计的小企业提供融资支持,在确保创业型和成长型公司的金融市场有效运转,使其能够获得扩张所需的资金方面发挥着核心作用。然而,该机构并不直接向公司投资或提供贷款,而是与80多个直接投资或贷款的伙伴组织合作。目前,英国拥有许多商业"加速器",它们得到欧盟、国家或地方政府、学术组织和大公司的支持,为新企业提供专家建议、指导、实践和技术支持,以换取一小部分股权。对于初创企业来说,这是非常有价值的途径。此外,股权融资、天使投资、股权众筹等也是英国初创企业资本市场融资环境中值得注意的。

总体来看,正如OECD(2022)所指出的,公共财政的作用正在从直接支持转向中介和战略性引导私人投资。英国政府正在逐渐将其在文化产业金融生态系统中的参与角色从直接支持者转变为中间人,建立了政府、艺术文化组织、慈善机构、私人投资、银行、文化企业以及人员之间紧密联系的融资网络,伙伴关系和联盟是文化产业金融生态系统的核心。

表 9-2 英国支持文化产业发展的税收激励政策

类别	内容
增值税	(1) 图书、期刊、报纸、音乐出版物等文化商品免征增值税
	(2) 国内游戏软件等娱乐物品依照 50% 的高退税率给予鼓励性的出口退税
关税	(1) 从国外进口的图书、报刊免征进口关税
	(2) 英国公司对从征收增值税的国家进口的图书所支付的进口关税,提供税务机关认可的资料证明,可获得退回
	(3) 采取低关税甚至零关税政策鼓励境外文化艺术品的引入
公司法人税	(1) 对影视产业中各类形式的影视作品制作成本采取差异性的税收优惠政策,如不论一部电影的总预算是多少,任何符合英国退税规定的前 2000 万英镑支出都将获得占成本 25% 的退税,超过 2000 万英镑支出的部分则按照 20% 计算
	(2) 纳税人投资英国游戏软件业准予 3 年免税
	(3) 创意类小微企业年利润为 10 万至 30 万英镑的减征 20% 的税;年利润低于 10 万英镑的减征 10% 的税
	(4) 国内纳税人对股票等证券实施捐赠或以低价转让给文化慈善团体的,允许以抵扣的形式提供税收优惠
	(5) 企业捐赠人可以要求在捐赠发生的纳税年度内从总收入中扣除相关的捐赠金额
	(6) 在合理的金额内,企业赞助无论是为了商业目的还是为了慈善活动都可以从成本中扣除
	(7) 向当地教育、文化、宗教、慈善性公益组织提供的小额捐赠等给予免税
个人所得税	(1) 自然人经营创意类产品的合法年利润不超过 3000 英镑的,按照 10% 的优惠税率计征
	(2) 个人捐助文化产业的金额允许将扣除捐款等生计费用后的余额作为计税依据,并进一步给予减免优惠
	(3) 个人将股票等证券捐赠或以低价转让给文化慈善团体的,允许以抵扣的形式提供税收优惠
	(4) 自然人的文化类物品捐赠的金额准予在当年计算个人所得税时税前据实扣除
	(5) 雇主从雇员的工资中扣除的文化捐赠款给予雇员选择的慈善团体的,可以对雇员工资的个人所得进行合理的税前扣除
遗产和赠予税	艺术品和具有收藏价值的创意类商品保留在国内展览、宣传且不对外销售的,免征 40% 的国内遗产和赠予税
印花税	(1) 英国的境外纳税人将资本由境外汇入国内直接投资创意类文化领域的,2 年内免征印花税,以后 3 年减半征税
	(2) 境内外纳税人在英国发行股票从事创意性投资的,可全额免征印花税
房产税	纳税人购买英国政府确认的创意类产业区且用于文化创意类开发的房屋类固定资产免征房产税
税收征管	(1) 为鼓励本国教学和学术研究,税法特别对牛津大学出版社和剑桥大学出版社的全部经营免税
	(2) 设立文化艺术品拍卖公司不必领取营业执照
	(3) 英国文化投资子公司将其境外利润汇回本国母公司,不征收任何税款

数据来源:李丽萍、杨京钟(2016)。

三、打造伦敦文化之城,发展区域创意集群

文化越来越多地被用作区域发展和复兴的工具。地方政府一直在将其政策目标从直接支持艺术家和艺术组织转变为发展"文化区"或支持城市和街区的"创意环境"。英国政府将伦敦作为发展创意产业的中心舞台,重新塑造伦敦世界文化之都的形象。同时,根据地区发展和文化特色布局区域创意集群,明确各城市和地区优先发展的文化产业。

文化战略小组(Cultural Strategy Group)是伦敦市政厅和大伦敦管理局的官方机构,其成员由伦敦市长任命,负责制定首都文化、媒体、体育、艺术、遗产和旅游方面的战略政策,在推进伦敦文化产业发展过程中发挥了重要作用。2004 年,时任伦敦市长肯·利文斯通领导文化战略小组,首次出台"市长文化战略"(Mayor's Cultural Strategy),拟定了第一个城市文化发展战略《伦敦,文化首都:实现世界级城市的潜能》(London, Cultural Capital: Realising the Potential of a World-Class City),提出伦敦城市文化发展的四大目标:杰出性(强化伦敦世界级文化都市的地位)、创造性(大力弘扬造就伦敦辉煌的中心力量)、参与性(确保全体伦敦人都拥有参与城市文化活动的权利)和效益性(确保伦敦文化资源产生最大价值)。2010 年,鲍里斯·约翰逊市长颁布新的"市长文化战略"——《文化大都市》(Cultural Metropolis),强调继续保持伦敦世界文化城市的地位,特别是借 2012 年奥运的东风,为伦敦创造一笔丰富的文化遗产。此外,《伦敦建设"科技城"计划(2010)》《伦敦科学、知识与创新战略规划》《伦敦文化战略 2018—2022》《2036 大伦敦空间发展战略规划》等一系列规划文件为扩大伦敦文化的影响,提出了在教育和技能、基础设施、环境和公共领域等方面的措施。

伦敦的巨大成功显示了文化产业驱动城市复兴和地区经济增长方面的优势,下一步目标,正是支持文化产业向东南部以外的集群发展。英国政府致力于集群主导的区域经济发展战略,从地区来看,文化产业主要集中在东南部,但也有大量的文化产业向外扩散,尤其是在生产领域(Pratt,1997)。英国创新基金会 NESTA 根据官方定义和最新数据确定了英国共有 47 个创意集群。创意集群遍布英国,在各地经济中正变得越来越重要。

四、培养创造性才能,保护知识产权

英国政府在对文化产业的定义中强调"创造力""技能""才能"和"知识产权",这表明,英国文化产业政策的另一个核心便是对创造性才能的重视,主要体现在教育和技能的培养以及知识产权保护上。政策制定者以一种特殊的方式理解"创造力",即将其认定为"人力资本"而不是"劳动力"的问题(Banks and Hesmondhalgh, 2009; Lee,

2017)。正如 DCMS 强调,文化产业的增长取决于可用劳动力的质量和范围。

1999 年,DCMS 牵头,与各地文化艺术机构与学校合作实施《创作伙伴计划》(Creative Partnership Series),以新的教学方式培养学生的创造力。2001 年,英国贸工部((Department of Trade and Industry)以及教育和就业部(Department for Education and Employment)发布《变革世界中的全民机遇》(Opportunity for All in a World of Change)白皮书,概述了大学作为知识和技术进步的创造者应该对集群做出的贡献。这项计划得到了高等教育创新基金 8000 万英镑的支持,大学将利用这笔资金建立创新中心,并帮助向地方集群转移知识。2008 年,DCMS 与雇主、部门技能委员会、贸易协会、学习和技能委员会、大学以及其他政府部门合作推出独具特色的"创意学徒制"(creative apprenticeships),将实践工作与培训和获得资格证书的机会相结合,使年轻人有机会同时工作和学习。这些有资质的学徒很可能在英国文化产业的未来发展中扮演重要角色,他们更有可能在创意行业寻求职业生涯,从而为创意经济做出贡献。2016 年,DCMS 发布《创意英国:新人才创造新经济》(Creative Britain: New Talents for the New Economy),提出将创造力作为城镇、城市和地区经济增长引擎的远景,具体通过为所有孩子提供创造性教育、重视人才、支持研究和创新以及培养和保护知识产权等路线,确保城市的地方经济由创造力驱动,在每个地区都有更广泛的创造性工作机会。同时提出从当地学校和大学进入创造性职业的明确路径,让每个年轻人都相信他们有发挥创造性才能的机会。2017 年,创意产业联盟(Creative Industries Federation)针对创意自由职业者(creative freelancers)的一份报告揭示了英国自由职业者的工作条件和职业机会,呼吁政府重视这些自由职业者对创意产业的特殊价值。

此外,知识产权是文化产业的核心价值,文化产业的发展依赖成熟的知识产权法律体系。在法律法规方面,英国颁布了《广播电视法案》《通信法》《电影法案》《数字经济法案》《现场音乐法案》等一系列重大法案,以保护知识产权。2015 年,英国公布《知识产权局五年战略(2015—2020)》,确立了英国知识产权局的愿景是"支持创造、创新,让生活更美好",明确了其主要使命是"致力于让每个人树立信心,能够以最佳的方式使用知识产权",提出了"通过知识产权政策促进英国发展"等六大战略目标,部署了"推动全球专利改革""加强与中国的双边关系""实施知识产权局数字化工程"等战略任务。

第三节 英国文化产业经济支持政策的效果

英国文化产业的经济支持政策表现为公共资金和私人投资结合,其中,慈善捐赠是文化企业获得社会资金的主要来源之一,文化慈善事业已经成为英国文化产业融资网络中不可缺少的一环。慈善事业历史上就与艺术文化领域密切相关,税收减免政策通常是个人和机构进行慈善捐赠的最大动力,慈善还可以帮助个人和机构提升社会声誉和社会责任方面的形象。此外,公共关系在慈善领域的作用正在扩大和加强,作为文化中介的慈善公关同时也在影响着文化、经济和政治之间的关系。

DCMS认为,公共艺术资金的一个重要来源即政府支持,但是,政府和国家彩票基金对艺术的支持只能补充其整体资金的一部分,特别是在危机时期,应更多地鼓励艺术机构扩展收入来源,如通过慈善捐赠(私人捐款)、税收减免和独立筹款等方式。英国文化产业的发展过程中就面临过这样的问题。2010年起,受经济危机影响,英国政府开始大幅消减艺术专项拨款。英国政府的紧缩政策增加了对慈善服务的需求,同时减少了来自国家拨款和公众捐赠的资金(Cronin and Edwards, 2022)。英国政府在颁布削减经费计划后开始鼓励慈善机构加盟,文化界也开始将目光投向慈善资金。2011年,DCMS宣布了一项税收优惠政策,旨在鼓励个人把遗产捐赠给文化及慈善机构。从2012年4月起,捐出10%遗产的个人将有资格减免10%的遗产税。据估计,在该政策实行的前4年,文化机构收获的遗产捐赠超过3.5亿英镑。此外,2013年3月,DCMS启动了一项文化捐赠计划,鼓励纳税人把收藏的重要艺术作品或其他文物捐给公立文化机构,作为回报,捐赠者将根据藏品的价值获得一定比例的减税。2020年新冠疫情期间,鉴于文化产业对慈善捐赠的依赖性,英国艺术家信息公司(Artists Information Company)建议政府支持措施中的商业赠款扩大到慈善机构。Sarea和Bin-Nashwan(2021)实证研究了新冠疫情期间捐赠者对筹款呼吁的反应,结果显示,慈善项目和对慈善机构的信任与捐赠者对筹款和慈善捐赠的态度有着重要的关系。因此,企业和机构应小心维系与管理它们与慈善捐赠者之间的伙伴关系,这是一种长期的投入。

2008/2009年度至2020/2021年度DCMS对英国文化机构的慈善捐赠总额如表9-3所示。我们以慈善捐赠为主要研究对象,选取2008/2009年度至2020/2021年度英国主要文化机构获得的慈善捐赠年度总额(Charity)与总经济增加值(GVA)数据,采用时间序列VAR模型,研究英国慈善捐赠在文化产业资金支持方面的效果以及独特的文化中介作用。结果如表9-4所示,慈善捐赠一阶和二阶滞后对总经济增加值的回归系数均为负数,而三阶滞后的系数为正数,即74.250。这可能是因为慈善捐赠在获得经济效益方面存在滞后效应,投入计划或活动需要一定的时间才能显示收益。此外,慈善事业的重点在于与捐赠者建立并维持长期稳定的伙伴关系,这需要时间和成本投入。2020年爆发的新冠疫情严重冲击了英国文化产业,暴露了以中小型企业和自由职业者为主要结构的文化产业的脆弱性,为研究疫情期间慈善捐赠的经济效果问题提供了条件。我们可以推断,由于疫情加剧了未来的不确定性,即期获得的捐赠可能并不即期使用,需要等待延期或有合适计划才能重启使用;大型文化组织较小型或个体文化组织更容易获得慈善捐赠资金,而疫情对小微企业的影响更大;获得的慈善资金可能先用在

表 9-3 2008/2009 年度至 2020/2021 年度 DCMS 对英国文化机构的慈善捐赠总额

(单位：千英镑)

机构名称	2008/2009 年度	2009/2010 年度	2010/2011 年度	2011/2012 年度	2012/2013 年度	2013/2014 年度	2014/2015 年度	2015/2016 年度	2016/2017 年度	2017/2018 年度	2018/2019 年度	2019/2020 年度	2020/2021 年度
British Museum	8955	13555	14703	15366	30832	61362	38779	30800	27100	23300	22800	23700	40400
Museum of the Home	23	37	23	144	146	210	209	232	295	1097	682	922	347
Horniman Museum	377	199	291	457	179	291	306	409	738	1156	764	799	672
Imperial War Museum	2545	5881	5734	2478	3432	15560	15761	7713	9800	4063	13940	9200	5396
National Gallery	35358	5205	3625	97750	28398	22408	9491	15762	11160	27100	24700	50200	17600
National Museums Liverpool	1831	3525	2001	821	1483	1542	3937	3171	9062	1771	1018	1319	1025
Science Museum Group	—	—	—	7492	9800	11727	9100	12667	19497	17041	19630	27520	4614
National Museum of Science and Industry	2430	5341	6160	—	—	—	—	—	—	—	—	—	—
Museum of Science and Industry Manchester	81	2355	3801	—	—	—	—	—	—	—	—	—	—
National Portrait Gallery	5497	4710	2410	2631	2988	5449	13655	7919	5291	7170	8411	7679	8472
Natural History Museum	2379	2687	3428	2226	2151	3733	11481	6187	6378	6930	7700	7921	3416
Royal Armouries	792	547	475	1357	126	244	249	783	1156	445	910	207	148
Royal Museums Greenwich	2089	3923	16137	9016	3021	6618	2586	3567	10982	5711	2361	2256	1327
Sir John Soane's Museum	361	769	2499	1745	770	1203	950	2058	963	758	1071	1521	1295

（单位：千英镑）（续表）

机构名称	2008/2009年度	2009/2010年度	2010/2011年度	2011/2012年度	2012/2013年度	2013/2014年度	2014/2015年度	2015/2016年度	2016/2017年度	2017/2018年度	2018/2019年度	2019/2020年度	2020/2021年度
Tate Gallery	87396	29553	25865	28507	50931	95123	130383	81199	69777	51666	44912	51282	41309
Victoria and Albert Museum	16329	14128	12517	12589	12378	15476	46077	25087	29234	23576	33427	37116	13673
Wallace Collection	1173	2132	911	2023	2052	3485	1828	5583	4230	3470	2406	2127	1716
English Heritage Trust	18777	22144	22034	21529	27521	30049	29616	—	—	—	—	—	—
Historic England	—	—	—	—	—	—	—	—	—	—	200	525	226
British Library	4204	4759	3880	6786	5739	11874	6771	9919	9214	7687	7795	6699	5475
Arts Council England	51	108	1531	80	371	411	104	51	127	15	156	76	150
Arts Council England National Portfolio Organization	108955	109749	117389	136545	158721	180065	186188	217438	224385	227368	271685	258575	286539
British Film Institute	4386	4280	4959	6978	6684	8866	12310	7949	8966	9970	8721	8068	9809
Total	303989	235586	250374	356520	347722	475696	519780	438494	448355	420572	473289	497712	443609

填补疫情导致的收入损失上,还无法支持产业恢复并创造新价值。基于这些原因,疫情期间的文化产业更加需要民间资本和慈善机构的参与(Fraser,2020),尽管慈善捐赠的支持效果可能需要很长时间才会产生效益。

表 9-4 英国慈善捐赠经济支持效果的实证结果

		Coef.	Std. Err.	z	P>z	[95%Conf.	Interval]
GVA	gva						
	L1.	1.259	0.483	2.610	0.009	0.312	2.205
	L2.	2.531	0.500	5.060	0.000	1.550	3.511
	L3.	−3.123	0.482	−6.480	0.000	−4.067	−2.179
	charity						
	L1.	−91.045	23.921	−3.810	0.000	−137.931	−44.160
	L2.	−50.353	15.831	−3.180	0.001	−81.380	−19.325
	L3.	74.250	13.909	5.340	0.000	46.988	101.512
	_cons	45601	5983.966	7.620	0.000	33872.650	57329.360
Charity	gva						
	L1.	0.019	0.008	2.550	0.011	0.004	0.034
	L2.	−0.001	0.008	−0.150	0.878	−0.017	0.014
	charity						
	L1.	−0.572	0.376	−1.520	0.128	−1.308	0.165
	L2.	−0.152	0.249	−0.610	0.541	−0.639	0.335
	L3.	0.237	0.218	1.080	0.279	−0.192	0.665
	_cons	458.992	93.993	4.880	0.000	274.769	643.216

第十章
英国戏剧艺术业经济支持政策研究

英国作为戏剧艺术发展的前沿阵地,其对戏剧艺术领域多元化创作的激励尤为重要。本章以伦敦西区营利性剧院的运营为例,着重探讨在现有"一臂之距"管理模式下,英国政府如何在不干涉艺术资金分配方式的基础上,对剧院营利性问题作出改善,从而刺激艺术的多元化创作。

第一节 英国戏剧艺术业发展介绍

不能否认的是,英国戏剧艺术早在莎士比亚时期就已经呈现蓬勃发展的局面,一直在全欧洲乃至全世界的戏剧文化领域具有深远的影响。特别是伦敦西区,从中世纪开始便逐步进入世界戏剧艺术的发展轨道,并在文艺复兴时期涌现出大量优秀的作品。在一批又一批剧作家的创作下,英国戏剧艺术完成了从现代主义戏剧到后现代主义戏剧的发展。

从文艺复兴时期起,英国逐渐引导世界戏剧创作从现实主义转变为荒诞派文学。众多优秀剧目以剧院为载体轮番上演,并从上世纪60年代起逐渐建立数量和规模庞大的剧场群。工业革命以来,随着自由市场经济及文化产业的发展,以戏剧为代表的文化艺术逐渐进入商品世界,直至今日成为英国不可或缺的重要产业。其中,仅伦敦西区就拥有44家剧场(其中5家为非营利性剧场、39家为营利性剧场),超过11万个座位。同时,伦敦西区戏剧艺术业的繁荣发展带来了不可忽视的附加产值,据2019年官方数据显示,每1英镑的票房大约带来2英镑的附加消费;仅音乐、表演和视觉艺术就使英国经济总量增加约45亿英镑,创造22.4万个就业岗位。

第二节 英国对戏剧艺术业的管理方式

英国作为戏剧艺术发展领域的开拓者,其对剧院以及戏剧文化产业的管理形成了独有的管理模式——"一臂之距"模式,即国家对文化拨款的间接管理模式,其基本框架是国家政府部门在其与接受拨款的文化艺术机构之间设置作为中介的非政府公共机构,最终形成由"政府—非营利性机构—文化艺术机构"构成的"三级伙伴"关系。其中,戏剧类非营利性机构有214家,占比26%,投入占比为29%。

与我国政府直接对文化产业进行投资的方式不同,英国政府采取间接投资的形式,即利用政府发行国家彩票,并将彩票收入投入国家文化事业中,由艺术委员会进行管理和分配。在该"三级伙伴"关系中,英国政府负责资金来源,非营利性机构负责资金分配,文化艺术机构负责资金运营。

在现有"一臂之距"管理模型下,非政府公共机构是发展艺术的重要途径,把握全英国戏剧艺术领域的发展方向以及负责资金的地区性公平分配。然而,文化自身不断被商品化,逐步形成文化产业。其中,部分小型营利性剧场通过驻场演出、观众预定固定座位等方式,将经营风险降至最低。究其原因可以发现,小型商业剧院易发生资金短缺等问题,无法包容新兴剧目上演过程中票房的不确定性,因而选择较为"稳妥"的方式。这一方式在一定程度上对剧目创新形成打击,阻碍了戏剧艺术业的多元化发展。

政府部门无权干涉艺术资金的支配问题,即将文化艺术产业资金分配权及管理权全权交予承担戏剧审核的非营利性机构,将票房成绩交予市场,这一做法保证了艺术专业性的同时,也在一定范围内破坏了文化政策的连续性和政府目标的实现,并对基础文化设施造成不利影响。

英国政府重点资助的对象是严肃艺术、国家文化单位以及高质量的艺术节目。伦敦西区的44家剧场中,仅有5家符合国家文化单位审核标准,其余小型营利性剧场均需自负盈亏。在剧目创作初期阶段,对文化产业的投资往往存在不确定性,即无法像预估轻工业投入产出比一样,预估新兴剧目能够产生多少票房收入,或者占有多大的市场份额。因此,艺术委员会在投资选择上不得不综合考虑观众、参与者、艺术家等多方面意见,选择最优投资方向即达到审核标准的大型剧院。同时,小型非营利性剧场依靠"驻场演出模式"生存,难以支撑新兴剧目试演,进而导致原创性剧目发展受到阻碍。这一点在巴兹·柯肖的论述中得以证实。柯肖在《戏剧艺术》期刊上刊登的《令人沮丧的民主:1979—1999年间的英国戏剧与经济》一文中提到,由于政府对戏剧艺术业投入占比的下降、艺术的不合理商业化、货币主义,迫使接受资助的剧团在两重互补意义上逐渐变成了大众化的剧团。仅上世纪80年代末,原创性剧目占比就由95%下降至80%。然而,在戏剧创作的初期阶段,剧本及演出形式仍然需要创作者不断打磨、试演,实现创作者与观众的有机结合与沟通,形成独有的创造性、多元性、包容性,达到"伟大的戏剧"标准。这需要小型剧场满足创作者及观众的双重需求,进而达到艺术剧目多元化创作的目的。可以看出,现有管理模式下,投资一方忽略了小型营利性剧场的资金问题,导致剧目创作在一定程度上受限。

因此,英国政府如何使用于艺术产业的资金合理化、高效化,把握"一臂之距"的管理模式,一定程度上对英国戏剧艺术业的创新、多元发展起着至关重要的作用。

第三节　英国对小型营利性剧场的经济支持政策

如何解决小型剧场的资金问题,成为政府促进英国艺术剧目多元化创作的关键。英国政府在采用"一臂之距"管理模式基础上,也采取了一系列的措施扶持小型营利性剧场的发展,以促进艺术剧目多元化创作的发展。

一、建设剧场群,打造街头戏剧

英国政府在保持现有资金运作方式的基础上,增加对剧场建设的投资,建设剧场群,打造街头戏剧。以伦敦西区为例,在现有的44家剧场基础上建设剧场群,完善周边设施,打造街头戏剧,以街头的方式拉近戏剧本身与观众的距离,打破"第四面墙",吸引更多消费者,进一步带动经济增长。

2010年,伦敦西区票房收入达到5.1亿英镑,贡献2亿多英镑的税收和4万至5万个工作岗位。由此可见,以票房为中心的附加价值能够为英国政府带来非常大的经济效益。政府加大对剧场群建设的投资力度,配备更加完善的剧场群及基础设施,能够在一定程度上促进小型营利性剧场群的总体发展。

二、为小型营利性剧场提供票房补助

英国政府在已有彩票金基础上,增加对小型营利性剧场的票房补助,达到小型剧场营利及新兴剧目上演的双赢目的。小型营利性剧场是新兴剧目发展初期的重要载体,在政府为小型营利性剧场提供票房补助的情况下,小型营利性剧场有机会降低票价,形成市场竞争优势,从而使得更多观众愿意花费相对低廉的票价走进剧场,达到观众与作品双赢的效果。

三、加强学校等教育团体的艺术教育

首先,艺术教育作为英国教育必不可少的组成部分,在一定程度上为培养优秀的演员、导演提供了土壤,为艺术创造的多元性提供了前提。英国是最先提出将艺术教育作为初等教育的国家之一,自上世纪30年代起,陆续有学校将表演课作为选修课。1992年,英国将戏剧教育纳入青少年基础课程;91%的高中校长认为戏剧教育是综合多门学科的教育形式。其次,艺术教育能够一定程度上增加对艺术相关领域就业岗位的需求,从而带动就业,促进经济发展。最后,加强艺术教育的目的不仅仅在于培养优秀的演员及导演,而且在于提高国民艺术鉴赏素养。对于剧场运作者而言,这些并非沉没成本的投入使得剧场拥有源源不断的具有较高欣赏力的潜在消费者。这些观众成为新兴剧目

的传播者和评论家,能够对剧目作出相对理性的评价,这一评价有利于艺术创作的多元化发展。

通过建设剧场群、提供票房补助、加强青少年艺术教育投入等相关政策的制定与实施,英国政府在解决小型营利性剧场资金问题的同时也能够推动戏剧及周边实体环境的发展,达到观众与剧场互利共赢的结果。正是由于戏剧创作的不确定性,英国艺术委员会在资金分配环节需要通过对观众、参与者、实体性组织等多方面进行衡量,对尚且未知的创作作出判断;而英国政府则可以通过对行业的整体性投资,弥补"一臂之距"模式忽略小型剧场营利性问题的不足,实现文化政策的连续性,最终促进戏剧艺术业的多元化发展。

第十一章
英国博物馆业经济支持政策研究

第一节　英国博物馆业发展介绍

英国是文化产业的起源地，其文化产业有着悠久的历史。早在1995年的统计就已表明，文化产业净收入约为250亿英镑，其产值约占国民生产总值的4%，超过了任何一种传统制造业所创造的产值。而作为文化和旅游产业相融合的产物，博物馆参观游览兼具艺术观赏、历史溯源、科学研究、教育推广等方面的价值与功能，逐渐成为公共文化服务和旅游发展的前沿阵地与有效载体。英国政府意识到，随着经济全球化，国际市场对文化产品及服务的需求迅速增加。英国政府重点扶持的文化产业包括美术、唱片、奢侈品管理、博物馆、广告、动漫、雕塑等。本章着重研究英国政府对于博物馆业的经济支持政策。

博物馆在英国社会生活中占有重要地位，在很典型的遵循国家作为主要赞助者的模式下开展工作。英国政府设置了包括博物馆在内的统管全国文化事业的中央主管部门，并形成了比较完整的从中央到地方三级文化管理体制。中央政府负责制定政策和统一划拨文化经费，各类非政府公共文化管理机构和地方政府执行政策并具体分配文化经费，基层地方文化管理部门和包括博物馆在内的文化艺术组织、艺术家实际使用经费。

英国政府对于包括博物馆在内的文化艺术机构采取的是"一臂之距"的管理方法，运用政策手段培养潜在的文化消费市场，鼓励公众参与文化活动。中央政府经由中间环节拨款，把资金间接地分配给文化艺术组织或艺术家，不仅减少了政府机构的行政事务，保证了政府工作的高效运作，而且政府机构不直接与文化艺术组织或艺术家发生关系，利于检查监督和防治腐败。

华莱士典藏馆馆长——克里斯托弗·沃格特尔谈到英国博物馆业时指出："当博物馆与美术馆正努力保护藏品并为公众参观提供更多的方便时，我们却看到国家及地方政府减少了对艺术机构的拨款和投入。我们的财政补贴过去5年来削减已超过1/3，并且裁减还未停止。这类财政削减政策带来的长期影响值得密切关注。"华莱士典藏馆和任何一家博物馆一样，都坚守着保护艺术品的原则，并让公众能享有这一资源。一旦失去这些资源,就意味着人们将失去珍贵的学习与激发灵感的资源。沃格特尔还提出:"必须坦诚以待、直面问题,和公共关系与媒体圈保持一个有益的距离",并且"需要警惕数字媒体的过度宣传,虽然这能带来即时效应"。

评论家、策展人、学术研究者罗伯特·休伊森认为,未来的博物馆将和现在的博物馆极为不同。在《文化之都:创意英国的兴盛与衰落》一书中,他认为由大规模的彩票项目和政府资助的所谓的黄金时代已经结束。国家级博物馆现在不得不想办法筹集那被削减的1/3的公共拨款,而由当地政府提供的资助则削减更多。许多博物馆可能因此无法生存,博物馆必须发挥更大的积极性。休伊森还提出疑问:当博物馆开始自筹资金的时候,这些公共机构是否会走向私有化,并因此更依赖商业资助和富有的私人赞助商?未来的博物馆需要通过它们的陈列、教育与外延活动来竭尽所能地吸引观众,满足观众的需求。博物馆不仅仅是藏宝库,还是观念的交汇之处,它们的未来取决于其对公共领域的积极参与。

第二节 英国博物馆业的经营战略

对英国博物馆业而言,其发展受益于英国文化产业的有利因素。首先,英国文化产业发展迅速,而博物馆业直接受益于文化产业产值的高速增长;其次,英国博物馆也受益于英国文化产业不断开发的国际市场和数据网络所开辟的新型国际市场;再次,英国工业革命所带来的英国文化在海外的广泛影响,也使得英国博物馆受到更为广泛的关注;最后,英国博物馆业受益于发展中国家人民收入和受教育水平大幅提高所带来的潜在消费英国产品、英国发明及设计的海外市场。

然而近年来,受2008年国际经济危机和2020年新冠疫情的影响,英国博物馆面临经费紧张的问题。政府补贴仍是英国博物馆的主要收入来源,但目前又遭削减。另外,企业赞助和社会捐赠所占比例较小,稳定性差,而且分配不均,除了大英博物馆等少数几家顶级博物馆能获得大笔捐助外,其他博物馆获得的捐助很少。

目前,商业经营性收入在英国各个博物馆收入中所占比例呈逐年递增趋势。在免费开放形势下,英国博物馆的经营性活动以博物馆的文化产品经营和临时展览的门票收入为主要收入来源。前者如博物馆开发的各类纪念品。此外,大多博物馆还提供餐饮服务,为观众提供休息场所,还提供咖啡、茶等饮料及其他食品,吸引了一定数量的消费者。

另外,举办特展也能为博物馆赚取经费。虽然常展不能通过出售门票获得收入,但临时性的商业展览即特展却不在限制之列。这些特展一方面可以获得社会赞助,另一方面可以靠出售门票获得收入。比如,大英博物馆近年陆续举办过《埃及亡灵书》《阿富汗文物》《印度之夏》等特展,都取得了不错的经济效益。

第三节　英国政府对博物馆业的经济支持政策

英国政府在"一臂之距"模式下通过制定一系列非强制性和鼓励性的政策与建议，为博物馆、美术馆等机构提供政策框架，让它们在这个框架内运作，以实现其宏观管理意图。"一臂之距"模式在具体操作上，就是指中介机构即博物馆和美术馆委员会每年接受中央政府文化行政主管部门及其他政府有关部门的拨款，并负责具体分配给由国家资金支持的博物馆和美术馆。托管制度是英国公共文化管理的基本制度，也是英国政府对博物馆业进行管理的另一个特点。

在提供经济支持的同时，英国政府对博物馆的运营也进行监管。一项重要的监管措施是实行达标登记制度，其目的是鼓励博物馆在经营管理、藏品保护和公共服务等方面达到公认的基本标准，增强博物馆作为公共遗产的保藏库和公共资源管理者的责任，为符合"博物馆"称号的所有遗产保护机构提供共同的行为准则。

英国博物馆业在获得政府经济支持和公共投入的同时也为公共政策领域做出了重要贡献。首先，博物馆业的发展为整个国家创造了一种生机勃勃、富有活力和丰富多彩的文化生活，并为区域繁荣做出了贡献；其次，英国成熟的博物馆业还促进了旅游业的发展，如伦敦的博物馆是英国最受欢迎的景点；再次，博物馆业还增强了英国的软实力，推动了健康与福利事业的发展；最后，英国博物馆业作为一个非常成熟的行业为社会提供了大量就业岗位，并促进了教育、终身学习、技能拓展和学徒训练制度的发展，增强了英国在科学、技术和创新领域的领先地位。

第十二章
英国电影业经济支持政策研究

第一节 英国电影业发展介绍

英国文化产业的产值高于任何一种传统制造业所创造的产值,是英国的支柱型产业,而电影产业更是英国文化产业中的重要组成部分。英国电影产业历史悠久,成绩辉煌,这与其深厚纯正的文学积淀以及曾经问鼎世界的雄厚国力密不可分。然而自20世纪以来,尤其是一战之后,英国电影的生产、放映与发行几乎一直笼罩在好莱坞的阴影之下,其发展过程艰难曲折。虽然政府自1927年以来一直推行相关经济政策对电影产业进行支持与保护,也不乏优秀作品享誉世界,但英国电影长期处在市场的风口浪尖——小作坊产出低,融资渠道有限且不通畅,资金问题突出,许多工厂不得不依附美国电影公司,沦为好莱坞影业的"富士康"以谋求生存。

英国历届政府都因缺乏支持电影业复兴或拯救濒临崩溃的电影业的积极性而受到指责,尤其是撒切尔政府"积极无为",忽视了电影业的艺术性。面对好莱坞强势入侵且缺少语言屏障,再加上财政补贴力度难与欧洲大陆国家匹敌,英国电影业不尴不尬,复苏缓慢。但自上世纪90年代末,布莱尔政府开始正视电影文化价值并大力扶持,同时通过业界的不懈努力,英国电影市场开始发力,扶摇直上。2017年第二季度,英国电影、电视及音乐产业占据GDP 8.2%的份额。其中,影视业的爆发式发展最为明显,成为服务业中仅次于零售业的第二大产业,也是令服务业占GDP比重增长0.5%的主要贡献者。然而,英国电影业的成长过程绝非一帆风顺,能有今日之成就,政府推行的相关经济支持政策功不可没。

第二节 英国电影业面临的困境

因自身所具有的结构性弱点和外来竞争的影响,英国电影业在资金运作和市场收益方面一度面临困境。

一、自身所具有的结构性弱点

在电影业萌芽时期,英国经济科技实力雄厚,人才济济,技术领先,勇于开拓革新,国内外市场欣欣向荣,文化底蕴厚重,可以说先天条件十分优越。但当时电影在英国国内的处境着实有些不尴不尬——艺术价值上被认为不够严肃,不被精英评论家认可;商业价值上不被投资人认可,也没能得到充分挖掘;社会地位方面更是不被政府认可为健康安全的大众媒体,从相当一段时间内英国银幕数量可见一斑。英国人在电影业前迟疑了,而此时华尔街对电影业进行大量投资,美国的电影业蒸蒸日上。一战时,英国国民的电影需求终于被投资商们发现,无数资金涌入了最有利可图的电影放映环节,但此时英国国内充斥着好莱坞电影,1918 年,在英国放映的影片中至少 80% 来自好莱坞;1923 年,影院只放映了 10% 的英国影片;1925 年,这一比例更锐减至 5%(石同云,2014)。英国本土电影业并未得到足够的资金补养,就这样,英国没能响应时代的召唤,电影业早早落下了不足之症。

以上因素导致的直接后果便是英国电影产业长期维持小作坊模式,制片预算低,融资渠道有限,拍片数量少,有很多公司专为拍摄一部电影而成立。英国纯国产片的平均预算从 2003 年的 290 万英镑下降至 2010 年的 120 万英镑。2012 年,英国有 392 家制片公司拍片,其中 363 家,也就是约 93% 的公司只拍了一部电影(龚兆雄,2016)。

二、好莱坞的强势入侵

说到英国电影的市场状况,便不得不提及好莱坞。自一战时起,美国就已经稳坐全球电影业头把交椅,横扫世界电影市场。有共同语言媒介的英国电影市场更是好莱坞倾轧的对象。英国电影市场作为全球第三大电影市场,却完全被好莱坞占领,2012 年英国电影票房前 14 名都是好莱坞电影。事实上,整个欧洲电影几乎都陷在这片愁云惨雾之中。2018 年,好莱坞依旧完全占据了英国电影票房食物链的顶端。2018 年,英国电影票房前 15 名中只有一部为英美合拍,其余全部是美国电影,而正宗英国电影的最好名次,则是《憨豆特工》拿到的第 21 名。

其实早在上世纪 20 年代,好莱坞就开始觊觎英国电影业,从电影制作、拍摄、发行到放映整个生命周期都深深渗透进英国本土电影市场。无数英国人才流入好莱坞,这又助力好莱坞在影片中混用英美电影人才,加之好莱坞在英国影片生产过程中进行投资及注册子公司的做法,混上英国国籍的好莱坞电影就可以享受英国本土电影的税收优惠,这对本就相对弱势的英国本土电影业而言无异于雪上加霜。对好莱坞而言,英国电影市场已蜕变为一个廉价的生产基地与有利可图的市场。

三、历史上英国政府对电影业扶持力度不够

虽然英国政府对电影业长期总体坚持保护政策,但支持力度欠缺。这种支持与其他欧洲国家对本国电影业的大力扶持无法相提并论,且好莱坞还经常伺机从这些旨在保护英国民族电影业的干预措施中得利。一路走来,崇尚自由贸易的英国政府更是几

乎将电影业推向悬崖,其中"积极无为"的撒切尔政府尤为突出——曾被大肆吹捧的伊迪税、配额制分别于 1982 年和 1984 年被废止,并且少有财政性质的实质性补贴。电影业也在 1984 年被英国政府白皮书点名为"商业电影业"。曾成为投资者重要动因的税收减免政策也被逐步取消。1984 年,曾任国家电影财政公司主管的迈默恩·哈桑这样感叹道:无论国家的政治情形如何,没有哪个欧洲国家的电影工业能够不靠政府的扶持而独立发展,而英国政府已决意让英国成为一个例外。没有人坚信英国有美国或欧洲那样的电影制作的传统。电影业人士总有这样一种感觉:我们不知道自己的过去,也不在意我们将来往何处去。

被封为爵士的戴维·普特南在上世纪 90 年代抱怨道:尼可拉斯·瑞德利这位国务大臣给人这样一种印象,即他将使英国电影业倒闭视为自己在工贸部最大的成就。基于规模有限的国内市场与产业结构的先天不足,好莱坞模式注定无法生长在英国,受市场因素摆布的英国电影业摇摇欲坠。

第三节 英国政府对本国电影业的经济支持政策

经过上述分析,我们不难得出结论:英国政府对本土电影业的态度至关重要,且当面临外国竞争对手的强势入侵时,英国政府需要加大支持力度来扶持本就弱势的电影业。而说到英国政府对电影业的态度转变,则必须要提及英国文化产业的发展。

创意产业,是一个与个人创造力和知识产权相关的概念,首先由著名英国经济学家约翰·霍金斯先生提出,他因此被称为世界创意产业之父。1997 年,英国前首相布莱尔采纳了霍金斯的建议,最终在 1998 年的《英国创意产业路径文件》中明确提出了创意产业新经济的战略概念,开始扶持创意产业发展。英国作为一个产业结构已经相对完善且先进的国家,要想寻找新的经济增长点实非易事。社会运动与各类社会思潮大有席卷之势,经济全球化、一体化铺天盖地,在这个互联网网天下的时代,产业趋同愈加普遍。此时,独一无二而又生生不息、充满核心竞争力的创意,再配上大英帝国独有的文化与历史积淀及扎实的经济科技基础,成为英国经济增长的新引擎。根据 DCMS 发布的数据,1997—2004 年,英国经济平均每年增长 3%,而创意产业平均每年增长 5%。创意产业的就业人数从 1997 年的 160 万人增长到 2005 年的 180 万人,平均年增长约 1.4%,就业率年增长约 1%,而电影产业无疑被归入创意产业范围。英国的电影产业开始得到政府的政策扶持。

一、税收改革

1997 年《财政法案》(第 2 号)第 48 条规定,给予制片人第一年生产成本 100% 的税收免除优惠。该优惠政策仅限于预算不超过 1500 万英镑且属于英国国籍的影片,极大地缓解了英国制片人的压力。第42条继续规定,对高预算影片的投资税收减免在3年内实现。1998—2001年,该政策吸引了约5亿英镑的电影投资(石同云,2014)。2006—2007年,英国电影产业减税金额约为4.8亿英镑,对电影产业的保护产生了非常重要的影响。这些税收优惠政策降低了投资电影的风险,有利于促进英国本土电影的制作以及吸引海外投资(娄孝钦,2011b)。2013年秋,英国宣布了一系列关于税收减免更宽松的条款。根据2006年《财政法案》,税收减免适用于英国制片开销,属于英国国籍的影片必须将至少25%的核心开支用于英国境内才能获得税收减免。而2013年新条款规定影片只需将10%的预算用于英国境内即可获得税收减免(龚兆雄,2016)。

二、加大资金投入

国家彩票是新工党扶持电影生产的主要资金来源。1998年12月,政府宣布彩票收入中的2700万英镑将用于电影产业,同时还发放2080万英镑的年度直接财政拨款(2008年后增至2700万英镑)。2000—2010年,英国电影委员会已将1.6亿英镑的彩票资金投给900多部电影,获得7亿多英镑的国际票房。英国电视四台在资助电影生产方面也发挥着自己独特的作用,在1998年和1999年再追加1600万英镑投资电影制作。2011—2012年,投入电影产业的公共资金共3.66亿英镑;2012—2013年投入3.63亿英镑。英国票房有史以来排前20位的本土制作的电影中绝大多数受到公共资金的支持(石同云,2014)。

三、电影委员会的成立及相关措施

2000年4月,DCMS成立了电影委员会,将其作为一个统一的机构来扶持电影产业的发展。电影委员会的年预算大约为5000万英镑,主要出自国家财政拨款和彩票基金,促进了英国电影产业以及电影文化的发展。电影委员会总揽涉及电影文化和电影工业发展的战略对策的制定并全面负责政府资金拨款(石同云,2014)。

1. 三年计划

英国政府通过电影委员会制定并实施了多个"三年计划"发展战略,扶持英国电影产业,确保英国电影产业在数字时代的地位。这些计划分别是,第一个"三年计划"(1998—2001年):促进电影产业走向可持续发展;第二个"三年计划"(2004—2007年):我们的第二个"三年计划";第三个"三年计划"(2007—2010年):数字时代的电影;第四个"三年计划"(2010—2013年):英国电影:数字创新与创造性卓越。表12-1给出了第四个"三年计划"的资金来源及占比。可以看出,彩票收入占比接近50%,其次是DCMS财政拨款,占比近40%,其余收入占比大约10%。

表 12-1　电影业第四个"三年计划"资金来源及占比

收入来源	收入(万英镑)	总收入占比(%)
彩票收入	3181	48.9
奥运会彩票基金转移支付	489	7.5
DCMS 财政拨款	2567	39.4
DCMS 一次性资源分配资金	253.3	3.9
欧盟拨款、银行利息和其他收入	17	0.3
总计	6507.3	100.0

数据来源:娄孝钦(2011b)。

2. 扶持电影出口贸易

为了促进英国电影出口贸易的发展,电影委员会还制定并实施了英国电影出口发展战略,目标主要为:支持电影企业创造电影出口的机会,维护和扩大英国电影的国际市场份额。此外,还通过出口资助项目和研究活动提高英国电影产业的国际市场竞争力。电影委员会制定的一些具体策略包括:成立电影出口集团并实施电影出口集团战略;确定出口的重点区域;支持英国电影参与国际电影节;研究与发展网络电影发行;支持英国电影进入国际市场;为英国电影出口提供数据和情报;为英国电影出口提供项目资助;扩大资助基金来源以资助英国电影出口(娄孝钦,2011a)。2011 年,卓有成就的电影委员会在一片反对声中解散了,其功能转回给 1933 年成立的英国电影协会,由其负责制订影业发展战略规划、出版影业年鉴、分发公共资金、推广英国电影。

四、电影人才的培养

英国制定并实施了一个全面技能培训的战略——"无限前途"战略,力图为电影产业提供源源不断的人才。该战略主要包括三个方面的内容:一是提供就业信息、就业建议、就业指导以及研究生教育;二是对新从业者、专业人员以及相关人员进行培训;三是收集和分析电影产业相关情报,其目的在于确保在全球市场上英国电影人才具有竞争力。同时,英国实施了人才培训项目,该项目的主要内容包括:一是为希望进入电影行业的人提供建议和信息;二是为职业建议师提供相关建议;三是为电影学院、电影商务学院以及其他教育机构颁发高水平的产业资格认证证书;四是资助数字技能的培养,比如视觉效果人才的培育;五是资助专业人才的培训与训练;六是资助有潜力的电影人才;七是资助自由从业人员;八是资助新从业者与相关电影人才的实习。该项目得到了国家彩票基金、技能投资基金以及伦敦发展局和英国高等教育基金委员会的资助。

第四节 英国政府经济支持政策的效果

一、减税及投资政策带来经济回报

2014年,英国电影协会公布的数据显示,2013年对英产电影的投资超过10亿英镑,较前一年增长14%。来自英国税务海关总署(HMRC)的一份最新报告显示,2012—2013年,在电影减税方面的申报数额达到2.02亿英镑,这从文化意义上支持了英国电影产业的发展(龚兆雄,2016)。

2018年10月11日,英国电影学院发布一份调查报告,该报告显示,从2007年开始实施的英国税收减免政策已经见奇效,并为英国带来了巨大收益。据悉,仅2016年的收益就高达79亿英镑。该报告还指出,仅2016年退税就高达6.32亿英镑,其中涵盖电影、高端电视剧集、电子游戏、动画等。另外,影视产业的发展,还直接或间接地创造了大约48330个就业机会。

二、电影产业数字化势头良好

2008年,227部首轮放映影片全部或部分采用数字发行方式,占到全部电影发行总量的43.1%。84家电影发行商积极参与到数字发行中,其中32家发行的影片已经全部数字化,占总数的38.1%(娄孝钦,2011a)。2011年,英国数字银幕为3256块,位居欧洲第二、世界第四,仅次于美国(25621块)、中国(7853块)和法国(3653块)。关于银幕数字化率,2011年,英国为71%,较2010年底的37.8%增长33.2%,明显高出欧洲地区52.1%和全球51.5%的平均水平,也高出北美地区64.8%的平均水平。3D立体银幕发展势头良好,2011年,英国为1475块,位列欧洲第二、世界第四,但增速有所下降。2011年底,英国3D银幕占本国数字银幕的比例为45.3%,较2010年下降14.6%;英国3D银幕总数(3609块)占欧洲3D银幕总数(11225块)的32%,占全球3D银幕总数(35979块)的10%。电影制作的数字化与数字化银幕的普及,无疑提高了供给的质量,更好地满足了国民的观影需求,有力助推了英国电影产业结构升级,提高了电影产业在本国产业中的地位,加强了电影产业拉动经济发展的能力,形成了艺术性与商业性并重的文化与经济方面的双重核心竞争力。

三、电影产业"走出去"步伐稳健

在电影委员会的出口发展战略支持下,英国电影出口增长速度较快,2000年到2008年,电影出口额从6.97亿英镑增长到13.41亿英镑,增长了92%,贸易顺差持续走高,2008年达到4.94亿英镑。从2008年统计数据来看,英国电影出口的主要对象是美国，占52%；其次是欧盟，占21%；其他欧洲国家占9%；亚洲占5%。可见，英国电影在美国市场、欧洲市场的影响较大（娄孝钦，2011a）。2018年，欧洲约有650部电影在其他国家的影院上映，其中英国电影在海外票务销售方面位居欧洲前列，销售量为4460万张，占欧洲电影海外票务销售总量的55%。鉴于英国本土市场规模有限，开拓海外市场对英国电影产业显得至关重要。大英帝国骨子里便有向海而生的开拓进取精神，英语这一伟大资源同样被充分开发利用，在文化产业大背景下融合专业技能与有效的商业模式，英国电影产业大步迈向广阔的世界市场并占有一席之地。

综上所述，英国电影产业近年来的发展历程可以说是一部复兴史，如今被划进文化产业范畴，政府对它的重视与关注不言而喻。我们应该辩证地看待英国政府在文化创意大方针下对电影产业采取的经济支持政策，制作电影仅从经济角度分析就是一项高风险、高收益的投资，在外国电影的强势之下，为了鼓励本国电影产业发展而采取的"配额制""伊迪税"这类保护性经济政策确有相当的可取之处，值得中国选择性地结合自身国情加以借鉴。

第十三章
新冠疫情下的英国文化产业及其经济支持政策

第一节 新冠疫情对英国文化产业的影响

2020年爆发的新冠疫情对英国文化产业造成持续性的经济破坏,更是暴露了文化产业的脆弱性和不稳定性。英国下议院文化、媒体和体育运动特别委员会2020年发布的报告中指出:"Covid-19危机对英国的文化基础设施、机构和劳动力构成了一代人以来的最大威胁。"

诸多学者和行业政策机构都争相研究新冠疫情对文化产业及其劳动力市场的影响。从产业结构上看,文化产业由许多小微型企业、公共和非营利组织、创意企业员工、艺术家、自由职业者组成,大型公共和私营文化机构以及企业依靠这一充满活力的文化生态系统提供创意产品,通常在财务可持续性的边缘运营,抵御风险的能力非常脆弱(Betzler et al.,2021)。新冠疫情涉及所有领域,不仅包括经济领域,而且包括社会和卫生领域(Waniak-Michalak et al.,2022)。新冠疫情与2008年全球金融危机不同,Betzler等(2021)认为,2008年的全球金融危机主要针对资本市场,虽然会影响文化产业的融资环境,但并没有导致机构直接关闭,而新冠疫情是一场公共卫生危机,导致产生激烈和直接的经济和社会损失。2020年3月16日,英国政府建议人们避免与他人进行一切不必要的社会接触。3月20日,所有酒吧、餐厅、咖啡馆、剧院和社交场所开始关门。23日起,英国实行全面封锁。新冠疫情不仅威胁文化产业的生存方式,而且首先威胁其存在方式。集体性、存在性和欢聚性是大多数文化产品创造和传播的特点,出于这个原因,机构、活动和艺术项目最先被暂停,并且很可能是最后一个完全恢复运作的。

一、新冠疫情影响文化产业的各个子行业

艺术、文化和人文领域的许多非营利组织(如歌剧团、交响乐团、合唱团和剧院)受到政府临时关闭令的约束,这意味着门票和其他收入的损失,将影响其通过传统方式创收的能力(Fraser,2020)。所有剧院,包括资金来自公共补贴的剧院,都严重依赖门票收入,由四个英国专业戏剧代表机构联合提交的报告估计,强制封锁期间剧院总收入损

失达到约6.3亿英镑。数据还显示,2019年第四季度到2020年第二季度,英国创意、艺术及娱乐活动部门按实际价值计算,产出下降37%;此外,图书馆、档案馆、博物馆和其他文化活动的产出下降30%(Waitzman,2021)。音乐行业组织英国音乐(UK Music)2021年的报告称,新冠疫情对音乐行业的影响是灾难性和互相关联的,现场活动的关闭打击了活动场地及推广人,导致艺术家的表演机会减少,词曲作者的佣金减少,广播收入也随着广告支出的减少而下降,影响了唱片公司、出版商、艺术家和词曲作者。整体来看,音乐产业GVA下降46%,出口下降23%,就业率下降35%。从政府文化部门的官方数据来看,2021年DCMS公布的经济评估报告显示,除旅游及公民社会两个子部门外,2020年DCMS的GVA为1809亿英镑,较2019年(2000亿英镑)降低9.6%,文化出口服务从2019年的379亿英镑锐减至89亿英镑。

二、新冠疫情影响文化产业的劳动力市场

为应对疫情,英国政府推出新冠工作保留计划(CJRS)和自由职业收入支持计划(SEISS),据HMRC公布的统计报告,2020年3月23日,约有325300名受雇于艺术、娱乐和休闲部门的人在CJRS计划下休假,同年5月,最大休假人数达到455100人,该部门拥有所有部门中最高的休假参与率(12%)。2020年3月至10月,英国失业申请人数已从30000人(失业率为3.2%)上升到63000人(失业率为6.7%),恢复到上世纪90年代末的失业率水平。除了高失业率之外,劳动力中的很大一部分都通过CJRS计划获得资助。英国国家统计局公布的2020年劳动力调查数据显示,在强制封锁的6个月内,整个文化产业工作时间大幅减少。另外,音乐、表演和视觉艺术领域裁员55000人(占30%)。英国最大的艺术家组织(a-n The Artists Information Company)2020年对其会员进行统计调查,结果显示,文化产业工作者的工作及生活状况同样受到巨大影响,96%的受访者表示收入减少是新冠疫情的一个重要直接影响;同时,受政府封锁政策影响,82%的受访者取消了即将到来的工作、表演和公共活动。还有研究表明,疫情下工作机会的普遍减少加剧了那些处于最不利地位的社会弱势群体的困难,如工人阶级尤其是女性工人阶级、少数民族、残疾人(Banks,2020)。

三、新冠疫情影响文化消费、生产和工作模式

虽然文化和艺术对于保护生命可能不是至关重要的,但事实证明,它们对于保护生命存在的意义越来越重要,文化和艺术的社会价值正在被重新定义。文化和艺术在缓解社会疏远的负面影响和提高公众福祉方面的作用应被认可。一项调查显示,疫情的封锁政策激发了部分文化产品消费热潮,重塑了娱乐需求。被迫待在室内的人们接受比以前更多的电视和流媒体服务,包括音乐、广播和游戏。人们也创造自己的文化(音乐、日志、故事、绘画和诗歌)并与他人分享(Mulligan,2020)。数字化在一定程度上缓解了新冠疫情对消费者的侵害,几乎所有文化产业都以这样或那样的方式在商品和服

务的生产和消费中采用数字化技术。尽管经济被迫停滞，衰退即将来临，但认为疫情完全摧毁了文化经济是不准确的，它只是改变了文化经济的构成和动态。Eikhof(2020)认为，疫情的主要和直接影响体现在：文化经济的商业模式方面，组织和企业有强烈的动机使用灵活的合同制劳动力和服务；削减工资、日工资或小时工资；要求或至少鼓励无报酬的工作；削减自愿包容性做法，如带薪实习、差旅补助或现场托儿服务；强化工作，例如，通过比以前更少的承包天数/小时来交付某项产出，或要求个人履行多种生产职能，而不是为每项职能雇用单独的工作人员。

第二节　英国应对疫情冲击的公共经济支持政策

自 2011 年以来，英国文化产业 GVA 的增长速度一直快于英国整体经济，且该行业的就业率大大增加，是英国整体就业增长率的 3 倍多。在疫情之前的 2019 年 10 月，英国政府启动"文化投资基金"向文化产业拨款 2.5 亿英镑。时任文化部部长尼基·摩根称其为"政府有史以来对文化基础设施、当地博物馆和社区图书馆的最大单笔投资"。由此，文化产业对英国经济增长和发展的重要性及英国政府对其重视程度可见一斑。然而，随之而来的新冠疫情及其防控措施大大阻碍了英国文化产业的发展，城市和地区的就业和收入、创新水平、公民福祉以及社区活力和文化多样性遭受较大的负面影响。

在公共经济支持政策方面，为应对疫情对英国经济的打击，英国政府迅速反应，公布各种前所未有的经济措施以协助英国劳动者和企业渡过难关。Campbell 等(2020)整理了疫情爆发至 2020 年 5 月 29 日英国政府公布的 21 项公共经济支持政策，这些政策主要是为了避免疫情对经济的短期性破坏。虽然这些政策没有提出针对恢复文化产业的中长期办法，但仍有助于保护文化产业劳动者的就业环境，并在短期内支持自由职业者。

第三节　英国对文化产业的一揽子经济支持计划

新冠疫情期间，英国政府经济政策制定的重点一直是在短期内稳住经济，让经济进入冬眠，同时控制住疫情，并制订计划解除封锁。为应对疫情对整个英国文化和创造力带来的前所未有的挑战，2020 年 7 月，英国政府宣布设立价值 15.7 亿英镑的文化复兴基金(Culture Recovery Fund)，被称为艺术、文化和遗产产业的"拯救计划"，包括表演艺术和剧院、文化遗产、历史宫殿、博物馆、画廊、现场音乐和独立电影院在内的一系列行业的数千个组织将能够获得紧急拨款和贷款。这是有史以来英国针对文化产业提供的最大的一笔一次性投资，其一揽子经济支持计划包括：

(1) 用于英格兰文化组织的 11.5 亿英镑，通过赠款和贷款相结合的方式交付，其中包括 2.7 亿英镑的应还资金和 8.8 亿英镑的赠款；

（2）1.2 亿英镑的资本投资，用于重启因疫情暂停的英国文化基础设施和遗产建设项目；

（3）向英格兰国家文化机构和英格兰遗产信托基金提供的 1 亿英镑的定向支持；

（4）向北爱尔兰（3300 万英镑）、苏格兰（9700 万英镑）和威尔士（5900 万英镑）的地方政府提供的 1.89 亿英镑的支持。

该基金受到文化产业许多组织的广泛欢迎，截至 2021 年 6 月，已有 5000 多个组织和网站获得资助。然而，在 2021 年对文化复兴基金进行调查后，英国下议院公共账户委员会报告称，一些组织在获得资金方面存在困难或者在申请不成功后没有收到任何反馈，这些问题可能会使一些组织仍然处于危险的财务状况。2022 年，DCMS 也指出，资金的到来对该行业的许多企业或人来说为时已晚，而且这本身不足以阻止大规模裁员和弥补文化基础设施的永久关闭。因此，公共账户委员会呼吁达成一项"针对具体行业的协议"，其中包括：

（1）延长受影响企业的休假计划，直到政府制定的《新冠肺炎指导方针》允许大规模集会；

（2）持续的劳动力支持措施，包括针对自由职业者和小公司的强化措施；

（3）明确（如果有条件的话）重新开放的时间表以及技术解决方案，使观众能够在没有社交距离的情况下出现；

（4）在不确定的经济环境下，为恢复观众数量和投资提供长期结构性支持，包括新的针对特定行业的税收减免，以及针对该行业的长期增值税减免。

在 2021 年 10 月的预算中，英国政府宣布了对英国文化部门的进一步支持，包括剧院税收减免、管弦乐团税收减免以及博物馆和画廊展览税收减免。

第四节　英国对文化产业的结构性经济支持政策

一、城市和节日支持政策

在紧急救援方案出台后，各国已开始采取措施，帮助文化部门从新冠疫情的影响中重建（Plaisance，2022）。由于新冠疫情大流行，2021 年考文垂作为文化之城从英国政府获得超过 1550 万英镑的补助，以支持年度庆祝活动，并为该市筹集了 1 亿英镑的资本投资，以支持赫伯特艺术画廊和博物馆、考文垂大教堂等城市文化项目。2022 年 DCMS 部门提出的创造增长计划（Create Growth Programme）旨在支持伦敦以外英格兰六个地区的创新文化企业发挥其高增长潜力，该计划预计将为每个地区提供跨越三个互补链的一揽子支持：业务支持、金融和投资者能力建设，以解决阻碍文化企业在伦敦以外地区获得融资和扩大规模的市场和信息故障。

二、数字化支持政策

Plaisance(2022)认为,艺术文化组织必须处于最前沿,数字化正变得至关重要。数字化基础设施和工具的进步也将刺激新的创新,促进文化在企业和更广泛的社会互动中发挥更大的作用。文化产业的数字化参与及实践在疫情中已经被催化,随着依赖新媒体形式的部门和行业的发展,文化产业的范围将大大扩大。这也意味着,充分利用数字化转型机会不仅需要对数字基础设施进行大规模投资,还需要解决企业和个人层面的数字技能短缺问题,以及制定支持中小企业和微型企业先进数字化的战略。

2020年3月,DCMS向"5G Create"公开竞赛活动提供高达3000万英镑的拨款,旨在探索和开发创意项目和5G技术能力,优秀项目可以申请25万到500万英镑的资助。英国国家剧院指出,疫情时期暴露了较大和较小组织之间在数字能力上的差距。英国好东西基金会(Good Things Foundation)认为,疫情加剧了数字鸿沟,并呼吁在4年内投资1.3亿英镑来解决基础数字建设问题。疫情封锁期间,数字图书馆面临着前所未有的服务需求,图书馆的数字借阅量增加了500万,电子书借阅量比平时多350万,为社区和家庭提供了一条生命线。英格兰艺术委员会和教育部投资的节日桥(Festival Bridge)项目向7500多个家庭发放了创造性数字资源艺术包,旨在让儿童和青少年在疫情封锁期间保持参与和创造力。

第十四章
英国文化产业经济支持政策对中国上海的启示

第一节 英国文化产业经济支持政策总结

纵观英国文化产业发展历史,可以看出英国文化产业的成功得益于各方面政策的有力支持,包括政策扶持、融资、人才培养、文化产业智库、数据库设计等方面。从1993年发布国家文化发展战略《创造性未来》到2009年发布《数字英国》等可以看出,英国通过前瞻性、方向性、指导性和有效性的政策以及对产业发展实际情况的准确把握,逐步推进文化产业的发展。参考张娜等(2019)对英国文化产业发展的研究,以及前文的分析,可以将英国文化产业的发展经验总结为以下几点:

1. 多政策扶持和推动

英国是世界上第一个运用政策推动文化产业发展的国家,多年的实践证明,英国政府的文化产业发展政策和经济结构调整政策顺应了世界经济发展潮流,取得了巨大的成功。

2. 多举措解决融资问题

由于规模小、盈利前景不明朗以及轻资产等特点,导致英国文化产业一直受到资金短缺的困扰,难以从金融市场上获取资金。英国文化产业的成功建立在公共和私人投资结合的基础上,采用"三三制"的资本结构:1/3由政府财政拨款;1/3来自社会资金包括彩票收入、社会捐助、银行信贷和风险投资等;1/3来自企业组织的自身活动所得,如门票收入、场地租用费等。政府财政支持一直以来都在英国文化产业的发展中发挥着极其重要的作用,有利于在压力和风险之下为个体提供更为广阔的空间与条件。

3. 多路径培养创意人才

不同于一般产业,文化产业生产的文化产品具有以内容为核心的特点。"创意为王"是文化产业的内在要求,不少国家认为文化产业和创意密不可分,如英国直接称文化产业为创意产业,这表明创意之于文化产业的特殊重要性。创意来源于人的智慧、思维和灵感,因此培养人才是发展文化产业的重中之重。英国运用多路径创意人才培养方案,如小学设有艺术课程,许多高校开设文化产业相关学位课程,并对社会成员开放,大大加强了文化产业的基础人才工程建设,为文化产业的发展提供源源不断的动力。

4. 打造新型文化产业智库

英国文化产业的管理体制分为中央政府部门、半自治非政府组织、各行业性联合组织三层。其中,半自治非政府组织处于中间层,主要职责是为政府制定政策提供咨询,对文化拨款进行分配和评估,协助政府制定并具体实施相关政策,对文化机构进行评估、拨款,为各行业性联合组织提供专业咨询和服务,实际上承担了大量的智库工作。同时,半自治非政府组织作为中间层很大程度上调和了中央政府部门和各行业性联合组织之间潜在的信息不对称的矛盾,使中央政府部门制定的政策更加适用于各行业性联合组织的基层实践,也使各行业性联合组织的基层信息更快传递到中央政府部门,督促其进行决策,使整个文化产业结构稳定、合理、有效。

5. 重视数据库建设

英国文化产业对数据统计较为重视,全面、及时且描述到位,这使得其产业政策制定能够紧密结合现实,富有针对性。英国 DCMS 在数据库方面做出杰出贡献。DCMS 在其网站上不断更新主管行业的经济数据,包括描述现状的各项数据指标、政策及对外贸易等情况。在现行发布的 DCMS 经济评估报告中,详细列示了文化产业分地区、分行业的数据,还附有对现实情况的具体描述,这使中央政府部门对于文化产业基层实践情况可以有实时、清晰、准确的认识,从侧面督促政府决策的合理性、即时性。

6. 建立健全"文化产业"发展法律体系,重视知识产权的保护

创新创意是文化产业的核心内容,对产业发展起着至关重要的作用,因此,政府在对知识产权的保护方面形成了较完整的体系,设有知识产权局,在一定程度上激励鼓舞民众进行创新创造,刺激产业消费,促进产业发展,如 1993 年颁布了《彩票法》,1996 年颁布了新的《广播电视法》《著作权法》《电影法》《英国艺术组织的戏剧政策》,2006 年发布了《高尔斯知识产权评估报告》,2014 年颁布了《知识产权法》,涉及多方面的革新,力求在更大程度上对英国的知识产权及创新行业进行保护,特别是为外观设计者以及生产制造者提供更多的法律保护。

第二节 中国上海文化产业发展面临的问题

2021 年 12 月 14 日,上海市委市政府发布《关于加快本市文化创意产业创新发展的若干意见》(即《文创 50 条》),提出在未来 5 年,上海基本建成现代文化产业重镇;到 2035 年,全面建成具有国际影响力的文化产业中心。

长期以来,上海市文化产业在全国各大城市中位居前列,但近年来的发展速度相对滞后。2021 年,上海市文化产业的经济增加值为 2295 亿元,与增速较快的全国前五名城市,如杭州、北京、广州等相比增速略显落后。和英国伦敦等城市相比,上海文化产业发展更是显得稚嫩,对于经济的推动作用有限,仍面临着许多方面的问题:

1. 文化产业集聚效应不足，结构分布不均衡

目前，对上海文化产业发展的众多研究都提到上海文化产业集聚效应不足的问题。同时，上海文化产业在结构分布上也有一定的不均衡性，虽然在文化投资、文化娱乐等方面发展较快，但文化艺术、文化休闲娱乐、文化创意与设计、新闻出版等行业的总值所占比例却较低，说明上海文化产业发展存在不均衡现象（谭思远，2018）。

2. 文化产业人才总量不足，人才规划滞后于产业发展

和伦敦、纽约、东京等城市相比，上海文化产业人才总量严重不足，从业人员比例较低；而且文化产业人才规划滞后于产业发展，缺乏人才规划的先导效应。

3. 文化产业人才供求存在结构性失衡问题

上海文化产业人才需求旺盛，并存在结构性失衡问题，即低层次人才竞争激烈，但高层次人才稀缺，目前从业人员大多为45岁以下的群体。

4. 文化产业人才教育和培养不足

目前，上海文化产业人才教育还在起步阶段，以高等教育为例，上海"985工程"高校中仅有上海交通大学与同济大学实施了文化产业相关研究生教育。这一领域较多地依靠海外归国人员，以及海外相关企业来沪投资的人才。同时，现有高校的人才教育模式相对落后，大多在传统产业的界定中各自培养特定专业人员，而培养真正符合当代社会需求的人才还没有成为高等教育的主流。

5. 文化产业教育规划缺乏战略性，教育优势和特点不明显

相对于上海未来城市发展的定位，上海文化产业教育规划的战略性不强，教育改革迟缓。上海文化产业的人才需求与教育资源和教育规划之间没有形成有效的联动关系。上海的高等教育资源没有发挥出其地域优势和文化产业发展战略优势。

6. 文化产业缺少龙头企业

相对于传统文化中心北京和数字文化新贵杭州而言，上海缺少类似阿里巴巴、腾讯一类的文化产业龙头企业。虽然十几年前，上海也曾有过一批引领全国文化潮流的创意性企业，但在市场竞争中都逐渐失去了竞争力，原因之一是缺乏政府的支持。长期以来，上海市政府对科创型企业的税收优惠和奖励力度明显超过文化企业，大部分文化企业都只停留在个体、小微企业层面。在激烈的人才竞争中，众多文化产业人才被吸引到深圳、杭州等更具文化活力的城市，文化人才的流失，将对上海文化产业的发展造成严重阻碍。

第三节 英国文化产业对中国上海文化产业发展的政策启示

正如伦敦在英国文化产业发展中的重要地位，中国文化产业发展也需要一个夺目的中心舞台。英国采取的总部集群发展模式，需要基于伦敦这样的国际大都市，文化多

元性和开放性是其形成的基础。在中国城市中,上海无疑是实践中国特色文化产业的最佳选择。首先,上海这座城市在其历史发展中不断吸收和融合新与旧、中与西、精英与普通的思想,其地理优势刺激了外向型文化贸易,带有强烈的商人特征,逐渐形成独具特色的"海派文化"。上海特有的"海派文化"既有江南文化的古典与雅致,又有国际大都市的现代与时尚,区别于中国其他城市文化,具有开放而又自成一体的独特风格。首都北京可以凭借其政策优势和丰富的传统文化遗产很好地充当文化中心,发展文化产业,而上海所具有的这种开放性、创造性和商业性,更接近英国文化产业发展模式。此外,上海这座城市本身就是创意产业在中国的早期实践者,是中国第一个采用"创意产业集群"概念的城市,拥有最多的创意产业集群。2004年末,英国创意产业概念传入中国,在上海科学院经济学家们的关注和支持下,上海迅速接受了打造创意城市的理念,并积极推动创意产业的发展。2005年,上海市政府将"创意产业"作为经济发展战略的一部分,成立上海创意产业中心,与此同时,正式认可18家创意产业集聚区即文创园区。到2022年,文创园区已经增加到169家。2021年,上海文化企业营收位居全国第一,上市文化企业数量超过160家。2020年,上海文化产业实现增加值2389.64亿元,占中国文化及相关产业总增加值的比重为5.31%。

上海作为中国的国际大都市,在文化产业发展方面具有重要的引领作用。改革开放以来,上海被指定为环太平洋地区的金融中心,如今,已成为21世纪的国际金融、贸易、航运和科技创新中心,经济实力和国际影响力不断提升。下一步,到2030年将上海建设成世界一流设计之都,以其文化会展业支持"一带一路"倡议,打造上海国际文化大都市形象成为重要任务。总体来说,上海成功的、更加商业化的"海派文化"为吸收英国文化产业发展经验培育了土壤,上海这座城市的开放性和国际性为发展文化产业提供了优势和充足的动力。因此,考虑到上海发展文化产业的重要性以及借鉴英国文化产业成功经验的适用性,结合上海文化产业发展现状及问题,我们提出以下几点建议:

(1) 加快产业融合发展,实现政策和管理的协同统一

尽管上海的经济实力不断增强,但其工业化和城市化进程仍未完成,上海发展文化产业需要为上海"科教兴市"主战略服务,为"两个优先发展"服务,为创新驱动发展战略服务,为产业结构升级服务。因此,上海文化产业发展需要重点实现各类产业的融合、产业价值链分工的融合、市区两级政府的融合以及管理部门的融合。文化产业是制造业和服务业的延伸和融合,凭借创造力推动艺术、文化和产业经济的有机结合,发挥其创造财富和就业机会的潜力。文化产业涉及的领域和门类繁多,拥有复杂的价值链,能够控制生产投资和分配,在价值链的关键节点获取利润。文化产业通过平台搭建,在文化产业聚集区内提升企业资源优势,分工合作,打造单体个性品牌和总体价值品牌,逐步实现价值链的高度融合。文化产业的融合特征也意味着文化产业涉及不同的部门、不同的行业和不同的领域,这就需要政府部门在管理上的融合与协同。

(2) 合理界定政府和市场的关系，引导私人投资进入文化产业领域

在中国，政府是文化产业的主要驱动力，政府强有力的积极干预提供了有利的政策环境。在多项政策的推动下，许多地方政府急于采取行动，推出发展文化产业的举措，但现实情况是可能并不具备政策实施的基础。它们往往只关注数量和规模，导致数量过剩和质量低下，削弱了文化产业的价值和功能，这与一直强调文化的社会效益的国家文化产业政策相矛盾。因此，需要对这些政策作出调整。上海文化产业园区通常在某些主题与核心理念下运作，不仅是由政府发起、计划和补贴的，而且完全由政府运作和管理。总之，文化产业政策的作用是巨大的，但它只是促进文化产业发展的力量之一。从长远来看，中国文化产业的真正推动力不应该是政府或政策，而应该是企业、市场以及所有人的强烈文化需求(Shan，2014)。因此，上海发展文化产业同样需要正确处理和合理界定政府和市场的关系，不断解决意识形态和文化市场之间的冲突，关注那些由创意者组成的中小企业和自由职业经济的扩张，引导更多社会和私人资本进入文化产业中来，构建更加有机的文化金融支持体系。

(3) 深入理解和定位文化产业集群，打造上海世界一流设计之都形象

文化产业集群有四个显著特征：第一，大多数集群由国家控制和宏观管理；第二，集群通常有清晰的空间边界；第三，大多数集群由承担法人责任的公司直接管理；第四，越来越多的集群是专门针对特定的文化产业子行业建立的。然而，以保护老旧工业历史建筑和工厂为载体而兴起，随后通过工业和科学园区促进高新技术产业发展的上海文化产业集群，在发展过程中逐渐显现出一些问题。早期，上海文化产业集群的本质是为城市空间升级服务，而不是像西方文化产业那样的复杂产业部门，不了解该行业的真正动态和需求、不断上升的租金、产能过剩、管理无力等问题逐渐凸显。上海文化产业集群只是确定了物理边界和某些技术细节，而未关注设计、服务、管理结构等方面是如何组织的。想要打造真正具有特色和发展潜力的文化产业集群，塑造上海世界一流设计之都形象，明确标准和深刻理解上海文化产业集群的真正目标是关键。

(4) 培育文化产业人才，普及文化产业教育

文化产业的核心是人的智力，它是以人的创造力和智力为主要和核心生产要素的新型产业。这一领域的专家主要依靠他们的创意、想法、才能和技能，创造出创意文化与科技相融合、集成创新的产品，呈现出风格灵动、特色鲜明、个性化、艺术化的前沿思维，引领生产、消费和服务的新潮流(Fu and Xu，2009)。

上海经济高度发展，文化产业也显示了强劲的增长势头，但人才现状和内在结构优势并不明显，人才支撑环境和教育也存在诸多问题，人才已经成为上海实现城市发展目标过程中不容忽视、不可回避的问题。文化产业人才总量是衡量一个城市文化产业发展程度的重要指标，而上海面临文化产业从业人员比例小、人才规划落后、统计口径不一等问题(毛溪，2013)。

目前，上海的文化产业教育仍然紧缺。从教育体制来看，体育、艺术、音乐类课程相较传统的学术课程并没有受到足够的重视。课程的单一化、规模化、冗杂化从某种程度上来说扼杀了产生创意的摇篮，阻碍了文化产业人才的培养。借鉴英国的相关经验，可行的方案之一是实行普及教育和文化产业教育的分流，从而培养专业人才。然而，发展文化产业不仅需要创意人才，还需要其他具有创意意识的复合型人才在产业的各个细分领域发挥作用。灌输式的教育无法教会学生真正创新，这就要求我们将创意意识灌注人才培养的全过程。另外，产业的后续教育和职业培训也不容忽视。此外，文化产品需求也同样对文化产业的发展具有重要影响。因此应提高民众的文化产品需求，这就需要更大范围普及文化产业教育，通过灵活多样的方式使更多人了解文化产业，激发他们对文化产品的需求。

第三篇
文化产业经济支持政策研究：法国的经验与启示

第十五章
法国文化产业简介

第一节 背景介绍

法国拥有大量文化遗产,并以艺术大国闻名于世。在法国,电影、图书出版和文化旅游等文化细分产业都是国民经济的支柱产业。其电影产量在世界名列第五,是欧洲最大和最重要的电影生产国;其出版业在全球位列前茅,年营业额200万法郎以上的出版社约400家,小型出版社约3000家;每年全球赴法旅游的人络绎不绝,约占全球旅游市场的10%。

法国文化产业规模巨大,其文化治理模式是典型的国家主导型,法国文化机构的资金都是由政府财政直接拨款,而非自负盈亏;法国政府对文化设施与文化活动给予高额补贴,资助各类文化活动,扶持新闻、文学、艺术、音乐、电视、电影等行业。例如,法国政府每年都拨出几十亿欧元用于兴建图书馆、博物馆、剧场等文化设施;法国文化部通过国家图书中心,每年为出版业提供一亿多欧元的资助;法国的电影制作、发行和放映公司也可获得政府资助。法国的对外文化交流多由政府或者准政府组织来推动,并且有着非常明确的分工和目标。由于法国建立的是政府主导型文化事业与文化产业,没有建立起符合经济发展规律的市场主导型文化产业,可持续发展的能力不强,会随着国家经济社会意识的兴衰而波动。中、法两国在发展模式、文化背景、资金来源等方面存在许多相似之处,如中、法两国的文化产业都有着历史底蕴深厚、以政府为主导、较少获得社会资本偏爱的特征。为了厘清文化产业经济扶植政策对文化产业发展的作用,法国的经验值得借鉴。

第二节 法国文化产业简介

一、文化产品贸易额居世界前列

法国作为欧洲大陆最有影响力的国家,其文化实力亦是当今世界翘楚,联合国教科文组织数据显示,2015—2019年,法国文化产品的进出口贸易总额一直处于世界前十位(见表15-1)。

表 15-1 全球文化产品进出口排名

国家或地区	2015年排名	2016年排名	2017年排名	2018年排名	2019年排名	2019年进出口总额(美元)
美国	1	1	1	1	1	7.5869E+10
中国	2	2	2	2	2	5.3625E+10
中国香港	5	5	3	3	3	4.4358E+10
瑞士	4	4	4	4	4	3.6506E+10
阿拉伯	6	6	6	5	5	3.6202E+10
英国	3	3	5	6	6	3.6119E+10
法国	8	7	8	8	7	2.2264E+10
德国	7	7	7	7	8	1.9284E+10
印度	9	9	9	9	9	1.7353E+10
意大利	11	11	11	10	10	1.3558E+10

数据来源:联合国教科文组织。

细分出口与进口,法国的文化产品无论是出口还是进口总额都处于世界前十,文化产品进口排名较文化产品出口排名稳定,文化产品出口总量多数年份较进口总量多;从总占比来看,法国进出口产品中文化产品的占比都高于世界平均水平(见表15-2)。

表 15-2 法国文化产品进出口概况

	2015年	2016年	2017年	2018年	2019年
法国文化产品出口总量(亿美元)	82.29	90.33	90.79	99.06	114.31
法国文化产品出口世界排名	9	7	10	9	8
法国文化产品出口占所有产品出口的份额(%)	1.666	1.848	1.735	1.742	2.055
世界文化产品出口占所有产品出口的份额(%)	1.426	1.44	1.415	1.391	1.49
法国文化产品进口总量(亿美元)	82.41	81.90	92.95	97.83	108.33
法国文化产品进口世界排名	6	6	6	7	6
法国文化产品进口占所有产品进口的份额(%)	1.463	1.461	1.516	1.484	1.684
世界文化产品进口占所有产品进口的份额(%)	1.178	1.18	1.182	1.21	1.262

数据来源:联合国教科文组织。

法国文化产业类别丰富且分布广泛,图15-1展示了2011—2021年法国文化产品总出口的相关情况。文化产品按照FCS的分类依次为:文化和自然遗产(A)、演出和庆典(B)、视觉艺术和工艺(C)、图书和出版(D)、视听和互动媒体(E)、设计和创意服务(F)。法国文化产品总出口在 2019 年及之前基本保持上升趋势,2019 年达到最盛,为 111.99 亿美元。2020 年,受疫情影响,文化产品总出口降幅最大(33.07%),为 74.96 亿美元,仅高于 2008 年的最低值(74.15 亿美元)。文化产品总出口增幅最大为 2021 年(26.16%)。

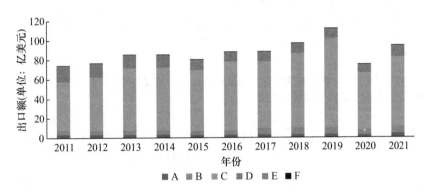

图 15-1　法国文化产品出口额(2011—2021)
数据来源:联合国商品贸易统计数据库。

可见,C 类视觉艺术和工艺文化产品出口占文化产品总出口的比重最大,达 70%—80%,C 类文化产品出口的变化趋势与总出口基本保持一致。C 类文化产品包括美术品(fine arts)、摄影(photography)、工艺品(crafts)。A 类、B 类、D 类、E 类、F 类文化产品因其出口体量相对较小,总体变化趋势并不明显,但是实际上,2011—2021 年,A 类文化产品出口增加 24.09%,B 类文化产品出口增加 60.74%,D 类文化产品出口减少 24.55%,E 类文化产品出口减少 99.85%,F 类文化产品出口增加 103.85%。

总体来看,法国在美术作品、工艺品、文化旅游等传统文化优势项目上,依旧保持着较强的竞争力。但在视听等美国有着较强竞争优势的文化产品领域,法国无论是文化产品出口规模还是文化产品出口发展趋势,依旧呈现弱势。这也体现了法国支持文化例外原则的必然性和必要性。受疫情以及数字技术发展的影响,法国 E 类文化产品受到的压力和挑战高过其他文化产品。

作为对文化产业外溢的补充,我们还对 FCS 中有关文化产品的装备及支持材料的出口情况进行了分析,主要包括 B 类、C 类、D 类和 E 类。图 15-2 展示了 2011—2021 年法国文化产品装备及支持材料的出口情况,整体上呈现"U"形变化趋势,2015 年为最低点(46.14 亿美元),2011 年为最高点(66.29 亿美元)。

可见,E 类文化产品装备及支持材料出口占文化产品装备及支持材料总出口的比重最大,达 80%—85%,变化趋势与总出口基本保持一致。B 类、C 类、D 类文化产品装备及支持材料因其出口体量相对较小,总体变化趋势并不明显,但是实际上 2011—

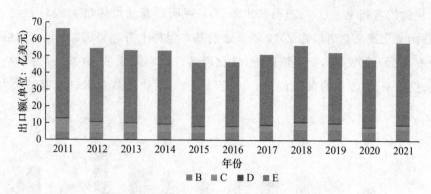

图 15-2 法国各类文化产品装备及支持材料出口额（2011—2021）
数据来源：联合国商品贸易统计数据库。

2021年，B类文化产品装备及支持材料出口增加45.17%，C类文化产品装备及支持材料出口减少74.67%，D类文化产品装备及支持材料出口增加26.39%。

图15-3展示了2011—2021年法国各类文化产品进口的总体情况。具体而言，在2019年之前呈现波动上升的趋势，分别在2011年及2014年达到阶段性的小高峰，2019年达到最高，为95.87亿美元。受疫情影响，2020年法国文化产品进口遭遇最大降幅，达31.93%，进口额达到最低，为65.26亿美元。2021年，进口增幅最大，为21.78%，已恢复到疫情前的平均水平。

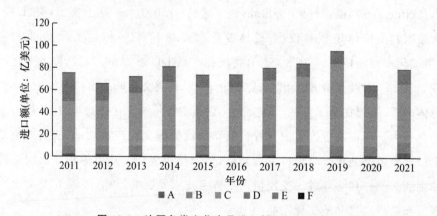

图 15-3 法国各类文化产品进口额（2011—2021）
数据来源：联合国商品贸易统计数据库。

可见，C类文化产品进口占比最大（53.00%—76.66%），变化趋势与总进口基本保持一致。E类文化产品进口发生结构性变化，在2012年陡降，之后一直维持极低水平。从时间线判断，这与《文化例外2号》的推出有一定联系。A类、B类、D类、F类文化产品因其进口体量相对较小，总体变化趋势并不明显，但是实际上2011—2021年，A类文化产品进口增加93.52%，B类文化产品进口增加34.78%，D类文化产品进口减少

22.78%,F类文化产品进口减少48.83%。

从2011—2021年文化产品总进口与总出口的趋势对比来看,除了F类产品外,其他产品的进出口总体趋势均保持一致。

作为对文化产品进口的补充,图15-4展示了2011—2021年法国文化产品装备及支持材料进口的总体情况。具体而言,2011年进口额最高,为220.00亿美元;2021年其次,达206.33亿美元;2016年最低,为159.51亿美元。E类文化产品装备及支持材料进口占文化产品装备及支持材料总进口的比重最大,接近90%,变化趋势与总进口基本保持一致。B类、C类、D类文化产品装备及支持材料因进口体量相对较小,总体变化趋势表面上看并不明显,但是实际上2011—2021年,B类文化产品装备及支持材料进口增加87.95%,C类文化产品装备及支持材料进口减少48.47%,D类文化产品装备及支持材料进口减少18.49%。

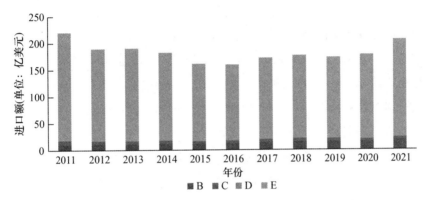

图15-4 法国各类文化产品装备及支持材料进口额(2011—2021)
数据来源:联合国商品贸易统计数据库。

根据表15-3可知,2011—2021年,法国文化产品的贸易盈余多数年份为正数,即法国文化产品出口总额大于进口总额。法国文化产品出口与进口总额的波动大体具有同步性。贸易盈余总体来说比较平稳,基本在0—16亿美元之间波动,呈现不明显的上升趋势。2019年,法国文化产品的贸易盈余达到11年来最高,约16.1亿美元。

表15-3 2011—2021年法国文化产品出口、进口总额及贸易盈余 (单位:亿美元)

年份	出口总额	进口总额	贸易盈余
2011	74.1537616	75.1119076	−0.9581460
2012	76.5960214	65.5983572	10.9976643
2013	85.2633119	71.9888870	13.2744249
2014	85.1924874	81.1304492	4.06203821

(单位:亿美元)(续表)

年份	出口总额	进口总额	贸易盈余
2015	80.2306985	73.7692743	6.46142426
2016	88.1456304	74.2055338	13.94009660
2017	88.3736561	80.3226929	8.05096323
2018	96.8917283	84.4307812	12.46094710
2019	111.9949080	95.8706998	16.12420840
2020	74.9564444	65.2529803	9.70346414
2021	94.5645963	79.4648908	15.09970540

数据来源:联合国商品贸易统计数据库。

二、文化产业贡献度高

文化产业已成为法国经济的支柱之一,法国文化部数据显示,2006年法国仅旅游业收入就达350亿欧元,接待外国游客7800多万人次,超过法国人口总数。2014年,法国文化企业约37800家,占法国企业(不包括农业、服务业和保险业)总数的8%,员工人数占全国总数的2%。2015年,法国文化产业产值430亿欧元,占法国经济总量的2.2%,如将直接和间接文化产品全部计算在内,则高达870亿欧元。2019年,法国人在文化和体育上共消费了近1000亿欧元。如果从附加值角度推算,同时扣除中间环节消费,法国文化产业经济规模接近500亿欧元,其中视听音像领域占比逾25%,图书和出版占15%,演出占15%,博物馆和名胜古迹占10%。可见,法国的文化产业十分成熟,文化市场十分繁荣,文化产业在法国经济体系中发挥着至关重要的作用。

从表15-4的数据也可见一斑,法国文化产业的增加值总体呈现上升趋势,占GDP比重比较稳定地保持在2.2%—2.4%。2020年受疫情影响,文化产业中市场部门包括比重较大的视听音像、图书和出版、广告等下降幅度较大,非市场部门如教育、非物质文化遗产等保持上升趋势。

表15-4 法国1995年、2014年、2019年、2020年文化产业产值分布

领域	产业增加值(单位:10亿欧元)				占GDP比重(单位:%)			
	1995年	2014年	2019年	2020年	1995年	2014年	2019年	2020年
视听音像	6.3	12.6	13.7	12.5	0.57	0.66	0.67	0.59
演出	3.0	6.9	6.6	6.7	0.27	0.36	0.32	0.32
图书和出版	7.6	7.9	7.2	6.7	0.69	0.41	0.35	0.32

(续表)

领域	产业增加值(单位:10亿欧元)				占GDP比重(单位:%)			
	1995年	2014年	2019年	2020年	1995年	2014年	2019年	2020年
广告	2.6	4.9	5.8	5.2	0.24	0.26	0.28	0.25
非物质文化遗产	1.2	4.2	4.6	5.1	0.11	0.22	0.23	0.24
建筑	1.6	3.0	3.8	6.2	0.15	0.16	0.19	0.30
视觉艺术	1.4	2.6	3.8	4.1	0.13	0.13	0.19	0.20
教育	1.3	1.8	2.2	3.1	0.12	0.10	0.10	0.15
总计	25.0	43.9	47.7	49.6	2.28	2.30	2.31	2.37

数据来源:法国文化统计局。

从法国文化产业价值与经济总量变化指数来看,法国文化产业的发展趋势与整体经济的发展趋势同步性较高,增速略小于整体经济(见图15-5)。次贷危机时期,法国文化产业增长趋势整体稳定。

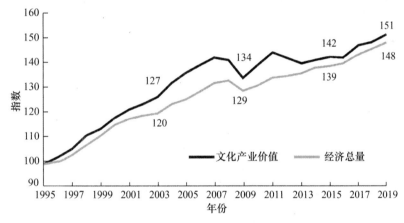

图15-5 法国文化产业价值与经济总量变化指数(以1995年为基期,基数为100)
数据来源:法国文化统计局。

此外,法国的文化产业也带动了法国的就业。表15-5数据显示,2000—2016年,法国的平面艺术、时装及装饰行业的就业人数相对于其他行业来说增长速度较快,从2000年的50040人增长到2016年的110170人,表演行业就业人数从2000年的110108人增长到2016年的183579人。2016年,法国境内就业总人数27333263人,文化产业就业人数占比在2.2%左右。2019年,法国文化产业就业人数达720700人,占劳动人口的2.7%。

表 15-5　2000—2016 年文化产业就业人数　　　　　　　　　　（单位：人）

年份	平面艺术、时装及装饰行业	表演行业	文学行业	艺术行业	档案、文件保存行业	总计
2000	50040	110108	75702	43505	49244	432692
2001	46638	113270	77255	42605	48288	437667
2002	54078	119397	78688	37977	39487	444546
2003	70007	125316	76443	33977	32251	451669
2004	83869	131519	77956	31325	27556	469816
2005	89862	136577	77702	30280	30005	490916
2006	94697	136731	78406	29864	32010	507298
2007	96316	144111	77312	27162	30617	512554
2008	98180	150523	76159	27845	29007	520563
2009	96827	156942	80007	27607	27422	536015
2010	107254	158702	85492	29393	27089	558694
2011	114302	165994	88081	30111	26040	572526
2012	114326	178225	87330	30729	24256	582231
2013	106437	183642	79622	31629	25780	578825
2014	101029	184108	79345	29073	24786	572916
2015	106535	182104	73771	23620	24255	569969
2016	110170	183579	87279	27365	22739	600213

数据来源：法国文化统计局。

三、文化基础设施完善

法国政府非常重视文化基础设施建设，并通过财政预算拨款支持文化部兴建包括图书馆、剧场、博物馆等公共文化基础设施。以法国展馆数量为例，由表 15-6 可知，法国展馆数量在 2000—2016 年总体呈现上涨态势。其中，博物馆数量虽然在 2000 年后锐减，但随后又逐渐恢复到原有数量，2016 年又大幅下降；展览馆数量整体呈现稳步增长态势；图书馆数量呈波动减少态势。

表 15-6　2000—2016 年法国展馆数量　　　　　　　　　　（单位：个）

年份	博物馆	展览馆	图书馆
2000	1558465	812233	1915270
2001	1292469	1089070	1974465
2002	1242253	1226901	1968992
2003	1150958	1332009	1889164
2004	1275029	1314796	1849292
2005	1127919	1199417	1763690
2006	1119525	1450994	1477002

(单位:个)(续表)

年份	博物馆	展览馆	图书馆
2007	1212832	1372869	1614018
2008	1314664	1434220	1603058
2009	1499401	2034457	1432973
2010	1525921	1606921	1479198
2011	1537203	2075873	1508620
2012	1627751	2163728	1575930
2013	1525768	2221131	1462779
2014	1577704	1879201	1410664
2015	1522623	1536720	1289211
2016	1345206	1990303	1260889

数据来源:法国国家统计局。

截至2019年,法国影视、传媒、历史文化及教育细分行业的文化基础设施分布广泛,且地区资源分布较为均衡(见表15-7)。

表15-7 法国2019年各地区文化基础设施分布 (单位:个)

地区	展馆	纪念馆	公园	影院	阅读场所	剧院	演播厅	马戏团	音乐学院、舞蹈和戏剧学院
阿尔卑斯	142	7	28	324	914	80	21	4	56
法兰西县	108	3	31	91	265	24	12	1	21
布列塔尼	39	4	22	122	519	33	11	2	19
中央大区	66	10	30	68	177	17	9	—	14
科西嘉	11	—	2	22	5	3	1	—	2
大东部大区	133	4	47	122	382	47	21	1	26
瓜德罗普	5	—	5	5	8	1	—	—	—
圭亚那	3	—	—	4	3	2	1	—	1
列万	92	4	27	117	530	40	13	3	29
大巴黎地区	148	19	31	312	565	270	25	2	158
留尼汪	6	—	1	7	33	4	1	1	1
马提尼克	7	—	4	2	9	1	—	—	1
诺曼底	95	3	41	102	273	39	15	3	25
克勒兹	118	12	54	232	606	53	23	3	28
勒皮	143	12	31	209	510	40	19	4	20
卢瓦尔	58	3	18	127	384	34	11	1	17
普罗旺斯	127	11	44	197	346	36	18	3	32
法国总体	1301	92	416	2063	5531	724	201	28	450

数据来源:法国国家统计局。

四、文化遗产丰富

法国文化遗产品类丰富,其中雕像、绘画、教堂等数量众多,具有丰富的历史和人文底蕴(具体见表15-8)。据统计,法国有约1.4万座古代建筑和遗址,配上大量的非物质文化遗产,每年都吸引了许多游客,为法国经济注入能量,也成为法国文化产业鲜明的特点与重要的组成部分。截止到2023年初,仅法国建筑文化遗产就包括了1200多家各级博物馆,约100座国家纪念碑,45730座建筑被列为历史古迹,1600座当代建筑被列为杰出当代建筑。非物质文化遗产方面,2022年,法国国家级非物质文化遗产共有519项,26项被列入联合国教科文组织非物质文化遗产名录。

表15-8 法国2010—2016年文化遗产数量 （单位:项）

领域	2010年	2011年	2012年	2013年	2014年	2015年	2016年
雕像	27912	27978	28047	28085	47151	47319	47435
绘画	20544	20637	20608	20635	20672	20709	20830
教堂	18963	19009	19046	18937	15552	15635	15664
宗教物品	16262	16398	16467	16594	16020	16102	15998
皇家遗产	10810	10886	10930	10952	10973	11000	11036
织物和挂毯	4038	4087	4103	4102	4149	4174	4224
民间艺术遗产	3029	3040	3052	3069	2392	2441	2441
彩画玻璃窗	2922	2942	2956	2923	2925	2925	2925
工业、科学和技术遗产	1578	1606	1618	1733	1787	1793	1861
乐器	1972	2147	2148	2155	2155	2175	2175
总计	112996	113769	114044	114241	128707	129333	129652

数据来源:法国国家统计局。

法国古迹遗产丰富,且在欧洲地区深受认可。1987年,欧洲委员会为促进更好地了解、理解和欣赏欧洲文化特性,体现共同的文化遗产,提出"文化路线",目前欧盟认可的文化路线共48条,覆盖60多个国家或地区,其中,法国涉及31条文化路线,是涉及文化路线最多的成员。2013年以来,欧盟每两年为在欧洲历史中有象征意义的遗址授予欧洲遗产标签,目前共有48处欧洲遗址获欧洲遗产标签,其中5处为法国遗址。

五、文化产业财政预算支持高

近10年来,法国文化产业财政预算总体上变化较为平缓,2011年法国文化产业财政预算为 73.68 亿欧元,2021 年为 75.37 亿欧元。2011—2021 年,文化产业财政预算最高为 2017 年(75.43 亿欧元),2017 年的涨幅也是最大的(3.70%)(见图 15-6)。

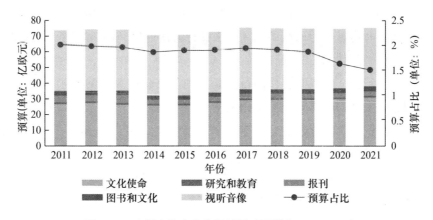

图 15-6　法国文化产业分领域财政预算(2011—2021)
数据来源:法国文化统计局。

从图 15-6 可见,法国政府对不同文化领域的财政支持力度具有不同的变化趋势。文化使命部分预算总体上呈现平稳上升趋势,2011 年为 27.89 亿欧元,2014 年最低为 26.95 亿欧元,2021 年最高为 32.12 亿欧元。有关研究和教育的财政预算呈现下降趋势。报刊部分财政预算下降明显。视听音像部分财政预算总体上波动下降,但在文化财政预算中占比较高,这与法国文化产业中视听产业产值高、比重大相呼应。图书和文化部分财政预算变化比较平稳。

法国文化产业财政预算占比在 2020 年之前都比较稳定,保持在 2% 左右,但是 2020—2021 年下降较为明显,虽然预算总额并未明显下降,但是由于突发新冠疫情,世界各国均制定了积极的财政政策以应对突发公共事件,导致全年法国政府总预算急剧上升,因而文化财政预算占比有所下降,2021 年占比最低,为 1.52%。法国文化产业总值在 2020 年下降幅度大于法国 GDP 下降幅度,这与文化产业财政预算占比下降有关。

六、文化产业发展差异化

法国文化产业在全球有着很高的地位,但并不是所有细分领域都是全球领先的,法国文化部门发展存在着明显的差异性。视听音像类文化产品是法国文化部门产值最高的,据文化部数据,在疫情前的 2018 年,视听音像类文化产品总产值达 318 亿欧元,占文化产业总产值的 33.1%,其次分别是图书和出版(17.2%)、广告(12.4%)、演出(11.5%)、视觉艺术(8.7%)、非物质文化遗产(8%)、建筑(6.4%)、教育(2.8%)。这些部门中,视听音像部门生产的附加值也是最高的,为 277 亿欧元。教育部门生产的附加值产值比最高,达 81.5%,其次分别是建筑(62.3%)、非物质文化遗产(59.7%)。视觉艺术是出口最多的部门,国际竞争力较强,占文化产业总出口近八成。

  法国文化的关键词中,"时尚"是必不可少的,虽然文化部总收入数据中很少提及其有着悠久历史的时尚与奢侈品行业生产数据,但深受法国文化影响,文化部会通过资助有助于提升法国时尚影响力的组织和项目来支持时尚创作、研究和创新,通过举办一年一次的时尚论坛、开放时尚工艺品的网页展览等体现专业知识水平的活动和项目来重视时尚与奢侈品行业。时尚与奢侈品行业是法国与文化相关的制造业中出口最好的,体现了法国文化发展的经济效应。法国的时尚与奢侈品生产在全世界处于领先地位,占据世界总市场的7/15,拥有超过4500家时尚企业,提供了60多万个工作岗位。表15-9列举了部分法国享誉世界的奢侈品品牌,都有着悠久的历史。德勤《2020全球奢侈品力量》报告显示,2019年,法国奢侈品集团酩悦·轩尼诗—路易·威登(LVMH)再度荣膺全球头号奢侈品公司称号,销售额37多万亿美元,年增长16.8%,净利润率14.5%;排名第二位的是法国的开云集团(Kering),销售额17万亿美元,年增长16.2%,净利润率14.7%。法国奢侈品集团的销售额贡献了全球奢侈品百强总销售额的28.3%。① 纪梵希、迪奥、路易威登都是LVMH集团下的品牌,LVMH集团业务涉及珠宝、高级定制服装、葡萄酒、化妆品、香水、精品零售等多个奢侈品行业,2016年全球员工人数超13万人。Kering集团拥有圣·罗兰、巴黎世家、宝诗龙等品牌,2016年全球员工人数超4万人,收入超124亿欧元。②

表15-9 法国时尚知名名牌

品牌	创立时间	创立人
纪梵希(Givenchy)	1952年	于贝尔·德·纪梵希
圣·罗兰(Saint Laurent)	1962年	伊夫·圣·罗兰
巴黎世家(Balenciaga)	1917年	克里斯托巴尔·巴伦西亚加
兰蔻(Lancome)	1935年	阿曼达·珀蒂让
迪奥(Dior)	1947年	克里斯汀·迪奥
路易威登(Louis Vuitton)	1854年	路易·威登
香奈儿(Chanel)	1910年	嘉柏丽尔·香奈儿
爱马仕(Hermes)	1837年	蒂埃利·爱马仕
宝诗龙(Boucheron)	1858年	菲德烈克·宝诗龙

数据来源:根据网络资料整理。

---

① 德勤.2020全球奢侈品力量[J]. https://www2.deloitte.com/content/dam/Deloitte/cn/Documents/consumer-business/deloitte-cn-cb-global-powers-of-luxury-goods-report-2020-zh-210119.pdf.
② 苏昉.法国奢侈品产业发展趋势与运营策略[J].法语国家与地区研究(中法文),2018,(1).

七、疫情与法国文化活动

2020年3月,受新冠疫情影响,法国开始进行封锁,许多国家文化设施在2020年对公众关闭了200多天,2021年又关闭了120多天,文化产业各方面不可避免地受到冲击。

2020年,法国住宿和餐饮业损失较高。住宿和餐饮与旅游息息相关。根据法国文化部报道,2022年对法国15岁及以上人群进行调查,发现对户外活动的偏好(66%)、害怕感染病毒或传播病毒(56%),以及在较低程度上不愿戴口罩(35%)或出示健康通行证(19%)成为法国人限制文化出游的主要因素。其他因素,包括远程办公、数字休闲在疫情中的高速发展,也影响了人们在文化或娱乐场所的出勤率,尤其是高级管理者、年轻人和有孩子的夫妇受影响最大。不过,尽管疫情对文化出游产生了较大的影响,法国文化部对未来的文化出游还是充满信心的。2022年,法国博物馆游客数达2850万人,与2021年相比增长142%,与疫情前(2019年)相比仅下降15%;国家古迹游客数超过1000万人,也高于2021年,接近2019年水平。国际游客比例有所回升,凡尔赛宫的国际游客数占总体游客数的77%,卢浮宫的游客数约52万人,相较2019年增加了7%,其中国际游客占比70%。

除了文化部门的经济数据受到疫情影响,非商业文化活动也受到影响。关于疫情后各级图书馆的使用情况,法国文化部与高等教育部对2020—2021年数据进行了统计,并于2022年1月31日至2月15日对地区和大学图书馆以及国家图书馆(BnF)、公共信息图书馆(BPI)、科学与工业图书馆(Univers Science-BSI)进行了抽样调查,结果显示,2019—2020年,所有图书馆的出勤率都显著下降,2021年出现反弹,但并未回到疫情前水平;相反,图书馆数字活动在2020年显著上升。[1]

---

[1] 资料来源:https://www.culture.gouv.fr/Thematiques/Livre-et-lecture/Actualites/Les-effets-de-la-crise-sanitaire-sur-l-activite-des-bibliotheques-francaises-en-2020-et-2021。

第十六章
法国文化产业经济支持政策

第一节 法国文化产业的管理机构

一、中央政府文化领导机构

法国文化部是管理法国文化事务的中央行政部门,成立于 1959 年,当时称为文化事务部,于 2010 年 1 月 13 日重组为文化部。它对法国全国的文化事务有着很高的管理权限以及很全面的管理职责,包括制定相关法律政策、负责相关预算制定与使用、管理重点文化设施、组织与保护文化古迹古物、推动文化创作、普及国际交流。其管理的重点文化设施包括举世闻名的卢浮宫博物馆、巴黎国际歌剧院等,这些机构的行政领导任命、经费拨款都由文化部负责。

法国文化部中央行政部分主要由总秘书处,遗产和建筑总局,艺术创作总局,媒体和文化产业总局,传播、领土和文化民主协调委员会,法语和法国地方语言协调委员会组成。

总秘书处(SG)的主要使命是协助文化部部长管理文化部,并协调跨领域文化政策。具体事务包括确保文化部人员招聘等人力资源政策的一致性,制定与落实文化部预算,负责税务、赞助、对外交流、公司社会责任等法律政策的制定与实施,组织协调文化部数字化转型,负责数据管理,以及进行前瞻性评估研究。

遗产和建筑总局(DGPA)由法国博物馆(DMF)、法国档案馆(DAF)、建筑和遗产局(DAPA)于 2010 年 1 月组成,主要使命是识别、研究、保护、保存和加强法国的建筑、家具、城市、考古、人种学、摄影遗产、历史古迹和遗址、公园和花园以及艺术财富,加强法律与监管控制,向民众开放法国古迹文物,确保建筑的艺术性与质量,监管附属公共机构与地方服务部门。

艺术创作总局(DGCA)的主要使命是支持不同级别视觉艺术和表演艺术的公共机构的创建并对其运营进行监督,包括国家戏剧中心、国家舞台等,制定与视觉、表演艺术相关的教育、创作、传播等政策。它是音乐节等重大国家艺术活动的发起者。

媒体和文化产业总局(DGMIC)负责制定、实施和评估有利于媒体、音乐、书籍和阅读、数字平台以及其他文化产业发展和文化多元化的国家政策。

传播、领土和文化民主协调委员会（DG2TDC）旨在向法国民众传播法国文化，尊重与确保法国领土上所有公民都有感受、参与文化的权利。

法语和法国地方语言协调委员会（DGLFLF）负责制定和协调有利于保持社会凝聚力的国家语言政策，并兼顾社会文化多样性。DGLFLF 能动员一系列公共或私人合作伙伴参与促进法语应用和法国语言多样性，在国际交流活动中推广法语与法国地方语言。

二、地方文化领导机构

文化部是法国统一领导机构，有三种地方性、分散的机构与服务组织协助其开展文化工作，包括区域文化事务局、公共机构和国家服务机构。

区域文化事务局（DRAC）分管其所在大区的文化事业国家拨款，大区分管局长由中央政府派任，但同时受地方政府领导。在大区下，各省、市镇也有不同层级的地方文化领导机构，这些机构一定程度上负担法国公共文化经费，提供文化设施，推动文化机构发展，支持地方文化活动。

公共机构（EP）大多是行政性质的，如国家图书馆、公共信息图书馆、国家纪念碑中心、凡尔赛宫等。公共机构也有部分是工业和商业性质的，如国家音乐中心、国家舞蹈中心等。与文化部的中央行政部门相比，这些机构享有一定的行政和财政自主权，以完成具有普遍利益的使命。

国家服务机构（SCN）是具有国家权限的服务介于中央行政和地方行政之间的机构。事实上，这些服务具有国家性质，与分散的服务不同，其执行不能下放到地方行政。但它们也与中央服务不同，因为它们的任务具有"业务性质"。相对于文化部直接领导的部门来说，SCN 享有一定的自主权。SCN 包括国家博物馆、卢浮宫、历史古迹研究实验室、国家档案馆等。

第二节 法国文化对外政策中的文化例外与文化推广

法国非常重视对本国民族文化的保护，并把文化发展确立为基本国策之一。1993 年，在《关贸总协定》谈判中，法国率先提出了"文化例外"原则，认为文化产品不应该被认定为一般服务性贸易，要保证贸易国文化政策的实行空间和灵活性，以保护本民族文化不被外来文化冲击。在法国的倡议和推动下，1994 年，欧盟取消了在《关贸总协定》豁免清单中对符合欧洲原产地标准的视听音像类产品的最惠国义务，法国两项新闻机构和出版机构服务也额外出现在《关贸总协定》欧盟豁免清单中。2005

年,联合国教科文组织通过了《保护和促进文化表现形式多样性公约》,法国为代表的多国在此后多次提到"文化例外"原则应扩展到视听音像类产品以外的文化产品,但被欧盟委员以这一提议与以前的协议中已经作出的承诺相一致为由拒绝。2013年,法国又再次出台《文化例外2号法》,并倡议将数字领域文化产品纳入"文化例外"原则。

法国强调"文化例外"可以说是从世界范围的角度支持并推崇对文化多样性的保护。在法国境内,对自身文化的多样性也是高度重视的。语言是文化的载体,法国的多语言环境也彰显了法国对文化多样性的保护和包容。在法律上,法语是官方语言,法国也是一个单语国家,但在法国各地各种语言都得到应用。法国文化部数据显示,法国本土仅有54%的人口只会说法语,其他会多种语言,其中会英语的最多,占法国本土人口的31%。法国本土书籍、电视节目、咨询信息使用法语以外语言的占比分别为13%、16%和21%。法国海外领土(瓜德罗普、马提尼克、留尼汪、圭亚那和马约特)仅使用法语的人口比例更低,在3%到26%之间,会英语的比例较低,占11%到22%,但使用克里奥尔语等地方语言的比例很高,在电视以及新闻中使用法语以外的语言的比例也较高,如瓜德罗普电视台中使用其他语言的比例达58%。[①]

虽然高度重视对民族文化的保护,支持文化多样性,但法国也一直在推动法国文化的国际推广与传播。为更好地推广法国文化,法国尤其重视法语的推广与应用。1986年,法国主导并推动了"法语国家"组织的成立,以扩大法语和法兰西文化的影响。法国还通过向世界各地提供法语教师、鼓励跨国法语文化交流活动、创建法语卫星电视节目等方式,向世界各地推广法语应用、传播法国文化与价值观。

第三节 法国文化产业经济支持政策

一、财政投入

法国通过各级政府对文化活动进行资助与扶植,其力度在世界范围内是比较高的,占总体财政预算的1%左右。表16-1为2010—2018年法国文化部财政投入情况,数据显示,这一期间,法国政府对文化产业的投入平均高达3765.9万欧元,总体投入受全球金融危机与欧洲债务危机等影响呈下降趋势,从2010年的4227.5万欧元下降到2018年的3603.6万欧元。但随着经济复苏,2016—2018年,法国文化部财政投入连续三年增长。

[①] 数据来源:法国文化部。

表 16-1 2010—2018 年法国文化部财政投入情况　　　　（单位：万欧元）

行业	行业细分	2010	2011	2012	2013	2014	2015	2016	2017	2018
文化遗产保护	历史遗址及保护	392.0	378.9	377.5	329.3	332.2	328.9	324.1	334.5	332.9
	建筑艺术	22.5	25.6	27.8	28	27.9	27.9	29	31.7	32.1
	博物馆	346.0	371.9	378.5	375.8	339.6	339.7	338.5	358.3	350.7
	遗产档案和国家庆典	68.2	65.4	48.9	25.2	27.1	24.8	28.4	29.2	36.5
	语言遗产保护	2.5	2.6	2.6	2.6	2.6	2.9	3.0	3.2	3.2
	收购和藏品开发	18.5	16.6	16.7	8.6	8.4	8.4	8.9	10.0	9.5
	考古	6.2	6.9	9.5	7.3	8.8	19.7	137.9	133.0	132.5
文化创意	表演艺术创意、制作和传播	666.5	663.9	718.9	712.9	683.7	669.6	676.4	701.3	704.9
	视觉艺术创意、制作和传播	57.0	72.9	69.0	62.5	63.5	66.5	71.0	77.2	74.0
知识传播和文化民主化	高等教育和职业教育	219.0	224.9	226.5	232.2	248.9	264.8	262.8	274.3	265.3
	艺术和文化教育	33.5	31.5	31.9						
	特殊教育学校	29.50	29.5	29.2	22	15.0				
	促进文化获取的各项措施	54.0	54.6	52.0						
	国际文化交流与合作	17.5	9.3	9.2	6.2	6.1	6.1	6.6	8.4	8.2
	文化和通信部的其他职能活动	744.0	726.7	730.6	741.8	740.0	747.7	758.3	776.4	794.1
文化科学研究	文化研究	9.3	9.3	9.3	8.7	8.8	8.9	8.8	9.9	10.2
	文化科学和技术	113.2	115.7	114.7	109.9	105.8	108.4	113.4	106.7	101.7
新闻出版和文化产业	订购国家对外文化节目	113.4	115.4	117.5	119.6	123.0	126.1	127.5	132.5	131.5
	资助新闻出版业	304.4	304.5	272.8	145.8	134.1	130.2	127.8	125.9	118.5
	图书和阅读	254.9	252.8	263.3	255.1	251.3	258.6	257.3	260.3	255.4
	文化产业	30.3	26.0	11.7	12.4	10.5	10.4	16.0	16.4	15.3
音像视听和广播节目多样化	传统电视节目	457.9	389.9	423.9	255.9	112.7	160.4			
	数字电视节目	40.0	105.9							
	地方无线广播	29.0	29.0	29.1	29.2	29.0	29.2	29.0	29.1	29.0
总计		4227.5	4261.2	4121.3	3723.5	3515.2	3428.3	3433.4	3579.4	3603.6

数据来源：法国文化统计局。

文化部为法国中央行政部门,但法国对文化部门的投入其实有很大一部分来自地方。2020年,法国地方当局的文化支出为87亿欧元。这个数据在2015年至2019年增长了17%,2020年受疫情影响下降了7%,但仍高于2015年。2020年,地方当局的文化支出中80%用于运营,20%用于投资,具体数字因部门类型不同而不同。

二、立法保护与税收优惠

除了财政支持,法国也通过立法对文化活动进行扶植与管理。为更好、更细致地管理与引导法国文化发展,法国采用单行法模式,具体如表16-2所示。

表16-2 法国文化产业立法汇总①

文化产业单行法	文化遗产	《保护及修复历史遗迹法》《古迹保护法》《建筑法》《博物馆法》
	图书出版	《图书单一价格法》《出版自由法》《交流自由法》
	广播电视	《电台和电视法》《视听产品保护法》
	新闻传播	《新闻法》
	语言保护	《法语使用法》
	文艺教育	《艺术教育法》
	知识产权	《著作权法》《文化艺术产权法》《知识产权法典》
	数字文化	《创新与互联网法》《文化例外2号法》
相关法	财税支持	《文化赞助法》《电影资助法》《预算法》
	人才支持	《文化宪章》
	文化管理	《外省化法》

这种分领域的立法模式有利于政策与产业发展更灵活、更具针对性和专业性,也符合法国文化产业发展差异化的特征,能更好地迎合法国的文化战略。当然,分领域的立法模式也存在一定的缺点,不利于整体文化层面政策的统一。文化部十分重视各部门的合作,文化部总秘书处便是协调各文化部门合作的主要机构,同时当其行动涉及非文化领域时,也会联合其他部门专业人士,成立工作小组,共同协作。例如,在讨论"文化例外"原则覆盖数字领域问题时,文化部联合了外交部;在讨论数字战略安全问题时,文化部联合了国防和安全官员。

法国政府除了通过各文化专业领域的单行法对古迹文物、文化版权等进行保护和引导外,还从财税、人才支持等方面对文化产业提供了许多支持。

首先,政府对文化企业给予税收优惠。比如,对新闻出版物仅征收2.1%的销售增值税,对其他出版企业征收5.5%的增值税,对一些演出征收5%的增值税,这些都比对

---

① 蔡武进,彭龙龙.法国文化产业法的制度体系及其启示[J].华中师范大学学报(人文社会科学版),2019,58(2).

普通商品征收的19.6%的增值税低很多。但这种优惠也不是对所有文化产业都一视同仁。对于一些与法国所推崇的价值观相悖或者违规的文化产品，法国会增收特殊附加税，并专款专用于符合法国文化价值观的文化产品或文化活动中。

其次，为推广法国文化，政府通过税收鼓励本国文化产品出口。法国会对符合规定的文化产品出口免征增值税、全额退税，以此定向鼓励部分文化产品的全球推广，增强国际竞争力。

最后，法国政府对于赞助文化活动的企业，会根据赞助内容与金额等给予3%左右的税收减免。对向公众开放历史古迹的私人所有者的总收入按规定扣除或免除与古迹相关的土地费用、转让税等，以税收优惠方式改善文化产业发展空间。

在用有强制力的法律保护、推动文化产业发展之余，法国政府也通过一些其他政策加强文化在普通民众中的传播，同时从民间吸收力量推动文化产业。比如，1984年起，法国首创了文化相关的法定节日——文化遗产日。除了国家级的文化节日，法国政府也鼓励设立不同规模、不同范围的临时或长期的文化节日。2019年，法国全境举办了7300个文化节日活动，20%与音乐相关，22%与现场表演相关，12%与书籍和文学相关，9%与电影相关，6%与多学科相关，5%与视觉和数字艺术相关。7300个节日中，市镇级别的节日数量较多，但从涉及人口的角度看，农村部门的节日涉及人口较多。①

2017年12月，法国创建了遗产乐透，为濒危遗产的保护修护工作寻找新的资金来源。至2022年底，5200个濒危遗产申请资金，745个项目被批准，其中220个项目已经完成，240个正在进行中，共涉及资金5.5亿欧元。

第四节　文化产业数字转型支持政策

随着科技进步、数字信息产业蓬勃发展，法国对文化数字技术的发展也十分关注。据法国文化部统计，2010年，在70%的国内在线人口中，48%的人在一年中至少进行了一次在线购买，其中29%是文化购买；2018年，在86%的国内在线人口中，61%的人在一年中至少进行了一次在线购买，其中32%是文化购买。

为了更好地应对文化产业数字化的发展，首先，法国于2013年提出将"文化例外"原则中的文化产品扩展到数字领域的倡议，并发布了《文化例外2号法》。其次，法国文化部加强了对数字信息技术应用于文化发展以及文化管理领域的安全问题的考量。2017年，联合国教科文组织通过了关于在数字环境中执行《保护和促进文化表现形式多样性公约》的准则，法国积极响应，2019年，法国文化部与外交部联合成立由数字环境专家组成的工作组，就如何执行数字环境下的公约起草了报告。2020年12月31

---

① 数据来源：https://www.culture.gouv.fr/Thematiques/Etudes-et-statistiques/Publications/Collections-de-synthese/Culture-etudes-2007-2023/Cartographie-nationale-des-festivals-CE-2023-2。

日,法国文化部总秘书处发布了关于领导和协调文化部下属组织的数字战略,由总秘书处负责文化部信息和通信系统的开发、维护和运营,指导项目管理工作。总秘书处将与高级国防和安全官员合作,定义信息系统安全规则,并确保其实施;同时组织文化部及下属部门在文化数据和内容的库存、治理、生产、流通和利用方面的行动,以确保文化部数据库的统一。尤其是2020年爆发的新冠疫情加速了数字文化的发展,文化部对由此产生的内容生产不稳定、用户资源获得不平等、数字文化可持续发展等问题给予了关注。

除了安全问题,法国政府也关注数字技术对文化产业发展、文化产品创新的影响。文化部总秘书处建议主管部门在文化政策中考虑数字技术,并协调与数字技术对文化政策的影响有关的跨领域问题,建议采取行动支持数字创新。法国政府提出了第四个未来投资计划(PIA4),涉及资金200亿欧元,完全致力于支持2021—2025年的创新、研究和高等教育。这个计划旨在为法国提供必要的战略产业,以保持其独立性、竞争力,扩大就业市场。该计划中有4亿欧元将专门用于文化产业的数字与生态转型战略。

第十七章
法国文化产业财政扶持的出口效应实证分析

法国有关文化保护的政策涉及不同细分领域,也有不同的政策类型。本章选择以宏观且统一的财政预算为法国财政扶持力度的切入口,以法国重视的文化推广为观测目标,通过文化产品出口情况分析法国经济支持政策对其文化产业发展的影响。

第一节 文化产业财政扶持的理论依据与文献综述

一、文化产业发展的影响因素

(1)政策支持

许多学者通过研究发现,文化产业溢出兼具经济与非经济层面的效益,文化输出是彰显国家文化实力与全球文化影响力的重要形式(Throsby,2004),而积极的财政政策对于行业的产出以及外溢具有显著的促进作用(Auerbach and Gorodnichenko,2013),政府对于文化事业的财政扶持是推动文化输出的重要途径。

第一,积极的文化经济政策传达积极信息。政府的经济扶持政策、财政预算规划能够反映政府的政策取向,从支出安排上看,若一个部门的政府财政投入增加,则表明政府鼓励其发展,可以为公众传递一种积极信号(Kleer,2010),在一定程度上能够引导产业创新和产业集聚的形成,促进文化产业升级(戚骥,2018;杨洁等,2021)。

第二,经济政策调节供需关系。增加文化产业的财政预算对行业中的物质资本与人力资本投入都有正效应(金雪涛等,2015),有效提高了文化产业增加值(顾海峰、卞雨晨,2021),从而增加了文化产业的供给。积极的财政政策能有效提高公众对于文化产品的需求(Borowiecki and Navarrete,2018)。

第三,经济政策优化社会资源配置。政府通过制定财政政策吸引社会资本参与文化产业投资,有效缓解了文化企业进行产品研发的融资压力(杨向阳、童馨乐,2015),从而增强了文化产品的研发力度,提高了文化产品的竞争力(吕志胜,2012)。同时,财政支出也能够从地方层面优化和深挖区域文化生产要素资源,为文化企业发展营造良好高效的政策环境(周凯、高玮,2017),从而促进文化企业与地方经济发展(贺达、顾江,2018)。

也有学者从财政支出分配不均衡、财政分权、管控过严的角度讨论政府行为阻碍文化产业发展的可能性(蒋萍、王勇,2011;金雪涛、潘苗,2013;周莉等,2015;Vitkauskaite,2015)。

(2) 技术进步与创新

文化产业的发展受技术进步的影响(马箭、陈子华,2014),而且文化产业的文化特性使得其更需要文化创新、经营管理人才,文化企业的结构性和根本性创新能帮助文化产品迅速市场化,从而推动文化产业迅速发展(王德高等,2011;向勇、喻文益,2011;张洁,2013)。

以往文献中,许多学者通过定量模型对技术进步与文化产业发展作出实证研究。例如,运用三阶段DEA模型分析文化产业投入产出效率,发现全要素生产率的提高会对文化产业发展产生正向影响(王家庭、张容,2009;张仁寿等,2011;戴祁临、安秀梅,2016)。

(3) 市场环境与产业生态

已有文献表明,文化产业所面对的整体市场环境,包括经济发展水平、市场机制的完善程度以及产生链的整合情况都会影响文化产业的发展。

首先,我们梳理了经济发展对文化产业的影响的相关文献。从微观上看,经济发展水平的高低直接影响文化产品购买力、文化工作者收入,间接影响人力资本和基础设施水平,而这些因素都会影响微观文化企业的生产效率,最终影响文化产业的发展(王家庭、张容,2009;蒋萍、王勇,2011;向勇、喻文益,2011;黄永兴、徐鹏,2014;肖卫国、刘杰,2014)。从宏观市场角度分析,较快的区域经济发展与较完善的市场机制能够使资源得到更有效的配置,增强了文化企业竞争力(郑春荣,2010;王德高等,2011;马跃如等,2012)。

其次,我们梳理了文化产业生态对文化产业的影响的相关文献。文化产业的产业链延伸能体现文化产品的高附加值,其产业链整合在提高潜在进入者的成本的同时,保护了在位厂商的利益(王克岭等,2013),给文化企业带来新的发展机遇(戴祁临、安秀梅,2018)。

不过,也有学者提出不是所有的文化产业链整合都能促进文化产业发展。袁海和吴振荣(2012)通过对中国省域文化产业数据进行分析,认为建设文化产业园区在促进产业链集聚的同时,并未有效提高东部地区文化企业效率。

(4) 文化企业自身的特征

文化产业是由文化相关的企业所组成的,文化企业自身的特征在直接影响文化企业的同时,也会直接或间接影响文化产业发展。

企业规模的大小会影响企业资源配置的效率、得到资源的可能性以及整合产业链条的机会(郑春荣,2010;蒋萍、王勇,2011;袁海、吴振荣,2012;郭淑芬等,2014)。但是企业扩大经营规模和多元化经营在引发集聚效应的同时,也会因降低竞争、规模报酬递减等不利于企业发展(束义明,2011;王海成等,2023)。文化产业的市场供需难以预测(李华成,2012),固定资产比例低(林丽,2012),知识产权保护困难(郑春荣,2010;刘金林,2013),还有一定的行政性壁垒和体制壁垒(张凤华、傅才武,2013),导致文化企业融资困难,而融资约束会抑制企业扩张与发展(王德高等,2011;王金秋等,2019),最终成为制约文化产业发展的重要因素。文化的重组并购能够通过实现规模经济(王乾厚,2009)、发展全新的业务模式与刺激技术创新(潘爱玲、邱金龙,2016)、完善产业链、提高效率,推动文化产业发展。文化企业的公司治理,包括管理能力(姚立杰、周颖,2018)、薪酬激励(李鑫、李香梅,2014)、股权结构(孙万欣、陈金龙,2013)、企业性质(孔东民等,2017)等都能通过影响企业生产效率,对文化产业发展产生作用。

二、文化产业支持政策的理论依据

从外部性理论与公共产品理论来看,政府引导文化产业的发展具有必要性。不同于其他产业门类,文化产业兼具非经济属性的意识形态属性和经济属性的一般商品属性,具有很强的外部性(社会化收益、未来效应、同伴效应和经济效应)(计国忠,2004),并且文化产品有一定的公共产品属性(Hesmondhalgh and Pratt,2005),市场在进行资源配置时可能会出现失灵现象。

(1) 文化产品及行业的外部性

首先,文化产品对其购买者本身是存在外部性的。文化产品的个人效用存在溢出,其内涵的价值观和人生理念等,使其具有广泛的外部性(路春城、綦子琼,2008;肖建华,2010),并且这种外部性难以准确衡量,使得文化产品的实际效用高于市场价值。这种由于产品使用者个人效用的溢出而产生的外部性,使得文化产品的商品价值存在被低估的情形,而政府的调节可以避免市场无法正确定价而导致资源错配的问题。

其次,文化产品不仅对个体的使用者存在外部性,还能通过同群效应(peer effects),对产品购买者、使用者以外的同群者产生整体社会性的外部溢出。正向引导的文化产品所产生的正向的非经济效应需要经济支持政策给予激励,以纠正市场纯经济导向的资源配置方式。

此外,文化产业对整体宏观经济也是存在外部性的。文化产业发展对其他产业存在溢出影响,部分文化产品存在知识传播、文化传承等功能,有利于其他相关产业的发展与人才储备,如文化科技产品能够推动技术发展与技术外溢,文化创意可以使制造业产品增值(李姝、赵佳佳,2014;Rodgers,2015)。同时,文化产品对整体宏观经济的外部性很难体现在销售价格上,需要市场之外的力量去处理市场失灵的问题。

当然,文化产品的外部性对整体宏观经济与社会福利并不一味是正向作用。若负面的、低俗的文化产品产生外部性,同行的模仿、借鉴可能就会造成供给过量并放大对社会的负面效应(肖建华,2010)。另外,文化企业之间的模仿、借鉴可能会促进创新等的普及,但也可能会降低文化多样性(张晓蒙、许洁,2013)。政府应通过公共政策对文化产业发展给予必要的干预和引导。

(2) 文化产品的公共物品属性

公共物品是指非竞争且非排他的物品。如美丽的自然风景,在不拥挤的前提下,新增风景欣赏者并不会减少原有欣赏者所能欣赏到的风景,这叫非竞争性;而无主的风景并不能阻止或限定欣赏风景的人群,这叫非排他性。文化产品具有一定的非竞争性,其使用通常只损耗文化产品的载体,并不削弱文化产品的实质内涵(路春城、綦子琼,2008)。文化产品也存在着非排他性。如公共电视,当消费者购买了电视接收器之后,所有人都可以观看电视节目,并不排他。文化产品的这种公共物品属性,使得资本不愿意对其进行投资,资源被错配。

因此,政府应通过财政支持,矫正文化产品的市场失灵与资源错配,进而增加国民收入,实现充分就业(王家新,2013;刘再杰、魏鹏举,2013)。

三、文化产业的政策导向与工具

现实应用中,世界各国甚至西方发达国家之间,在通过公共政策促进文化产业发展、提高文化产业出口的具体工具手段上存在一定争议(Pratt,2005),并且关于政府与文化产业发展之间的关系形成了两种主要模式。

其一,以美国为代表的市场经济主导模式。美国等部分西方国家坚持"无为而治"的文化政策,即政府通常不会直接采取措施干预文化产业发展,而主要通过财政、税收以及金融政策来改善文化产业的宏观生态环境,以此促进文化产业发展。如美国对营利性文化产业一般不予干预,但集中针对非营利性文化产业进行扶持(张慧娟,2007)。

其二,以法国为代表的政府主导模式。法国政府对文化等相关产业赋予国家使命的深层含义(Monberg,2001),并为其发展提供了大量的优惠政策和充足的资金保障(Mulcahy,1998),形成了以国家为主导的财政政策支持模式(陈庚、傅才武,2016)。除了法国,中国和日本也是典型的采取政府主导的文化产业发展模式的国家。

第二节 变量构建与描述性统计

本部分以文化出口为政策效果切入点,选择联合国教科文组织发布的 FCS 中的文化产业分类标准。根据 FCS 提供的文化产品 HS 六位编码[①],从联合国商品贸易统计

[①] HS 六位编码详见 FSC 的 Table 3,但仅列出了(A)(B)(C)(D)(E)(F)领域的 HS 编码,未详细列出(G)(H)领域的 HS 编码,因此本章关于文化产业的所有数据均不包括(G)(H)领域。

数据库(UN Comtrade)下载相应的出口数据,按照以上分类标准进行汇总。我们剔除文化出口数据存在缺失的样本,最后得到2011—2021年法国对206个国家或地区的文化产品出口情况,属于非平衡面板数据。

被解释变量为法国文化产品出口(lnexport)。我们使用 UN Comtrade 中法国分国别、分类别的出口数据进行实证检验,时间跨度为 2011—2021 年。在实证检验中,对法国文化产品出口数据进行汇总并作对数化处理。

解释变量为法国文化预算占比(budgetper),即法国文化预算占法国当年政府总预算的比重。法国文化预算的数据来源于法国文化部,法国政府全年总预算的数据来自法国国家统计局。

经典引力模型的控制变量包括:法国GDP的对数(lngdp1)、贸易伙伴国家GDP的对数(lngdp2),数据来源于世界银行;法国首都与贸易伙伴国家首都的地理距离的对数(lndistance),用以控制法国与贸易伙伴国家之间的地理距离相关成本,数据来源于CEPII的GeoDist数据库。此外,拓展经典引力模型,分别从地理距离、制度距离、经济距离三个方面选取其他控制变量,数据来源于CEPII的Gravity数据库。具体变量定义如表17-1所示。

表17-1 变量定义

变量类型	变量名称	变量定义
被解释变量	lnexport	法国文化产品出口,取对数
解释变量	budgetper	法国文化预算占比,即法国文化预算占法国当年政府总预算的比重
经济体量	lngdp1	法国GDP,取对数
	lngdp2	贸易伙伴国家GDP,取对数
地理距离	lndistance	法国首都与贸易伙伴国家首都的地理距离,取对数
	contig	法国与贸易伙伴国家是否接壤,接壤为1,不接壤为0
	landlock	贸易伙伴国家是否为内陆国家,是为1,否为0
制度距离	comleg	法国与贸易伙伴国家的法律制度是否同源,是为1,否为0
	comrelig	法国与贸易伙伴国家的宗教接近指数
	colony	法国是否曾是贸易伙伴国家的殖民者,是为1,否为0
	comlang	法国与贸易伙伴国家是否具有相同官方语言,是为1,否为0
经济距离	wto	法国与贸易伙伴国家是否同为WTO成员,是为1,否为0
	eu	法国与贸易伙伴国家是否同为欧盟成员,是为1,否为0
	rta	法国与贸易伙伴国家是否拥有区域贸易协定,是为1,否为0

为了检验法国财政政策对法国文化产品出口的影响,我们在经典引力模型的基础

之上，设置如下回归模型：

$$\ln export_{fjt} = \alpha_0 + \alpha_1 budgetper_{ft} + \alpha_2 \ln gdp1_{ft} + \alpha_3 \ln gdp2_{jt}$$
$$+ \alpha_4 \ln distance_{fj} + \sum controls + \sum year + \varepsilon \quad (1)$$

其中，$\ln export_{fjt}$ 表示 t 年度法国对贸易伙伴 j 国的文化产品出口的对数，$budgetper_{ft}$ 表示 t 年度法国文化预算占比，$\ln gdp1_{ft}$ 表示 t 年度法国 GDP 的对数，$\ln gdp2_{jt}$ 表示 t 年度贸易伙伴 j 国 GDP 的对数，$\ln distance_{fj}$ 表示法国与贸易伙伴 j 国地理距离的对数，controls 表示其他控制变量，year 表示控制年份固定效应。我们采用面板随机效应进行检验，理论上可以预期，budgetper、lngdp1 和 lngdp2 的回归系数显著为正，lndistance 的回归系数显著为负。

下面首先对主要变量进行描述性统计，结果如表 17-2 所示。法国文化产品出口（lnexport）最大值为 22.0025，最小值为 0，标准差为 3.6088，说明法国的文化产品出口在不同国家不同年度具有较大差异。法国文化预算占比（budgetper）最大值为 2.0169，最小值为 1.5181，标准差为 0.1423，说明法国文化预算占比总体上变化较小。控制变量方面，有 2.99% 的贸易伙伴国家与法国接壤（contig），19.11% 的贸易伙伴国家为内陆国家（landlock），51.74% 的贸易伙伴国家与法国具有同源的法律制度（comleg），22.93% 的贸易伙伴国家与法国具有相同的宗教，18.42% 的贸易伙伴国家曾为法国的殖民地（colony），17.74% 的贸易伙伴国家具有法语官方语言（comlang），79.62% 的贸易伙伴国家为世贸组织成员（wto），13.82% 的贸易伙伴国家为欧盟成员（eu），32.24% 的贸易伙伴国家与法国拥有区域贸易协定（rta）。

表 17-2 描述性统计结果

Variable	Obs	Mean	Std. Dev.	Min	Max
lnexport	2041	13.3777	3.6088	0	22.0025
budgetper	2041	1.8733	0.1423	1.5181	2.0169
lngdp1	2041	28.6252	0.0581	28.5189	28.7094
lngdp2	2041	24.3487	2.2521	17.3483	30.7639
lndistance	2041	8.4171	0.8627	5.5759	9.8511
contig	2041	0.0299	0.1703	0	1
landlock	2041	0.1911	0.3932	0	1
comleg	2041	0.5174	0.4998	0	1
comrelig	2041	0.2293	0.2649	0	0.7572
colony	2041	0.1842	0.3878	0	1
comlang	2041	0.1774	0.3821	0	1
wto	2041	0.7962	0.4029	0	1
eu	2041	0.1382	0.3452	0	1
rta	2041	0.3224	0.4675	0	1

第三节 财政预算与文化产品出口

本节使用模型(1)检验法国文化财政预算对文化产品出口贸易的影响,回归结果如表 17-3 所示。第(1)列为使用经典引力模型的回归结果,第(2)列为加入地理距离控制变量的回归结果,第(3)列为加入制度距离控制变量的回归结果,第(4)列为加入经济距离控制变量的回归结果,第(5)列为加入所有变量的回归结果。回归结果显示,法国文化产品出口与法国文化预算占比在1%水平上显著正相关,其经济意义在于当法国文化预算占比每提高一个百分点,将会促进法国对贸易伙伴国家的文化产品出口提高 1.0627—1.1658 个标准差,表明法国对文化领域的积极财政政策有效促进了法国的文化产品输出。法国文化产品出口与两国 GDP 总量(lngdp1、lngdp2)均在 1% 水平上显著正相关,与两国首都地理距离(lndistance)在 1% 水平上显著负相关,表明贸易双方的经济发展水平对双方贸易活动具有显著的促进作用,而两国首都地理距离的增大则对双方贸易活动具有显著的抑制作用,与经典引力模型的结果一致。

表 17-3 回归结果

Variable	(1)	(2)	(3)	(4)	(5)
	lnexport	lnexport	lnexport	lnexport	lnexport
budgetper	1.0675***	1.0627***	1.1268***	1.1083***	1.1658***
	(4.8632)	(4.8417)	(5.1265)	(4.9491)	(5.2115)
lngdp1	2.6032***	2.6053***	2.5243***	2.6530***	2.5851***
	(2.6825)	(2.6851)	(2.5882)	(2.7195)	(2.6392)
lngdp2	1.0316***	1.0265***	1.1264***	1.0313***	1.1187***
	(18.2344)	(18.1544)	(23.7339)	(18.3538)	(23.8705)
lndistance	−1.1114***	−0.9817***	−0.9468***	−0.9878***	−0.5886***
	(−6.3824)	(−5.1374)	(−6.6441)	(−4.9684)	(−3.2480)
contig		1.7449*			0.9596
		(1.8538)			(1.2405)
landlock		−0.3979			−0.5525*
		(−1.0548)			(−1.8959)
comleg			0.2718		0.4254*
			(1.0752)		(1.7219)
comrelig			0.4734		−0.0598
			(1.0352)		(−0.1257)
colony			0.8470*		0.8366*
			(1.8923)		(1.8994)
comlang			2.3187***		2.4271***
			(4.9770)		(5.2387)

（续表）

Variable	(1) lnexport	(2) lnexport	(3) lnexport	(4) lnexport	(5) lnexport
wto				0.0250	0.0042
				(0.1195)	(0.0217)
eu				0.2880	0.9342**
				(0.7086)	(2.5108)
rta				0.1626	0.1933
				(1.0380)	(1.2774)
cons	−79.0028***	−80.0141***	−81.2983***	−81.6463***	−86.0363***
	(−2.8394)	(−2.8753)	(−2.9083)	(−2.9157)	(−3.0609)
Year	Yes	Yes	Yes	Yes	Yes
N	2041	2041	2041	2041	2041
R^2	0.6397	0.6452	0.7462	0.6417	0.7592

注：t statistics in parentheses，* $p<0.1$，** $p<0.05$，*** $p<0.01$。

第四节 进一步机制研究

前文比较详细地实证检验了法国文化财政政策对文化输出的积极作用，但是这种积极作用可能会因贸易伙伴国家不同而不同，我们设定如下模型对法国文化财政政策与文化产品出口的关系进行异质性检验。

$$\text{lnexport}_{fjt} = \beta_0 + \beta_1 \text{budgetper}_{ft} + \beta_2 \text{budgetper} * \text{dummy}_{ft} + \beta_3 \text{lngdp1}_{ft}$$
$$+ \beta_4 \text{lngdp2}_{jt} + \beta_5 \text{lndistance}_{fj} + \sum \text{controls} + \sum \text{year} + \varepsilon \quad (2)$$

其中，dummy_{ft} 表示分组虚拟变量，分别为 imf、oif、sci，budgetper * dummy 表示法国文化预算占比与分组虚拟变量的交互项。其他变量含义与模型(1)一致。

一、经济发展水平的作用

首先，考虑贸易伙伴国家经济发展情况的异质性。本节根据国际货币基金组织（IMF）设定的标准，将贸易伙伴国家划分为发达经济体（imf=1）和欠发达经济体（imf=0）。对模型(2)的回归结果如表17-4 第(1)列所示，法国文化预算占比的回归系数在1%水平上显著为正，交互项 budgetper * imf 的回归系数在1%水平上也显著为正，表明当贸易对象为发达经济体时，法国文化预算占比对法国文化产品出口的正向影响效果更强。在发达经济体，发展对外经济与贸易的基础设施条件更优质，文化产业的经济体量更大，国家与民众对文化产品的需求也更大，因此相比欠发达经济体，法国文化财政政策对向发达经济体的文化产品出口具有更显著的促进作用。

表 17-4　回归结果

Variable	(1) lnexport	(2) lnexport	(3) lnexport
budgetper	1.0480***	0.9381***	1.0038***
	(4.5829)	(4.0798)	(4.1749)
budgetper * imf	0.4739***		
	(2.5769)		
budgetper * oif		0.6008***	
		(4.3166)	
budgetper * sci			0.2858*
			(1.8597)
lngdp1	2.5925***	2.5618***	2.6284***
	(2.6442)	(2.6156)	(2.6812)
lngdp2	1.0882***	1.1461***	1.0587***
	(22.7800)	(25.0638)	(18.6085)
lndistance	−0.5112***	−0.4168**	−0.5713***
	(−2.8360)	(−2.3246)	(−3.1765)
contig	0.8675	1.1162	1.0272
	(1.1437)	(1.4986)	(1.3401)
landlock	−0.4864*	−0.5763**	−0.4846*
	(−1.6969)	(−2.0554)	(−1.6663)
comleg	0.5589**	0.3782	0.4098*
	(2.2593)	(1.5889)	(1.6745)
comrelig	−0.0646	−0.0980	−0.1367
	(−0.1386)	(−0.2137)	(−0.2892)
colony	0.8224*	0.4847	0.7997*
	(1.9061)	(1.1235)	(1.8322)
comlang	2.4357***	2.0182***	2.5314***
	(5.3670)	(4.4281)	(5.4790)
wto	−0.0234	−0.0809	−0.0014
	(−0.1221)	(−0.4239)	(−0.0075)
eu	0.6376*	0.7862**	0.8215**
	(1.6510)	(2.1514)	(2.1893)
rta	0.1727	0.1738	0.1798
	(1.1429)	(1.1570)	(1.1885)
cons	−86.1147***	−87.1895***	−85.8550***
	(−3.0609)	(−3.1024)	(−3.0529)
Year	Yes	Yes	Yes
N	2041	2041	2041
R^2	0.7686	0.7746	0.7624

注：t statistics in parentheses，* $p<0.1$，** $p<0.05$，*** $p<0.01$。

二、语言差异的作用

法语是世界通用语言之一,法国对因二战造成的法语地位下降、法语影响力降低的情况深感忧虑,因此法国前总统戴高乐 20 世纪 60 年代提出了建立"法语共同体"的设想,并于 1970 年正式成立法语国家组织(OIF),目前该组织有 54 个正式会员、7 个准会员和 27 个观察会员。文化多样化是法语国家首脑会议永恒的议题。本节将贸易伙伴国家属于法语国家组织设为 oif=1,否则 oif=0。对模型(2)的回归结果如表 17-4 第(2)列所示,法国文化预算占比的回归系数在 1% 水平上显著为正,交互项 budgetper * oif 的回归系数在 1% 水平上也显著为正,表明当贸易对象同属于法语国家组织时,法国文化预算占比对法国文化产品出口的正向影响效果更强。当法国向同属法语国家组织的贸易伙伴国家进行文化产品输出时,一方面,由于法语国家组织达成了"文化多样性"的一致共识,因此法国对法语国家组织会员的文化产品出口本身具有更小的政治阻力;另一方面,当两国之间语言相近时,可以有效降低双方经济往来中的交流与信任问题,因此相比语言不通的贸易伙伴国家,同样水平的文化财政政策支持对在语言相通的国家进行文化产品贸易活动的促进效用更明显。

三、贸易伙伴国家文化影响力的作用

US News 的一项排行榜 Countries With the Most Cultural Influence[①] 中筛选了 78 个全球最具文化影响力的国家,法国位居第 2。本节将在榜的 78 个国家设置为文化影响力较强组(sci=1),将不在榜的国家设置为文化影响力较弱组(sci=0)。对模型(2)的回归结果如表 17-4 第(3)列所示,法国文化预算占比的回归系数在 1% 水平上显著为正,交互项 budgetper * sci 的回归系数在 10% 水平上显著为正,表明当贸易伙伴国家的文化影响力较强时,法国文化预算占比对法国文化产品出口的正向影响效果更强。一般而言,具有较强文化影响力的国家对文化的重视程度往往较高,本国的文化产业发展现状也较好,国家对文化交流的包容性较高,因此当法国向这些国家出口文化产品时,财政政策支持的正向作用更明显;相反,若一个国家的文化影响力较弱,甚至根本没有本国独特的文化,文化产业在这个国家的经济比重较小,则法国财政政策支持对向这些国家出口文化产品可能收效甚微。

第五节　内生性问题分析与稳健性检验

针对可能存在的内生性问题,我们作了如下检验:第一,为了避免遗漏变量可能造

---

① 资料来源:https://www.usnews.com/news/best-countries/rankings/influence。

成的内生性问题,表17-5第(1)列列出了在模型(1)的基础上控制大洲(Continent)固定效应的回归结果,法国文化预算占比的回归系数仍在1%水平上显著为正,说明在控制了年份和大洲之后,提高法国文化预算占比对促进法国文化产品出口的积极作用仍然稳健。第二,财政政策的作用时效可能会有延迟,尤其是文化产品的制作、运输与销售需要一定的时间,因此本节将解释变量法国文化预算占比滞后一期得到L.budgetper并带入模型(1)进行检验,回归结果如表17-5第(2)列所示,滞后一期的法国文化预算占比的回归系数仍在1%水平上显著为正,说明法国文化财政政策对文化产品出口的正向作用稳健。

为了保证研究结果的稳健,本节还进行了如下稳健性检验:第一,替换变量,为了考虑贸易双方国家人口的影响,表17-5第(3)列列出了使用人均GDP替换国家GDP对模型(1)的回归结果,法国文化预算占比的回归系数在5%水平上显著为正,说明在控制贸易双方人口情况之后,法国文化预算占比对法国文化产品出口的正向影响仍然稳健。第二,为了避免异常值的影响,对连续变量进行1%水平的缩尾处理后对模型(1)进行回归,结果如表17-5第(4)列所示,法国文化预算占比的回归系数在1%水平上显著为正,说明结果稳健。第三,作为对文化产业外溢的补充,本节将FCS中有关文化产品的装备及支持材料的出口情况作为被解释变量带入模型(1)进行检验,结果如表17-5第(5)列所示,法国文化预算占比的回归系数在1%水平上显著为正,说明法国文化预算占比对法国文化产品输出的促进作用稳健。

表17-5 稳健性检验

Variable	(1)	(2)	(3)	(4)	(5)
	lnexport	lnexport	lnexport	lnexport	lnmat
budgetper	1.1511***		0.5225**	1.1571***	1.5333***
	(5.1400)		(2.1577)	(5.3875)	(7.8285)
L.budgetper		2.2623***			
		(4.3045)			
lngdp1	2.5706***	6.2735***		2.5345***	1.1906
	(2.6244)	(3.7377)		(2.6962)	(1.3853)
lngdp2	1.1029***	1.1171***		1.1230***	0.9196***
	(21.4719)	(22.9761)		(23.7887)	(23.2183)
lnpergdp1			2.6913***		
			(2.8073)		
lnpergdp2			0.6356***		
			(7.0894)		
lndistance	−0.3152	−0.6932***	−1.3936***	−0.6237***	−0.6586***
	(−1.0873)	(−3.7614)	(−4.8973)	(−3.4848)	(−4.3978)
contig	0.5415	0.9200	0.6534	0.7558	−0.2392
	(0.6908)	(1.1832)	(0.4861)	(0.9852)	(−0.3800)

（续表）

Variable	(1) lnexport	(2) lnexport	(3) lnexport	(4) lnexport	(5) lnmat
landlock	−0.5657*	−0.6102**	−0.3429	−0.5620*	−0.2536
	(−1.8924)	(−2.0840)	(−0.6689)	(−1.9422)	(−1.0669)
comleg	0.4045	0.4702*	0.6941	0.4342*	0.1476
	(1.5405)	(1.8796)	(1.6254)	(1.7717)	(0.7322)
comrelig	0.6880	−0.3029	0.0469	0.0065	−0.0562
	(1.1961)	(−0.6288)	(0.0576)	(0.0138)	(−0.1444)
colony	0.9701**	0.8165*	1.2026	0.9431**	0.6374*
	(2.2085)	(1.8482)	(1.5712)	(2.1574)	(1.7823)
comlang	2.6969***	2.3621***	1.5906**	2.3132***	2.0504***
	(5.5166)	(5.0920)	(1.9884)	(5.0347)	(5.4552)
wto	0.0626	−0.0015	0.1609	0.0083	0.1294
	(0.3232)	(−0.0072)	(0.6965)	(0.0443)	(0.7873)
eu	0.5314	0.9059**	0.6553	0.8814**	0.9634***
	(1.3478)	(2.3812)	(1.3614)	(2.4205)	(3.1050)
rta	0.1344	0.1123	0.1053	0.1804	0.1124
	(0.8811)	(0.7345)	(0.6456)	(1.2346)	(0.8557)
cons	−87.3698***	−192.8244***	−11.4042	−84.3852***	−40.2975
	(−3.1018)	(−3.9356)	(−1.0998)	(−3.1280)	(−1.6340)
Year	Yes	Yes	Yes	Yes	Yes
Continent	Yes	No	No	No	No
N	2041	1792	2041	2041	1968
R^2	0.7692	0.7599	0.3837	0.7646	0.7601

注：t statistics in parentheses，* $p<0.1$，** $p<0.05$，*** $p<0.01$。

第十八章
法国文化产业经济支持政策对中国的启示

第一节 坚持并完善以政府主导为核心的文化经济政策

中国的文化产业与法国相似,都对自身的文化传承有着较强的自豪感,对文化产业发展有着自己独特的理解和观念。随着中国经济进一步高质量对外开放,文化市场也必然呈现更为开放的状态。如果政府不重视培育本土文化,在外来文化的影响与冲击下,中国自身的文化传承与文化特点都会受到影响或侵蚀,发展自身文化特色的文化产业可能会遇到阻力,文化产业的发展会减速甚至衰退。从法国政府财政预算占比与法国文化产品出口的实证来看,法国政府对文化产业的大量投入是值得且有效的。从描述性统计结果来看,法国文化产业在次贷危机后、欧债危机之时依旧强势复苏,也证明了法国财政投入的良好效果。因此,政府应坚持对文化产业投入财政资金,配合各部门对本国文化的官方宣传,根据自身的文化优势,进行合理规划,激励高附加值文化产业的发展,提高文化影响力。

正如党的二十大报告所言:"坚决维护党中央权威和集中统一领导,把党的领导落实到党和国家事业各领域各方面各环节,使党始终成为风雨来袭时全体人民最可靠的主心骨,确保我国社会主义现代化建设正确方向"。政府的作用主要体现在制定和完善法律和政策方面。政府可以通过政策倾斜、政治资源、平台搭建、专项基金、税收优惠等方式将财政支持和社会资本与文化产业相连接,营造宽松的文化环境,调动社会资本活力,实现社会资源的有效对接。在文化市场动态变迁的过程中,政府应及时准确地发挥自身职能优势,对于市场秩序失灵和失范及时予以纠偏,推动文化产业有序发展,强化国家文化软实力建设,提升国民文化自信意识。

一、坚持党的全面领导,完善自上而下的文化管理机构

法国自上而下的、繁复的文化管理机构,是其文化传统以及优势产业保持国际竞争力、文化产业高度发展非常重要的因素。因此,完善自上而下的文化管理机构对中国文化产业发展也具有重大意义。

党的二十大报告关于新时代新征程中国共产党的使命任务中提到,中国式现代化

是中国共产党领导的社会主义现代化,是物质文明和精神文明协调的现代化。中国式现代化本质上要求坚持中国共产党领导,只有坚持党的领导的文化管理机构才能真正推动中国文化产业发展,走向中国式现代化。坚持党的领导,牢牢掌握党对意识形态工作的领导权,才能确保文化管理机构在推动中国文化产业发展的同时,建设具有强大凝聚力和引领力的社会主义意识形态,更好地通过文化产业以及文化活动为国家立心、为民族立魂。

二、践行社会主义核心价值观,侧重支持文化活动

社会主义核心价值观是凝聚人心、汇聚民力的强大力量。广泛践行社会主义核心价值观,是推进文化自信自强、铸就社会主义文化新辉煌的重要部分,也是全面建设社会主义现代化国家、实现中华民族伟大复兴的重要部分。

在践行社会主义核心价值观的过程中,对文化产品、文化活动有甄别地进行引导和扶持是必要的。在扶持保护文化产业方面,法国立法并未提供统一的保护,对于其重视的古迹文物的立法相对较多,可见其重心。在税收优惠方面,对于色情暴力等低俗文化产品会额外征收特殊税收,并将税款用于其重视的文化、教育领域,可见其差异化。为了加强法国文化的国际影响力,法国对法语国际推广、文化产品出口、文化交流项目建设都作出了针对性的政策支持。

中国对文化产业进行扶持的时候,也应根据其内容是否践行社会主义核心价值观,在财政资助、税收优惠、行政管理等多维度进行差别对待,促进社会主义核心价值观融入文化产业发展、融入群众日常生活。

三、重视文化基础设施建设,提高社会文明程度

法国文化产业的一个重要特色是文化基础设施完善且丰富。文化基础设施如图书馆、博物馆等各类展馆对传统文化的传承、文化创新的孕育都有着重要的作用。文化基础设施的建设还有利于加强和改进未成年人思想道德建设,推动明大德、守公德、严私德,进而提高全社会文明程度。此外,对文化基础设施的建设与完善进行财政投入,可以释放重视文化信号,鼓励资源配置对文化产业倾斜,通过官方宣传达到间接提高社会大众文化素质的目的,从基层影响文化产业发展。

除了文化基础设施硬件建设,还可以鼓励创立相关文化节日,普及文化意识,提高社会文明程度。法国仅 2019 年就创建了 7000 多个文化相关节日,并有一个全国统一的文化遗产日。中国也可以在文化的公众普及上增加宣传,对地域文化节日加强支持,从而提高社会公众对文化的认知,促进文化传承,这对提升社会整体文化素质、提高社会文明程度有正向作用。

第二节 坚持高水平对外开放,增强影响力

一、坚持高水平对外开放

要坚持对外开放政策不动摇,重视文化相关产业的健康发展。正如二十大报告所言:"中国坚持对外开放的基本国策,坚定奉行互利共赢的开放战略,不断以中国新发展为世界提供新机遇,推动建设开放型世界经济"。坚持改革开放,有利于本国文化产业在吸取多元文化因素的同时,提供更优质和多元化的文化产品和服务,可以有效促进中国文化产品的出口,提高中国文化在海外的影响力,进而提升中国的国家文化软实力。

法国通过文化政策对其本民族文化进行保护是非常重要的核心战略,同时也非常重视对外开放,重视对文化多样性的保护。从近期法国文化部的研究报道可以发现,关于新冠疫情后的文化产业复苏,其聚焦的重点有二:文化企业财务状况与文化场所出席率,包括国际游客的参观情况。法国有着丰富的文化遗产,法国对文化遗产的国际推广为其文化遗产保护争取到了更多的资金,为其国际影响力的提高提供了最和平高效的途径。中国的文化遗产也十分丰富,坚持高水平对外开放能推动中国文化旅游产业的发展。例如,2023年4月,吉林省对标高水平开放召开开放发展大会,表示坚持高水平开放,适时复航并加密日韩与中国香港航线,巩固并培育东南亚地区航线,推动对欧航线常态化运营,以推动吉林文化旅游产业发展。

法国坚持"文化例外"原则的同时,也非常重视本土文化产品的出口。法国是文化产品出口大国,但法国文化部门中产值最高的视听部门占出口的比例非常小,主要出口的是视觉艺术与工艺品。其实,法国提出的"文化例外"原则最初也是应对美国视听部门强势出口的一种策略,弥补其视听类产品国际竞争力不足的缺陷。虽然法国每年的投入以及政策扶持很多,但并没有缩小法国与美国视听产品的国际竞争力差距。结合我们的实证结果可得出,财政支持是有作用的,但单凭财政支持不能解决这个问题。首先要坚持对外开放,加强国与国之间的交流合作,推动更多国家和地区之间进行文化贸易往来。当贸易对象经济发展更健康、文化产业发展更成熟时,财政政策对文化产品出口的正向作用才能发挥得更好。正如党的二十大报告所言:"中国愿加大对全球发展合作的资源投入,致力于缩小南北差距,坚定支持和帮助广大发展中国家加快发展"。

二、支持国际组织建设

中国要继续大力支持国际组织建设,加强国际组织合作和国际传播能力建设,全面提升国际传播效能,形成同中国综合国力和国际地位相匹配的国际话语权。由法国主导的法语国家组织对法国的文化贸易出口产生了巨大的推动作用。前文实证表明,相

近的语言体系有利于建立信任、减少文化隔阂,对法国财政推动文化出口有着显著的促进作用。

中国要继续大力支持"一带一路"建设,深入落实"一带一路"沿线国家之间的经济贸易往来,促进地区间的经济与文化贸易合作;要让世界了解中国,要发出中国声音,扩大汉语影响力,传播中华文化与价值观,侧面增强中国文化产业国际竞争力。正如党的二十大报告所言:"中国坚持在和平共处五项原则基础上同各国发展友好合作,推动构建新型国际关系,深化拓展平等、开放、合作的全球伙伴关系,致力于扩大同各国利益的汇合点"。

三、保护文化多样性

要保护世界文化多样性,保持文化开放的态度,促进国家间文化的友好交流。在历史发展中,世界各国的文化积淀不尽相同,那些具有较强文化影响力的国家对本国文化的重视程度更高,重视本国文化的发扬及与外国优秀文化的交往。因此在文化国际交流中,更要加强国家文化之间的碰撞与交流,促进世界文化繁荣。正如党的二十大报告所倡导的:"尊重世界文明多样性,以文明交流超越文明隔阂、文明互鉴超越文明冲突、文明共存超越文明优越,共同应对各种全球性挑战"。

同时,也要注重本国境内文化多样性。法语是法国的官方语言,早在多年前,法国就对官方用语进行了统一,后又推广新闻、教育等领域法语的使用。但法国对地方用语也是十分重视的,法国文化部主页上能看到,法语和法国地方语言协调委员会每年都会就其传播法语与地方语言的工作进行总结与公开汇报。中国地方语系发达,中华人民共和国成立以来,普通话的推广对中国经济发展、社会稳定起到了莫大的推动作用,统一的语言有利于降低信息成本、提高生产与交易效率。不过,在地方文化保护上,我们仍有加强的空间,应推动年轻人关注与了解地方文化,避免地方文化传承断裂,这有利于保护中国文化多样性、推动中国文化产业发展。

第三节 通过财政与税收政策繁荣发展文化事业

一、加大财政投入,扶持重点产业发展

首先,要加强对文化基础设施的投入。法国每年有大量的财政投入用于保证公民接触文化、参与文化的工作上,其中很重要的一部分就是文化基础设施建设,包括图书馆、博物馆等的建立。法国文化部把尊重民众接触文化的权利当作重大责任与使命。对文化基础设施的投入能提高民众的文化参与度,公众对文化的参与与接触是文化创新、文化发展的重要基础。

其次，要加强对特色传统文化、民族文化的支持与鼓励。法国财政投入最重要的一部分就是对文化遗产的保护。文化遗产包括物质的，如历史遗迹、文物古董等，也包括非物质的，如传统技艺等。我们要重视对物质文化遗产的维护，这对推动文化旅游、加强文化自信与民族凝聚力、宣传中国文化价值观有促进作用。对于地方戏曲、民间技艺等，要给予财政上的支持与倾斜，使得相关的文化人才在进行文化创作、文化经济化与商品化等环节，没有后顾之忧，能全身心投入文化艺术创作中，更高效地将文化的非经济效应转化为实际可获得的经济效应，从而反哺文化创新与传承。

最后，完善并加强知识产权保护机制，给予相关部门一定的财政与科技支持，从而通过加强对文化知识产权的保护，激励文化产业的发展，保障文化产业的秩序与稳定。

二、给予税收优惠，改善产业环境

前文已分析，文化产业的公共属性特征，使得其在融资等方面，无法如其他产业一样获得合理的资源。法国政府给予文化产业增值税税收优惠，有利于改善文化产业的生态环境。中国对文化产业也有一些税收扶持政策，如对经营性文化事业单位转制为企业时免征一定时期的所得税、房产税等，对出版类文化领域免征增值税，对中小文化企业免征增值税，对文化旅游景点免征土地使用税等等。中国文化产业的税收扶持政策和法国有相似之处，都没有比较统一的立法。这样做有其优势，即使立法更有灵活性，能针对不同产业特征与战略地位进行不同程度的扶持；但也有劣势，即缺乏更系统和整体的配合。应该更深入地讨论文化产业发展路径，结合中国文化产业以及整体经济的发展战略，通过更系统、长远的税收政策规划，推动中国文化产业发展与中国式现代化进程。

三、鼓励民间力量加入

法国的文化产业政策是典型的国家主导型，但面对经济收入压力和大量的濒危文化遗产维护需求与其他文化领域投入需求，法国也充分利用并鼓励民间力量参与。另外，对于私人所有者对公众开放古迹等实施税收优惠政策，也是法国引入民间力量发展文化产业的一种做法。

中国与法国一样，有着深厚的历史文化底蕴，值得保护、维护的历史文化遗迹与非物质文化遗产数不胜数，仅靠国家财政力量无法全面覆盖所有历史文化遗产，通过一系列政策引入民间资本能丰富资金来源，改善市场资源配置效率，提高整体社会福利。

当然，社会资本在运作时可能存在逐利性，引入民间力量的同时，必须发挥党和政府的领导作用，引导资源投向确实有需要、有价值的文化领域。

此外，文化领域的发展还离不开相关人力资源的投入，法国文化部十分重视借助高等学校等非政府部门人力资源，与其合作对文化部门展开调研，分析文化产业发展趋势、评估文物价值与文化政策效果等。中国也应加强与高校、相关研究所,甚至相关企业研究部门的合作,更高效地利用人力资源,并且给予文化相关专家、手工艺人应有的社会地位与声誉,推动文化产业发展。

四、全面推动经济发展,发挥文化外部效应

从法国的经验可以发现,对于政府主导型的文化产业发展,经济体本身的经济发展是十分重要的。宏观经济发展对政府主导型文化产业发展有着重要的决定性作用,文化产业发展不是单独的产业发展,而是全面经济发展的结果。

文化产业的外部性特征也决定了其对整体经济有着巨大的反哺作用。如何引导文化产业反哺整体经济发展,也是发展文化产业的重要课题。良好的文化产品能通过同群效应、童年烙印等影响其使用者及使用者周边人,这些人在其他领域可能是生产者、研发者、消费者,从而影响整体经济。市场趋利可能导致不能充分发挥文化产品的正能量,扩大不良文化产业的负面效应。应该坚持党的领导,正确引领文化产业发展,建立文化自信,促进文化产业发挥正向积极作用,从而全面推进中国式现代化。

总之,政府应积极发挥主导作用,正如党的二十大报告中所强调的"坚守中华文化立场,提炼展示中华文明的精神标识和文化精髓,加快构建中国话语和中国叙事体系,讲好中国故事、传播好中国声音,展现可信、可爱、可敬的中国形象"。政府应大力支持对文化产业的财政投入,保持高水平文化开放,加强国家间友好互惠合作,深化文明交流互鉴,促进文化贸易的繁荣,助力中国文化产业实现高质量发展,推动中华文化走向世界,确保"十四五"规划文化产业发展目标的最终实现,共同铸就社会主义文化新辉煌。

另外,法国对数字技术的重视提醒我们,面对不断更新的科技水平和文化新业态,文化政策也要与时俱进,以应对新的挑战和机遇。

第四篇
文化产业经济支持政策研究：
日本的经验与启示

第十九章
日本文化产业简介

第一节 日本文化产业现状

2020年,日本文化产业市场规模达到11.8275兆日元。按产品类别区分,视频类产品创造了6.7844兆日元的产值,占总额的57.4%,其中,电视播出节目产值为2.5904兆日元,电影产值为7045亿日元,网络原创视频产值达5305亿日元;游戏软件类产品产值达1.7199兆日元;文字文本类产品产值达4.2414兆日元,占总额的35.9%,其中,报刊报道产值为1.3190兆日元,漫画产值为5170亿日元,杂志产值为7102亿日元,书籍产值为8410亿日元。此外,数据库信息类产品总产值为2913亿日元;网络原创作品总产值为5629亿日元;音乐音频类产品总产值为8017亿日元,包括音乐软件、广播节目和网络原创音乐。

类似于国民经济统计使用的国内生产总值(GDP)概念,日本用"文化GDP"这一概念来表示在一定时期内由文化生产活动创造出的附加值。从文化GDP的占比来看,2018年,日本文化GDP约为10.5兆日元,占整体GDP约1.9%,这一比例在2015—2018年基本保持稳定(见表19-1)。从产品构成来看,文化产业中创意性产品和服务创造的附加值占比最高,占文化GDP的45.7%,影视性产品次之,占28.3%(见表19-2)。

表19-1 日本文化GDP及占比

年份	2015年	2016年	2017年	2018年
文化GDP(亿日元)	100934	104393	105612	104567
GDP(亿日元)	5380323	5443646	5330730	5562938
文化GDP占比(%)	1.9	1.9	1.9	1.9

数据来源:文化庁『令和3年度「文化行政調査研究」文化芸術の経済的社会的影響の数値評価に向けた調査研究報告書』。

表 19-2　2018 年日本文化 GDP 的具体产业贡献构成

产业分类	文化 GDP(亿日元)	占比(%)	备注
文化遗产/自然遗产	1346	1.3	博物馆、文物、自然保护
演出/庆祝活动	6121	5.8	戏剧、舞蹈、音乐等
视觉艺术/工艺	3476	3.6	美术、摄影、工艺
著作出版/报道	16179	15.4	书籍、杂志、报纸、图书馆(不包括书咖)
影视/交互媒体	29609	28.2	电影、电视、广播、动画、游戏
设计/创意服务	47837	45.6	设计、建筑设计、广告服务

数据来源:文化庁『令和 3 年度「文化行政調查研究」文化芸術の経済的社会的影響の数値評価に向けた調查研究報告書』。

吸纳就业方面,2018 年,日本文化产业(创意经济)雇佣人数约为 789.3 万人,约占总雇佣人数的 11.9%,其中,设计及创意服务行业占 47.6%,著作出版及新闻媒体行业占 19.5%,音像影视行业占 17.7%,三大行业占 84.8%。预测 2030 年文化产业雇佣人数将达到 1051.9 万人。

从世界范围来看,文化产业市场总体规模约为 128.8 兆日元,日本文化产业规模约占世界规模的 9.2%,约占亚太地区的 28.8%,超过中南美洲、中东和非洲地区的总和,在世界文化产业版图中占据举足轻重的地位。近年来,随着发展中国家文化产业的迅速发展,日本在世界文化产业市场中占比有所下降,但这并不意味着日本自身文化产业出现了萎缩。从产业结构来看,日本文化产业市场构成与世界文化产业市场构成保持高度一致。无论在日本还是世界范围内,音乐类产品和角色 IP 类产品所占市场份额较小,合计占比 17% 左右;游戏类产品的市场份额从 2014 年开始逐年扩张,2023 年,游戏类产品占日本文化产业市场份额估计为 20%,占世界范围文化产业市场份额估计为 13%。与世界整体情况不同的是,10 年前出版业还是日本文化产业市场的支柱,占文化产业总体市场份额的 40%,而同期世界文化产业市场中占有最大份额的则是视频类产品(占比约 45%)。

在文化产业的国际贸易中,日本总体上处于逆差状态。以 2018 年为例,日本在文化产业领域的贸易逆差为 7397 亿日元,出口额和进口额分别占出口总额和进口总额的 1.7% 和 2.2%。从具体领域来看,除演出、庆典行业实现了贸易顺差外,其余行业均为贸易逆差。其中,进口额最高的广告产品和服务达到 9652 亿日元,占文化产业进口额的 40.1%。由此可见,虽然特点鲜明,但日本文化产业的国际竞争力仍不足,相较美国、英国等老牌文化产业强国略逊一筹。

第二节 日本文化产业的发展趋势

一、音乐

2022年,日本音乐市场的总体规模达到3074亿日元,其中唱片和音乐视频收入为2023亿日元,占65.8%,音乐播放和下载收入为1050亿日元,占34.2%。2020年,由于新冠疫情的影响,音乐市场总产值下降至2727亿日元,与前一年相比市场规模缩小了约11%。此后,随着疫情防控常态化,日本音乐市场逐步复苏,2022年已经恢复甚至超过疫情前的水平。

但从细分领域来看,各类产品的表现参差不齐,唱片和音乐视频收入在2022年之前呈逐年下降趋势,2022年虽然有所回升,相比前一年增长了4.5%,但距离疫情前的水平仍有一定差距。音乐播放和下载则一直处于快速增长的过程中,2018年音乐播放和下载收入达到645亿日元,到2022年这个数字已经攀升到1050亿日元,年平均增长率高达12.6%,完全没有受到疫情的影响。主要原因在于电子产品的普及和流媒体技术的快速发展,从根本上改变了消费者获取文化内容产品的方式。流媒体的便利性也使得音乐播放和下载基本免受疫情影响,甚至可以说,疫情推动了在线音乐播放和下载市场的迅速扩张。此外,无论唱片和音乐视频还是音乐播放和下载,产品数量均在缓慢下降,但总体产值没有下降,这说明单个产品的附加值逐渐提高。

综合来看,日本音乐市场今后会朝着提供高质量的在线产品这一方向发展。实体唱片会逐渐减少,但仍有一定量的需求,将其作为制作精良的纪念品和收藏品,定位高端,也能对市场份额的扩大有所贡献。

二、电影

2022年,日本电影市场实现了2131亿日元的收入,比上一年增长31.6%,观影人次突破1.52亿人次,比上一年增长32.4%。其中,日本国产电影收入为1465亿日元,外国电影收入为665亿日元,均较前一年有明显增长,特别是外国电影收入增长98.3%,几乎翻倍。这一方面是因为日本国产电影受疫情冲击,未彻底走出低谷,但已处于快速恢复阶段。另一方面,发达国家尤其是美国电影业此前受疫情影响比日本严重,美国2020年的票房收入仅为21亿美元,比前一年下降81.6%,因此相对前期低迷的市场反弹更加明显,恢复速度更快,表现为日本国内外国电影票房快速上涨。

截至2022年末,日本全国有电影院3634家,其中专门放映外国电影的电影院17家,专门放映国产电影的电影院42家,绝大多数电影院为混合放映,有3575家,占电影院总数的98.4%。疫情期间各类电影院增减幅度不大,电影院构成变化也不大(见

表19-3）。

表 19-3 日本电影院构成 （单位：家）

电影院类型	混合放映	外国电影专放	国产电影专放	合计
2020年	3549	18	49	3616
2021年	3586	18	44	3648
2022年	3575	17	42	3634

数据来源：一般社团法人日本映画製作者連盟「2022年（令和4年）全国映画概況」。

2022年日本上映的影片中，票房收入超过10亿日元的电影共41部，其中国产电影26部，共实现票房收入1038.5亿日元；外国电影15部，共实现票房收入493.2亿日元。从票房收入上看，日本国产电影的吸引力更大。高票房国产电影有以下两个明显特点：一是绝大部分都是由东宝、东映和松竹这三大电影公司发行；二是动画电影占据的市场份额较大。与此同时，日本电影及其相关产品的出口也在逐年增加，疫情并没有导致日本国产电影出口下降（见表19-4），这也从侧面反映出日本国产电影拥有较大的海外市场。

表 19-4 日本电影出口统计

年份	2013	2014	2015	2016	2017	2018	2019	2020	2021	2022
出口额（亿美元）	6.5	7.8	11.7	16.3	22.1	28.4	32.8	37.6	37.7	42.8
增长率（%）	23	20	50	39	36	29	15	15	0.3	14

数据来源：一般社团法人日本映画製作者連盟「2022年（令和4年）全国映画概況」。

三、动画

2021年，日本动画产业市场规模达到2.7422兆日元，比上一年增长13.3%，已经基本摆脱疫情影响，回归正常发展轨道。2020年，受疫情影响，从2010年开始持续10年增长的动画产业产值首次下降了3.5%，但仅仅过了1年，动画产业就表现出强大的韧性，再次实现大幅增长，比疫情前的最高点即2019年的2.5145兆日元，高出9.1%（见表19-5）。

表 19-5 日本广义动画产业各领域市场规模 （单位：亿日元）

领域	2013年	2014年	2015年	2016年	2017年	2018年	2019年	2020年	2021年
电视	1027	1116	1073	1056	1061	1137	948	840	906
电影	470	417	477	663	410	426	692	554	602
光盘	1153	1021	928	788	765	587	563	466	662

(单位：亿日元)(续表)

领域	2013年	2014年	2015年	2016年	2017年	2018年	2019年	2020年	2021年
网络	340	408	437	478	540	595	685	930	1543
周边	5985	6552	5794	5522	5037	5003	5868	5819	6631
音乐	296	292	324	369	344	358	337	276	317
出口	2823	3266	5834	7677	9948	10092	12009	12394	13134
娱乐	2427	2981	2941	2818	2687	2835	3199	2630	3056
直播	248	318	484	532	629	774	844	290	571
合计	14769	16371	18292	19903	21421	21807	25145	24199	27422

数据来源：一般社団法人日本動画協会「アニメ産業レポート2022」。

日本的动画产品及其衍生产品种类繁多，随着近10年通信技术的飞速发展，信息技术大量应用于动画产业生产过程中，进一步提高了动画制作效率，丰富了动画内容和表现形式。与疫情前相比，网络播出动画、周边产品、对外出口三个方面对日本动画产业增长的牵引作用明显。2020年，日本网络播出动画产值比2019年增加了858亿日元，周边产品产值比2019年增加了763亿日元，对外出口即在日本以外的国家播出所创造的产值比2019年增加了1125亿日元，贡献度极高。

值得一提的是，进入21世纪后，以《宝可梦》等为代表的日本动画开始进入海外市场，但由于网络盗版盛行、不同国家和地区的内容限制规定、次贷危机、日元升值等原因，日本动画出口增长缓慢。直到2015年以后，随着访日外国游客人数的激增，外国网络视频平台的飞速发展，日本动画出现在外国电视屏幕上的数量逐年增多，创造的价值也稳步上升。

可见，得益于信息技术的迅猛发展，日本动画产业发展势头强劲，平台在线形式的动画将占据越来越大的市场。同时，随着发展中国家经济的发展，国民收入的提高，广大发展中国家人民对文化产品的需求会逐渐增大，尽早布局这些尚未开拓的海外市场，会为日本动画市场带来强劲的外部增长动力。

四、游戏

2021年，日本国内家用游戏市场规模达到3719亿日元，硬件产值为2028亿日元，软件产值为1691亿日元，软件产值比2020年有所下降，但硬件产值增幅达9.4%；日本游戏产业在国外家用游戏市场也创造了3.3978兆日元的产值，较上一年增长了8.5%，其中硬件产值为1.9803兆日元，较上一年增长了20.9%，软件产值为1.4174兆日元，较上一年下降了0.05%；日本国内手机游戏产值达到1.306兆日元，比上一年增长了7.8%，仅次于美国和中国，位居世界第三。①

---

① 数据来源：一般社団法人コンピュータエンターテインメント協会「2022 CESAゲーム白書」。

从产品构成来看，台式机和光盘等硬件产品市场呈现下降趋势，而网游、手游、下载游戏等在线游戏产品市场竞争力则不断增强。在疫情爆发初期，外出限制与锻炼身体之间的矛盾，使得任天堂公司的硬件产品"健身环"严重供不应求，这也反映出现实中游戏作为一种文化产品，能提供越来越多样化的服务，满足消费者多方面的需求。作为未来趋势，内容创新和在线流通方式的便捷化都将推动游戏行业进一步发展。

五、报纸

日本一直是世界"报纸大国"之一，目前世界仅存的两份日发行量千万级别的报纸《读卖新闻》和《朝日新闻》都来自日本。日本报纸产业2021年实现总收入1.469兆日元，其中报纸销售收入为8229亿日元，广告收入为2669亿日元，其他收入为3792亿日元（见图19-1）。2022年，日本合计发行报纸3084万份（见图19-2），平均每户订报0.53份。日本报纸按受众不同，可分为面向大众的综合类报纸，以及专注于体育、财经等特定领域的专业报纸两大类。在日本，发行报纸的企业称为"新闻社"，新闻社除发行报纸外，也经营杂志及书籍的出版事业，以及提供网络新闻服务等。

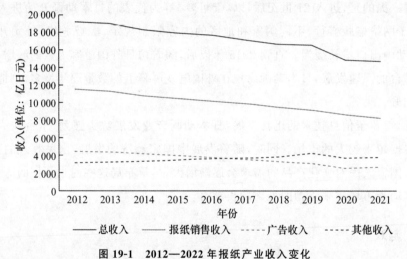

图 19-1　2012—2022 年报纸产业收入变化
数据来源：一般社団法人日本新聞協会「新聞社の総売上高の推移」。

日本的报纸发行是通过各新闻社的代理点和专卖店送货上门，专卖店只批发、不零售。近年来，专卖店规模不断萎缩，从业人员不断减少。截至2022年，日本全国共有13773家报纸专卖店，从业人员23.45万人，其中兼职人员占82.1%，专职人员占16.1%，兼职人员中甚至还包括552名未满18周岁的报童。

从世界范围来看，实体报业的衰落在很早之前就已成定局，日本的报纸产业也在较早的时期就已开始进入电子化发展阶段。《朝日新闻》在1995年时就设立了"电子电波

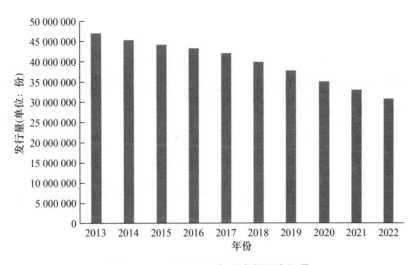

图 19-2　2013—2022 年日本报纸发行量

数据来源：一般社団法人日本新聞協会「新聞の発行部数と世帯数の推移」。

局",开始尝试参与互联网事业,随后各大报社陆续开始向电子化报纸转型并提供手机等终端设备的信息服务。未来,日本报纸产业会进一步推进电子化、信息技术化,同时实体报业的规模也将进一步缩小。

六、出版

2021 年,日本出版市场总规模达到 1.6742 兆日元,较上年增长 3.6%,实现了连续 3 年正增长。其中,电子出版物较上年增长 18.6%;纸质出版物较上年增长 2.1%,实现了 15 年来的首次正增长。

2021 年,出版业企业中,营业收入排在前三位的分别是集英社、讲谈社和角川,分别实现营业收入 1951 亿日元、1707 亿日元和 1282 亿日元,这三家老牌出版商自 2015 年起就基本保持着营业收入的持续增长,经营情况较为稳定。角川的收入增长主要得益于大力开拓海外市场,以及电子书销量的大幅增长;讲谈社的收入增长主要得益于数字产品和版权收入的提高;而《咒术回战》《间谍过家家》等漫画作品的热卖成为集英社蝉联营业收入第一宝座的主要原因。

日本全国出版协会、出版科学研究所的数据显示,2021 年纸质出版物的推测销售额为 1.208 兆日元,比上年下降了 1.3%,其中书籍推测销售额同比增加 2.1%,杂志推测销售额同比减少 5.4%。日本杂志的发行量下降显著,近 5 年已经锐减 30%,《Ziper》《月刊 YOU》《月刊 MdN》等杂志甚至因为销量锐减而停刊。

出版行业中,电子媒体市场还有很大的增长潜力,面对纸质出版物市场不断萎缩的严峻形势,各出版社都积极探索适合自己的出路,将视觉信息与网络结合,强化数字新媒体的建设,大力拓展电子书业务。

七、会展、演出

会展、演出产业在日语中统称为"活动市场",即组织各种文娱、体育活动的产业,包括会议、展览、节日庆典、体育盛会、音乐会、舞台表演等多种形式的活动。2021年,日本会展、演出产业市场规模达到1.4999兆日元,较疫情最严重的2020年增长了26.1%,已经恢复到疫情前规模的近6成(见表19-6)。

表19-6　会展、演出产业各领域销售规模　　　　　　　　　　(单位:亿日元)

领域	2019年	2020年	2021年
广告相关活动	2217	1064	1372
垄断事业	2031	955	1625
大型会议	713	230	428
租赁展览	586	275	453
设施	452	262	303
安保、印刷、人员调动	1382	760	967
商业街	1260	63	126
烟花大会	450	40	68
传统节日	220	25	46
小型会议	280	126	196
小计	9591	3800	5584
剧场影片	3261	1433	1619
音乐演唱会	4712	1743	2120
剧团、表演	2862	801	1288
体育赛事	3726	2236	2708
体育设施	2125	1700	1405
乐团、舞团	508	183	275
小计	17194	8096	9415
总计	26785	11896	14999

数据来源:一般社団法人日本イベント産業振興協会「2021年イベント産業規模推計報告書」。

数据显示,会展、演出产业由于实时互动的特点,受疫情影响较为明显,虽然2021年的产值相比2020年有所改善,但仍未恢复到疫情前的水平。随着疫情影响逐渐减小,国际贸易、文化交流逐步恢复,会展、演出产业有望恢复生机。

八、旅游

2022年,日本国内旅游业消费额达到17.2兆日元,其中住宿旅行消费额为13.7兆日元,占旅游业总消费额约80%。旅游业是日本文化产业的重要支柱之一,疫情之前日本国内旅游业消费额波动不明显,总体呈现稳步增长趋势,突如其来的疫情给旅游业造成了毁灭性的打击,日本国内旅游业消费额直接腰斩。随着疫情形势好转,包括日本在内的世界各国及时调整出入境政策,受疫情影响最大的旅游业的反弹速度也较其他行业更快。2022年,住宿旅行消费额已经达到2021年的200%左右,预计未来增幅将更为明显(见表19-7)。

表 19-7　2014—2022 年日本国内旅游业消费额

年份	住宿旅行（兆日元）	增长率（%）	无住宿旅行（兆日元）	增长率（%）	总计（兆日元）
2014	13.89	−9.9	4.53	−5.2	18.42
2015	15.81	13.8	4.59	1.5	20.4
2016	16.03	1.4	4.92	7.1	20.95
2017	16.08	0.3	5.03	2.3	21.11
2018	15.8	−1.7	4.68	−7	20.48
2019	17.16	8.6	4.78	2	21.94
2020	7.77	−54.7	2.2	−53.9	9.97
2021	6.99	−10	2.19	−0.5	9.18
2022	13.73	96.4	3.43	56.8	17.16

数据来源:一般社団法人日本観光振興協会「観光に関わる基本統計データ(2023 年 3 月 31 日現在)」。

从游客人数来看,疫情前日本游客人数呈逐年递增的趋势,从 2014 年的 4.2 亿人次逐步上升至 2019 年的 4.8 亿人次,其中外国游客增幅显著,从 4482 万人次激增至 1.15 亿人次。疫情后由于各国采取严格的出入境限制措施,日本的外国游客数量锐减,且恢复缓慢,2022 年全年外国游客数仅为 1676 万人次,仅仅相当于 2019 年的 14.5%。

第二十章
日本文化产业经济支持政策

日本政府重视并扶持文化产业发展,不仅仅因为文化产业自身具有较大的市场规模,还因为文化产业溢出效应明显,能有效拉动其他相关产业的增长。日本政府通过立法保护、提供资金支持、加强知识产权保护、人才培养等多方面的政策手段支持文化产业的发展。在经济政策方面,日本文化产业的经济支持政策具有中央各政府部门主导,地方政府、民间团体、企业广泛参与和协助,注重人才培养和国际交流,鼓励文化企业进军海外市场,注重建立和完善相关法律以及改善市场环境等特点。

第一节　中央层面的经济支持政策

一、支持政策

进入21世纪以来,随着IT技术的进步和互联网技术的普及应用,文化产业的产品制作、流通、消费更加便捷,文化产品的运用范围更加广泛。表20-1概括总结了2000—2017年日本政府制定并实施的文化产业领域的主要政策。

表20-1　2000—2017年日本文化产业领域主要政策

年份	政策	备注
2000	出台《IT基本法》	
2001	提出"文化立国"国策;出台《文化艺术振兴基本法》	
2003	内阁府成立知识产权战略本部,并首次推出《知识产权推进计划》	此后每年推出《知识产权推进计划》
2004	知识产权战略本部发布《文化商业振兴政策》	
2007	文化厅提出"文化艺术立国"政策	
2008	文化厅出台具体文化艺术创造计划	
2010	"酷日本"战略成为日本国策	内阁府为首,联合中央各部,从中央辐射地方
2012	经济产业省设立J-LOD补助金①	
2017	文化厅制定"文化经济战略"	

资料来源:根据日本内阁府官方网站资料整理。

---

① J-LOD补助金即内容产业海外展开促进·基盘强化事业补助金。

目前,日本政府内部主要是由经济产业省和文化厅牵头负责振兴日本的文化产业,制定并执行相关支持政策。2020年,日本经济产业省支持文化产业发展的专项预算总额为878亿日元,政策成果目标为到2025年实现文化GDP贡献18兆日元(占整个GDP的3%);2021年,日本经济产业省支持文化产业发展的专项预算总额为556.5亿日元,政策成果目标为到2023年推动文化产业国际市场规模增长3兆日元。日本经济产业省还致力于优化文化产业的市场环境,具体措施包括将外国留学生制度引入动漫、游戏相关教育机构,加快修订与动漫制作产业、印刷产业、广告业企业相关的外包交易规范等。此外,日本经济产业省还举办了"内容时代——2030文化产业生存游戏"模拟商业大赛等企业参与型活动,希望通过模拟真实的商业环境,鼓励文化产业相关企业参与,为未来文化产业政策的出台与实施、未来文化产业经济环境及其发展提供前瞻性建议。

为推动日本内容产业进入国际市场,日本经济产业省主导并与总务省联合设立了J-LOD补助金。J-LOP补助金专门用于支持"酷日本"战略,主要对内容产业的国际市场拓展、国际市场流通、内容本地化等提供直接的资金支持。2012—2017年,该补助金总计开展资助项目6600个,资助海外创业者524人次,经济溢出效果达5.4倍(1857亿日元)。2021年,该补助金预算总额为9.5亿日元,2022年增加到9.6亿日元,对于不同性质的项目、公司会有不同的资助金额(见表20-2)。

表20-2 2022年J-LOD补助金资助项目及其金额

资助项目	资助金额上限
海外市场的影视、音像、出版等文化产业	2000万日元/项目;4000万日元/公司
海外融资	1500万日元/项目;3000万日元/公司
后疫情时代文化商业事业	1亿日元/项目
内容产业的数字化系统开发	5000万日元/公司
故事性影像制作	1000万日元/公司

数据来源:経済産業省「海外展開支援 コンテンツ海外展開促進・基盤強化事業費補助金(J-LOD)」。

日本经济产业省还推出相关政策,从大力开发广告市场、增加电子竞技收入来源、提高电子竞技选手的经济地位三方面入手,促进面向Z世代的游戏、电子竞技相关文化产业的发展。

此外,日本经济产业省还联合各相关政府部门,支持文化产业人才培养和国际合作,出台并实施动漫、游戏相关教育机构留学生接收制度,积极吸引海外人才。不仅仅是"引进来",日本政府还积极鼓励人才"走出去",推出海外留学资助制度,资助本国学生前往英美等最先进的电影、动漫制作相关的教育机构留学,资助本国学生学习文化商业相关的法务、会计、融资等世界先进知识。日本政府十分注重与国内外高校研究机构在人才培养方面的合作,如东京大学生产技术研究所与英国皇家艺术学院共同设立了设计研究实验室,促进日本国内外产业与高校研究机构合作。

除了为文化产业相关国际合作提供经济资助之外,日本政府还举办文化产业国际交流活动,如以促进中日韩三国文化产业政策及动向交流、增加三国文化产业商业机会为目的的2002年中日韩文化产业论坛;自2008年起,每年组织亚洲内容产业峰会(Asia Content Business Summit,ACBS),通过亚洲各国合作促进文化产业的生产与流通;2008年,日本经济产业省联合中国、韩国、新加坡、马来西亚等16国的政府机构设立东亚·ASEAN经济研究中心,开展影视文化产业研究项目;自2012年起,开展中日韩"东亚文化都市"合作项目,促进中日韩动漫、电影等相关领域人才合作交流;2018年,日本政府与中国政府签订电影共同制作协议,促进两国电影产业合作与发展等。

日本文化厅也积极致力于推动日本文化产业的发展,动用财政资金,对文化产业给予有力支持。日本文化厅预算中与文化产业直接相关的资助方向主要包括:文化艺术创造性循环、日本电影的制作振兴计划、媒体艺术的创造宣传计划、媒体艺术人才培养、数字时代的著作权保护等。2008年预算为1017.55亿日元,用于支持文化艺术立国、文物的继承与国际合作、文化艺术场所的扩充等项目。2008—2018年各年预算增长幅度为0.3%—13.5%,财政预算资助目标均为实现文化艺术立国。与文化产业直接相关的政策支持则涉及人才培养、媒体艺术振兴及电影振兴等领域。2019年开始,日本文化厅提出了"以文化艺术之力开拓未来"的新目标,在原有基础上,增加赴日文化观光相关产业资助。2022年,日本文化厅年度预算总额为1.076亿日元,较2018年上涨0.1%,其中新增"日本食文化、食产业"项目,用于支持日本饮食文化认定、调查研究及相关事业的开展。此外,还设立了用于推进美术作品数字化及系统化,促进美术作品市场发展的专项资助。2023年,日本文化厅年度预算总额为1.350亿日元,较上年增长了25.5%,其中电影产业支持预算增加1亿日元。日本文化厅还出台了"文化艺术创造都市"政策,以促进城市文化艺术振兴和城市发展,2018年预算总额为1088万日元,用于支持新潟县艺术文化振兴财团开展相关文化产业振兴活动。日本文化厅于2017年从东京都迁址京都府,并成立地域文化创生本部,以促进旅游观光、庆典活动以及文化产业经济规模研究等。

大数据时代下,日本政府更加注重文化产业相关领域的著作权保护。文化厅主持建立了跨领域权利信息数据库,2022年在原有的基础上,对还未收录在系统中的网络内容作品、未被集中管理的版权物等,也批准可以使用此数据库,进行权利信息的确认。此外,文化厅根据《著作权法》中的私自录音录像补偿金制度成立一般财团私自录音录像补偿金制度协会,严厉打击私自录音录像行为,保护文化产品的著作权。由日本政府部门及相关文化研究机构共同成立的日本数字文档推进委员会,在2021年9月、2022年4月相继发布《日本研究战略方针2021—2025》和《日本研究行动计划2021—2025》,

推进日本数字文档社会的建设,在保护历史文化领域资源的记录和再创造的同时,注重对相关人才的培养。日本政府还大力打击国内外盗版侵权活动,如2020年出台了《著作权法修正案》,大规模封锁盗版内容搜索网站、盗版下载网站等;2021年出台了《供应商责任限制法》,优化日本国内外企业信息公开申诉手续;2021年4月,日本内阁府、警察厅、总务省、法务省、外务省、文部科学省、经济产业省联合发布《打击网络盗版全面对策表》,推进著作权教育、意识培养,促进正版流通,同时设置专门的盗版网站取缔机构,加强国际合作,打击封锁搜索网站盗版内容,打击盗版网站广告,改善青少年网络环境等;2021年4月,日本特许厅发布《加强跨境电商盗版商品贸易监管条例》,严格取缔跨境电商盗版商品的贸易,并根据《改正商标法》《创意法》《关税法》取缔通过邮寄方式流入日本的盗版商品。除了完善立法和加强执法外,日本文部省还在高等教育中引入知识产权相关课程,于2022年2月发布了《知识产权课程设置参考标准》,在中小学及专科学校设置"知识产权教育推进合作共同体",推进知识产权教育,加强全社会知识产权意识培养和相关人才培养。内阁府知识产权战略本部公布的《2022年知识产权推进计划》中,文化产业相关政策主要包括促进虚拟空间经济圈建设及其内容产品消费(主要包括改善就业,改善融资环境,支持人才培养,进入国际市场等);建设数字化社会(主要包括支持人才培养,支持公民数字化意识培养,支持档案公开化利用,增强对档案机关的支持等);著作权保护及打击盗版(规定侵害内容下载违法);改善拍摄环境等影视作品制作支持。

二、"酷日本"战略

由日本内阁府主导的"酷日本"战略是日本文化产业政策支持的核心战略,也是促进日本经济发展的品牌战略。"酷日本"战略的总方针是创造日本热潮、促进国际商品及服务创收和国内相关消费振兴。"酷日本"战略是一项由日本内阁府统筹、中央各部门分配具体产业方向、地方政府协作、民间及个人广泛参与的国策。为实施"酷日本"战略,日本政府统筹建立了完善的战略推进体制,任命"酷日本"战略担当大臣,搭建由相关政府部门、民间团体、民间企业、机构、个人组成的官民合作平台,定期召开会议(具体见表20-3)。各政府职能部门的分工是:总务省负责影视节目国际拓展资助;外务省负责在外大使馆的日本文化宣传;财务省(国税厅)负责日本酒类产品的魅力宣传;文部科学省(文化厅)负责文化艺术振兴及国际宣传;农林水产省负责日本饮食及饮食文化的普及;经济产业省负责文化产业输出资助;国土交通省(观光厅)负责促进赴日旅游相关信息的宣传。

表 20-3 "酷日本"战略实施路线图

年份	内容
2011	在经济产业省设置"酷日本"国际战略室
2012	设置"酷日本"战略担当大臣
2013	成立"国际需要拓展资助机构"(截至 2021 年 10 月共出资 1053 亿日元,其中,政府出资 946 亿日元,民间出资 107 亿日元)
2015	发起"酷日本"战略推进会议,设立官民合作平台
2018	将"酷日本"战略作为知识产权战略的一环
2019	发起知识产权推进计划,设定"新酷日本"战略

资料来源:経済産業省商務・サービスグループクールジャパン政策課「クールジャパン機構について」。

文化产业作为"酷日本"战略重要的一环,具体资助领域包括为加强人才培养和挖掘市场需求以增强地方内容产品制作能力、加强与当地广播电视台及相关产业的合作,而进行的影视内容作品的出口;资助对象为影视产业相关企业团体法人,其中对地方公共团体法人的资助上限为 2000 万日元,对符合协作的民间团体的资助上限为 4000 万日元。2020 年,日本影视产业国际出口额为 571.1 亿日元,国际销售作品总数为 3539 件,其中动漫产业出口额占比超过 80%。"酷日本"战略与地方都道府县开展合作,每年在日本各地开展一次地方版"酷日本"推进会,深入了解日本各个地方的需求,挖掘各个地方的魅力以及国际宣传与拓展的成功案例。

日本对"酷日本"战略的财政预算整体上呈现迅速攀升的趋势。日本内阁府公布的财政预算报告显示,2017 年至 2021 年"酷日本"战略年度预算分别为 353 亿日元、376 亿日元、459 亿日元、444 亿日元、580 亿日元。2022 年日本财政预算报告中,明确"酷日本"战略直接相关的财政预算为 225 亿日元,间接相关但金额还未具体明确的财政预算高达 932 亿日元。其中,文化产业的财政投入主要集中于国际拓展、人才培养、数字基础设施强化以及本地资源的保管和活用等方面。

第二节 地方层面的经济支持政策

一、支持政策

地方层面,日本经济产业省下属的北海道经济产业局、东北经济产业局、关东经济产业局、近畿经济产业局、九州经济产业局、中部经济产业局、中国经济产业局七大地方经济产业局辐射日本各区域,下设地方性的文化产业政策支持部门。京都、东京、石川、鸟取、宫城等日本各都道府县有关部门都设立了相应的文化产业政策支持部门,利用本地文化资源,对本地文化产业发展提供具有针对性的政策扶持,积极促进文化产业的发展。以文化厅发起的地方行政令为例,全日本设置了8个政令指定都市(分别是札幌市、埼玉市、川崎市、静冈市、京都市、大阪市、堺市、冈山市)和28个核心城市。日本各都道府县设有环境生活部文化局文化振兴科或环境生活部县民文化振兴科、观光国际战略局引客交流科、消费生活科、观光文化运动部文化振兴科等部门,以促进当地文化事业和文化产业的发展。各都道府县分别从文化政策统筹、艺术文化、文物保护、国际文化交流、博物馆五个方面推出政策,出台具有本地特色的文化振兴条例。2020年,日本都道府县文化产业相关费用共计支出5.6亿日元(由日本国库及都道府县地方政府共同出资),相较2019年增长13.0%(见表20-4)。

表20-4 2020年日本都道府县文化产业相关费用

经费名称	经费金额（亿日元）	经费细目（亿日元）	较上年增幅(%)
文物保护经费	0.8	重要文物:0.28 考古文物:0.18 公共文化团体指定文物保护与利用:0.08 国家及地方公共团体指定文物保护与管理:0.30	2.7
艺术文化经费	4.8	艺术文化事业:0.70 文化设施:2.94 文化设施建设:1.14	15
总计	5.6	文物保护:0.83 艺术文化:4.80	13.0

资料来源:文化厅「地方における文化行政の状況について(令和3年度)」。

日本地方政府还借助本地文化资源优势,开展一系列文化活动,促进相关文化产业发展。以动漫及其周边产业为例,日本各地方政府结合本地出身的知名漫画家及其作品,开展"圣地巡礼"为主线的动漫观光旅游;联合本地高校形成"产业、政府、大学"合力推进动漫产业发展,如熊本县2023年4月首次在公办高校开设漫画专业;通过动漫产业吸引年轻人回乡就业创业,解决人口外流和就业问题。

二、支持案例

本节以东京都东京观光财团为案例,分析日本地方政府如何通过经济政策等支持文化产业发展。

东京观光财团是由东京都政府主持设立的,由东京工商会议所和民间企业、团体捐助的公益财团法人,前身是东京旅游协会,负责振兴东京文旅,发挥着补充东京都文旅行政职能的作用。设立东京观光财团主要是为了振兴东京的旅游业,文旅关系紧密,文化产业在振兴旅游业的过程中也发挥着不可忽视的作用,因而东京观光财团在对文化产业的经济支持方面也有较大投入(见表20-5)。

表 20-5　2021 年东京观光财团补助项目

补助金名称	支付人	补助额(日元)
"从东京发现日本的魅力"分担费	东京都	211928706
国际体育赛事下的旅游振兴分担费	东京都	38801000
利用世界自然遗产的旅游振兴分担费	东京都	75587454
航线多样化合作分担费	东京都	130976931
东京及其邻县的魅力再发现分担费	东京都	24835367
MICE 专门人才培养分担费	东京都	31193123
东京都旅游信息传播补助金	东京都	166884294
根据市场特性促进旅游补助金	东京都	92352618
促进接纳国外青少年的教育旅行补助金	东京都	16181
制作欢迎卡等的补助金	东京都	120182325
制作穆斯林观光手册等的补助金	东京都	22876999
东京品牌传播补助金	东京都	12161105
Unique Venue 会场设置经营补助金	东京都	15677162
MICE 信息传播补助金	东京都	135424915
MICE 促进基础设施建设补助金	东京都	29734720
推进城市合作 MICE 吸引补助金	东京都	11111855
支持国际会议申请、召开补助金	东京都	1064810
MICE 合作推进协会事业补助金	东京都	4232558
Unique Venue 魅力传播事业补助金	东京都	54436528
地区的逛街旅行传播事业补助金	东京都	31343396
免税店资助信息传播事业补助金	东京都	16095200
东京都地区振兴事业补助金	东京都	756000
岛屿地区结缘事业补助金	东京都	9923000
支持建成地方旅游城市事业补助金	东京都	14527697
观光财团管理运营补助金	东京都	978704087
会议补助金	东京都	946249418
旅游基础设施建设推进补助金	东京都	4575376546
地区旅游振兴补助金	东京都	1079241555
广域旅游向导据点等完善支持补助金	东京都	1141624041
旅游信息补助金	东京都	31519413
招牌设置运营补助金	东京都	432262885
合计		10437101889

数据来源:公益財団法人東京観光財団「各種補助金・支援助成金について」。

东京观光财团以旅游业为基础,在传播、国际教育、文化遗产、宗教、会展、商务、基础设施建设等领域均有广泛涉猎,其中对传播业提供了大量资助,不仅涉及欢迎手册、观光卡等纸质媒介传播,还涉及制作并运营相关网站、拍摄宣传片等数字媒体媒介的传播。MICE 是由 meeting(会议、培训、研讨会)、incentive tour(奖励或邀请旅游)、convention or conference(大会、学术会议、国际会议)和 exhibition(展览)的首字母组成,是一种商务旅行形式。许多国家和地区都注重吸引会展游客,这不仅是因为参与人数众多,还因为其消费金额高于一般的观光旅游。在日本,国家和地方政府正在积极推进会展业,将其作为入境促进措施的一部分。而支持会展业、传播业的发展本质上就是通过发展文化产业、丰富东京的文化内核吸引更多游客和国际组织等来振兴旅游业。

第三节 公共团体及民间机构层面的经济支持政策

一、支持政策

日本现有与文化产业支持政策相关的公共团体和民间机构主要包括独立法人艺术文化振兴基金会、公益财团法人企业赞助协会、公益法人 DNP 文化振兴财团、一般财团法人数字内容协会、一般财团法人计算机娱乐协会和日本网络游戏协会等。它们主要是以产业类别区分,细化为支持某一类文化产业的团体组织,主要着眼点于著作权保护、举办专业领域赛事、进入国际市场等。

二、公共团体支持案例

本节以艺术文化振兴基金会为案例,介绍日本公共团体如何支持本国文化产业的发展。

1989 年 12 月,财界、艺术文化界志愿者组成了独立法人艺术文化振兴基金会,并于次年 3 月创立了艺术文化振兴基金。该基金以政府出资的 541 亿日元和民间出资的 112 亿日元共计 653 亿日元为资本金,以其收益资助文化艺术活动。

艺术文化振兴基金会对艺术方面文化产业的资助主要采取两种形式,一是使用艺术文化振兴基金的收益进行资助(见表 20-6);二是使用国家的补助金(文化艺术振兴补助金)进行资助(见表 20-7)。

表 20-6　艺术文化振兴基金资助领域

激发舞台艺术创造活力
音乐
舞蹈
戏剧
传统艺能
大众艺能
国际艺术交流
国际协同制作公演(国外)
国际协同制作公演(国内)
国际祭典
强化剧场的功能
区域核心剧场等的利用
协同制作
强化广播网络
电影创作
纪录电影
动画电影

资料来源:独立行政法人日本芸術文化振興会「芸術文化振興基金の助成実績」。

表 20-7　文化艺术振兴补助金资助领域

艺术创造普及
现代舞台艺术创造普及
传统艺能的公演
美术创造普及
前卫、实验性的艺术创作
艺术方面的国家交流
多领域协同的艺术创造
国内电影节等
电影制作
区域文化振兴和区域文化设施公演、展览
历史村落、城镇、文化景观的保护、利用
民俗遗产的保护、利用
文化振兴普及团体活动、业余文化团体活动
传统工艺和文物保护技术的传承

资料来源:独立行政法人日本芸術文化振興会「文化芸術振興費補助金による助成実績」。

从具体活动来看,艺术文化振兴基金资助过 La Storia GALA Concerto 北海道二期会、野间芭蕾团第 29 次定期公演 Progressive Dance Part 8、第 27 届京都儿童电影节、卯辰山山麓传统建造物群保存地区"传统建筑物群等保存记录"制作等涉及音乐、舞蹈、戏剧、电影、美术等的文化活动,既有艺术创造的普及活动,也有区域文化的振兴活动等;文化艺术振兴补助金资助过剧场和动画电影等,涉及音乐、舞蹈、戏剧、传统艺能等方面,以定期公演为主,更倾向于资助日本传统艺能。

从资助金额上看,基金资助现代舞台艺术创造普及活动的金额所占比重最大,达 44.53%,在疫情最严重、公开表演受阻的 2020 年和 2021 年资助各种形式活动的金额超过 7 亿日元。另一方面,公费资助的项目中,同样也是舞台艺术创造普及活动获得的资助金额最多,总计 400 多亿日元,占公费资助总金额的 72.4%,其中对舞台音乐方面的资助金额最多,达到舞台艺术创造普及活动资助金额的 55.8%。即使在疫情期间,公费资助金额也高达 50 多亿日元。

艺术文化振兴基金通过自有基金理财的收益和国家发放的补助金对各种形式的艺术文化表演进行资助,可以说拥有"半官半民"的性质。它对文化产业的支持采取申请审核制,基金收益给予的补助更加分散,而文化艺术振兴补助金更加注重对大类的资助,资金也更加雄厚。这样的机构运营模式不仅能从面到点,从大到小,各类企业、活动都照顾到,而且官方的参与也能表明官方的态度,给予市场一定的信心。

三、民间机构支持案例

本节以企业设立的以文化振兴为主要事业目的的 DNP 文化振兴财团为案例,介绍日本民间机构对文化产业发展的支持。

DNP 文化振兴财团是大日本印刷株式会社(DNP)设立的。DNP 文化振兴财团对于文化产业的支持主要聚焦于企业、会展和教育普及。财团资助的图形文化学术研究内容辐射日本、欧美等多个国家和地区,横跨历史、现代等不同时间维度,拥有报告、调查、研究等不同文本形式,研究范围较广。此外,财团还与平面艺术领域的知名学者、一线创作人员以及京都嵯峨艺术大学、京都市立艺术大学视觉艺术研究室等知名创作、教研机构合作,极大程度上促进了平面艺术领域理论研究的发展。DNP 文化振兴财团真正做到了产研结合,给予相关从业人员优厚的待遇,并且依托 DNP 进行了大量印刷出版工作;同时进行将图形设计和图形艺术等艺术性和文化性作品传达给现世及后世的档案事业、向大众公开国内外优秀作品的展览事业,并通过研讨会、网络、图书等进行教育普及事业,为促进超越国籍和民族的多种价值观的相互理解和共享进行国际交流事业等;此外还通过表彰和资助优秀艺术文化活动以及与国内外机构、个人共同研究等,对跨国境和跨民族的文化的丰富发展做出贡献。

第四节 企业层面的经济支持政策

一、支持政策

日本文化企业成立了企业联合会,促进与政府相关部门的对话,发布行业报告,为企业及政府部门决策提供数据信息等。如日本三大企业联合会之一的日本经济团体联合会,联合文化企业、团体等成立娱乐文化产业部会,对日本国内外文化产业现状、日本文化产业面临的课题(如人才培养、扩大国内外市场、市场环境分析等)、日本政府的作用等多个方面进行研究。也有文化企业以身作则,充分发挥自身优势开拓营业范围,将企业发展与文化产业发展相结合,通过资金助力日本文化的国际传播。

二、支持案例

角川是经营出版、映像、网络媒体内容的集团,曾把角川书店作为集团事业中心,后采取营业、流通业务与出版业务分离的策略,实行角川出版集团(角川 GP)负责营业、流通业务,角川书店、角川学艺出版等负责出版业务的体制,角川书店、ASCII MEDIA WORKS、富士见书房等相关企业的营业机能向角川 GP 统一转移集中。

角川曾分拆角川书店除出版事业之外的部门,由角川杂志统括跨媒体部门,角川映画统括映像内容部门,后者于 2011 年再度并入角川书店,使其得以同时发展出版和映像业务,角川映画从此作为角川集团映像事业品牌存续。此外,设立角川游戏开展家用游戏软件业务,角川 CONTENTS GATE(现为 BOOK WALKER)提供移动媒体内容服务,如电子书平台"BOOK☆WALKER"。

国际业务方面,角川以 1999 年设立"中国台湾国际角川书店"(现为中国台湾角川)作为跨出日本的第一步;2005 年于中国香港设立"角川集团中国"(现为角川集团亚洲)和"角川中国香港"(现为中国香港角川),前者成为角川在亚洲除日本外事业的统括中心,后者负责中国台湾角川出版品在中国港、澳地区的销售;2010 年,与中南出版传媒集团合资成立"广州天闻角川动漫",在中国大陆引进出版角川出版物。

角川旗下子公司 KADOKAWA Contents Academy 株式会社于 2014 年在中国台湾成立第一家传授日系动漫技能的教育机构"角川国际动漫教育公司",并于 2015 年 3 月 30 日决定在亚洲、欧洲和澳洲进行投资,总金额达到 4.5 亿日元。此后,又于 2016 年在泰国曼谷设立了同样的教育机构,并且提供日系教学大纲协助新加坡、马来西亚等国家或地区培养动漫创作人才。2019 年,更与中国台南长荣大学合作,创建以制作 CG 动画为主的长荣角川国际动漫工作室。角川开展这一系列海外活动的本质是希望通过子公司进行国际市场的拓展与相关技能人才的培养,将学员的培养与业界紧密接轨,充分发挥企业集团的资源优势,提供国际交流机会并推动日本文化的国际传播。

第二十一章
数字化时代的内容产业

随着全球化进程的加快,以数字化、绿色化为核心的经济社会革新愈发激烈。为了实现经济的持续增长,日本比以往更加重视构筑自主性强、可持续发展的创新型生态环境系统,特别是内阁府制订的《知识产权推进计划》,强调持续推进数字化时代发展的重要意义。

针对内容产业以及"酷日本"战略,日本内阁府制订的《知识产权推进计划 2022》指出,一方面,为迎接 Web 3.0 时代,元宇宙和 NFT 等内容产业的发展越来越迅速。现如今,全球都处在内容创作、流通、利用的高速发展时代,日本需要抓住这样的潮流脉搏,加强新媒体技术下的内容产业竞争力,促进人们发挥创造性,激活由创造者主导的内容生态系统。因此,日本政府的当务之急是创造便于内容利用和流通的内外环境,构建简单、迅速的著作权处理机制。

另一方面,受新冠疫情影响,餐饮、旅游、文化艺术、娱乐等"酷日本"战略的相关核心领域受到巨大的打击,如何在严酷的经济形势下存续,寻找新的发展契机以摆脱危机,成为各国面临的重要课题。就日本而言,随着 2020 年东京奥运会的召开,日本的饮食文化和生活文化借助运动员、相关工作人员的社交平台,广泛地向世界传播开来,成为大众重新发现日本魅力的契机。这样的世界性运动盛会所带来的效应,成为"酷日本"战略继续前行的有力助推剂。

第一节 数字革命与内容产业的发展

一、数字内容产业的发展历程

上文提到,进入 21 世纪后,数字技术在各个国家兴起,各国开始将其与本国的传统产业进行融合,以谋求新的产业发展道路。其中,日本将数字技术与内容产业进行融合升级,形成了如今的数字内容产业,并在竞争中脱颖而出,获得了海内外较大的市场规模。

从数字内容产业的特性来看,信息产品的固定成本高,这体现在内容的设计费用、软件产品的研究和开发费用、服务器等的维修和运营成本、上市前的一系列推广费等方面,并且这些成本都是在产生经济收益之前的固定成本。对于数字内容产业的可变成本来说,这些数字化的内容复制成本极低,生产拷贝的数量几乎不受生产力限制,且不会生成设备折旧和固定资产折旧。对于在线的内容产业,只要在设计容量的范围之内,新开通一个用户,并不需要增加成本;同样对于互联网服务业来说,新增一个访问者也不需要增加成本。因此,数字内容产业的边际收益递增,属于高风险、高回报的产业。

二战结束后,相对和平的国际环境和日渐增长的人均收入使人们开始朝着追求物质与精神双富足的方向发展,导致娱乐业等服务业进入大众的视线。20 世纪 70 年代,伴随着计算机、通信卫星、微电子、光纤通信等技术的出现以及日本国内经济的腾飞,日本诞生了许多经典的热血动漫,也是在这个时代,动漫作为日本内容产业的代表获得了长足的发展。日本经济泡沫破裂之后,出现了大量的失业人员,由于就业形势不乐观,"宅男宅女"日益增多,同时互联网崛起、虚拟社交流行,使得这一人群开始感受到游戏和动漫的魅力。外部环境的驱使,加上内部环境的催化,使得社会对内容产业产生了极大的需求,游戏产业和动漫产业进入黄金发展期,间接促成了传统内容产业向数字内容产业的升级。

日本数字内容产业的发展是一个动态变化的过程,进入 21 世纪后,日本政府高度重视内容产业数字化。2001 年,日本推出了"e-Japan 战略",通过超高速互联网的建设、电子商务的推进以及政府电子化的整顿促进社会 IT 化。2005 年,日本互联网普及率已达到 66%。2006 年,日本又推出"IT 新改革战略"和"i-Japan 战略",主要集中于 IT 技术层面的突破以及 IT 架构改造能力的发挥。2013 年,日本出台"日本再兴战略"(Japan is Back),从信息通信方面入手完善国内的基础设施。2016 年,日本把文化 GDP 增长的重任放到数字内容产业的强化上,目标是突破 600 万亿日元。2017 年,为增强产业竞争力,日本政府利用大数据和人工智能建立了知识产权制度,提出《知识产权推进计划 2017》。2022 年,日本政府提出《知识产权推进计划 2022》,强调数字时代著作权维护、IT 基础设施整顿、数字社会数据流通和环境整顿的必要性。

二、数字内容产业的发展特点

正如其名,数字内容产业是传统内容产业和数字技术相结合所产生的新型内容产业,是数字化了的内容产业,包括传统内容产业中的动画、音乐、游戏、文本、复合型内容等。按照状态模式,数字内容产业可以分为离线方式(CD、DVD 等)、在线方式、特殊终端方式(Kindle 以及 iPhone 等)。

到 20 世纪 90 年代,日本的影视产业还是以 VHS(家用录像系统)的租赁模式为主流,进入 21 世纪后,DVD 的登场以及 DVD 播放机价格的下降使市场发生了很大的改变。2005 年,DVD 已经占有约 3500 亿日元的市场,DVD 市场规模的增长和 VHS 市场规模的缩小象征着进入 21 世纪后数字内容产业开始逐渐抢夺传统内容产业的市场

（见图 21-1）。

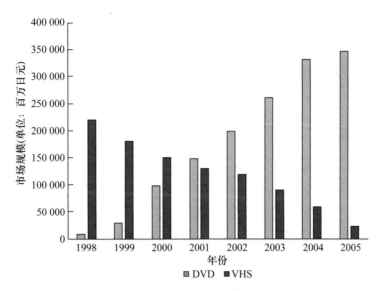

图 21-1　DVD 和 VHS 市场规模
数据来源：一般社団法人日本映像ソフト協会「2005 年度統計報告」。

伴随着 DVD 和 CD 市场的缩小，以及超高速互联网建设对全国范围的覆盖，通过互联网购入付费的音乐、影视作品，也就是被人们称为"配信"的商业模式开始出现。不同于 CD 和 DVD，用户购买音视频服务之后不需要腾出空间收纳，音视频配信模式开始受到人们的欢迎。

数字内容产业不只是单纯地对传统内容产业的作品进行数字化，还包括新兴数字技术、数字化的服务、产业化的流通机制，是贯穿产业链的"生产""流通""消费"三方面的数字化。

与传统内容产业相比，数字内容产业具有以下优势：第一，便利性。由于内容以数据的形式存在，因此在复制的时候不会劣化，并且只要有设备和网络，随时随地都可以使用。第二，收益率高。相较于传统内容产业以 DVD 和 CD 形式进行数据存储的离线模式，数字内容产业有大容量、高画质、读取速度快等优势。数字内容产业不需要实物媒介，流通渠道在网络上，同时免去了配送费等流通费用，压缩了成本。

第二节　数字内容产业的市场规模

根据日本数字内容协会发布的《数字内容产业白皮书 2022》，2021 年，日本数字内容产业的市场规模为 12.7582 兆日元，为前一年的 107.7%（各部分市场规模占比见图 21-2）。

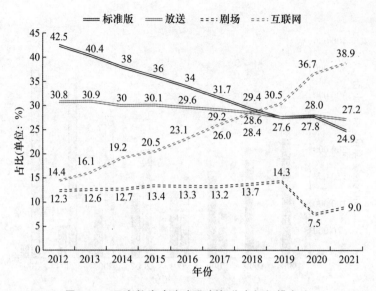

图 21-2　日本数字内容产业各部分市场规模占比
数据来源：一般社団法人日本デジタルコンテンツ協会「デジタルコンテンツ白書2022」。

从图 21-2 不难看出，以互联网为媒介的数字内容产业市场规模自 2012 年起就呈现稳步增长的态势，且 2020 年由于 5G 技术的成熟以及新冠疫情的影响，以互联网为媒介的数字内容产业市场规模的增长率更是达到了 20.3％。

第三节　数字内容产业的技术革新

进入 21 世纪，数字技术的革新为数字内容产业注入了活力，为发展好数字内容产业，完善产业结构，扩大国内市场，打开海外市场，日本政府对新兴的数字技术，如流媒体（streaming media）技术、XR（Extended Reality）技术、非同质化通证（Non-Fungible Token）技术等进行了大力的扶持。

为了获得竞争优势，日本内容产业相关企业在各方面对内容创作进行了技术革新，以其中的设备投资为例，根据总务省情报流通行政局和经济产业省大臣官方调查统计小组的报告，日本放送制作业企业设备投资金额在 2020 年达到了 1.12 亿日元，较 2019 年增长 18％，其中软件设备的投资金额达到了 3050 万日元，较 2019 年增长 163％。从图 21-3 可以看出，2019 年，设备投资金额下降，但是在 2020 年，设备投资金额却"无视"疫情影响重新上涨，这与内容产业数字化的进一步深入以及市场对内容产业数字化转型的需求不无关系（见图 21-3）。

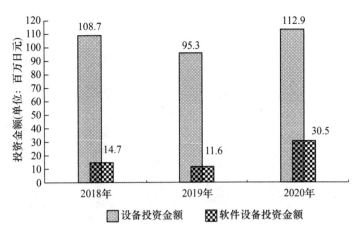

图 21-3　日本放送制作业企业设备投资金额

数据来源：総務省「2020 年情報通信業基本調査結果」。

此外，2020 年，放送制作业设备，如 VTR、摄像设备、编辑用器材的数字化率分别达到 95％、93.4％、96.2％（见图 21-4）。

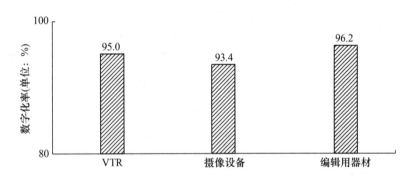

图 21-4　2020 年日本放送制作业设备数字化率

数据来源：総務省「2020 年情報通信業基本調査結果」。

一、流媒体平台的运用

日本商用流媒体的运用始于 1995 年，1999 年第一次出现流媒体的付费音乐"配信"服务 bitmusic，面向日本传统手机的音乐配信在 2010 年市场规模已经超过 1000 亿日元。截至 2021 年，音乐配信项目的销售额达到 895 亿日元，自 2010 年以来再次超越 850 亿日元的大关。从 2022 年日本唱片协会发布的《日本唱片产业 2022》中可以看到，流媒体市场规模占音乐配信市场规模的比重从 2017 年的 45.9％增加到 2021 年的 83.1％，几乎翻了一倍，不难看出其成长的速度之快，也不难预见今后流媒体将继续占有音乐内容产业的大部分市场规模（见图 21-5）。

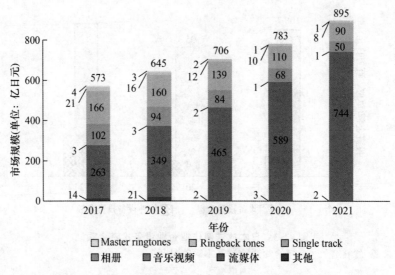

图 21-5　2017—2021 年日本音乐配信各部分市场规模

数据来源：一般社団法人日本レコード協会「日本レコード産業 2022」。

在影视行业，2002 年，日本出现了视频点播技术（video on demand，VOD），并在 2004 年实现营收。2008 年，NHK 和 Spotify 分别开始了按需出版和订阅服务。日本朝日电视台更是抓住风口与游戏公司 Cygames 合作开办网络视频平台 AbemaTV，其 APP 在 2020 年达到 5000 万的下载量，网络和动画营收达到 583.88 亿日元，利润达到 45.98 亿日元。2005—2020 年日本视频流媒体产业市场规模如图 21-6 所示。

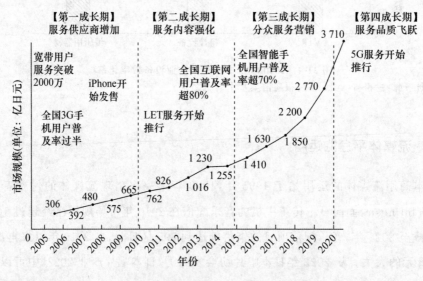

图 21-6　日本视频流媒体产业市场规模

数据来源：王玉辉，龚金浪. 日本视频流媒体产业发展现状研究[J]. 当代电影，2022，(1)。

伴随着日本 ICT 技术的完善、无线宽带业务的不断拓展,以及 iPad、笔记本电脑等移动终端的普及,流媒体产业极大地拓展了市场。2020 年《鬼灭之刃:无限列车篇》的主题曲《炎》在流媒体平台 YouTube 上推出一周就达到了 1 亿播放量,刷新了最快突破 1 亿播放量的记录。流媒体平台所带来的技术革新使得日本的音乐、影视作品等内容产业得以用极快的速度在全世界范围内传播,为日本数字内容产业向海外传播提供了极大便利。

然而,自从 2015 年 Netflix、DAZN 等国外流媒体平台进入日本市场,日本本土流媒体平台市场受到挤压。受制于内容和产品的单一性,日本本土流媒体平台相较于国外流媒体平台竞争力不足的缺点开始显现。

二、"元宇宙"与内容产业

"元宇宙"近年在日本是热议话题,它来源于 1992 年科幻作品《雪崩》里提到的"metaverse"(元宇宙)和"avatar"(化身)这两个概念。人们在"metaverse"里可以拥有自己的虚拟替身,这个虚拟的世界就叫做元宇宙。日本在 2020 年发布的《集合啦!动物森友会》和 2022 年发布的《斯普拉遁 3》就已经初具元宇宙游戏的雏形,玩家可以在游戏中进行交互、内容的制作和交易,有的玩家甚至开设了内容交易网站,在现实世界中交易游戏中的服装。

综合来看,元宇宙将会给社会发展带来五个方面的重要影响:一是在技术创新和协作方式上进一步提高社会生产效率;二是催生出一系列新技术、新业态、新模式,促进传统产业变革;三是推动文化产业跨界衍生,极大刺激信息消费;四是重构工作和生活方式,大量的工作和生活将在虚拟世界发生;五是推动智慧城市应用场景建设,创新社会治理模式。

元宇宙是以信息基础设施为载体、以虚拟现实(VR、AR、MR、XR)为核心技术支撑、以数据为基础性战略资源构建而成的数字化时空域,具有虚实融合、去中心化、多元开放、持续演进等特点。当前,数字科技已发展到高度融合创新阶段,具有强大革命性的元宇宙必然成为日本甚至全世界关注的焦点;并且近年来,由于新冠疫情的影响,虚拟空间中的内容消费将会加速。2021 年 7 月,日本经济产业省发布了《关于虚拟空间行业未来可能性与课题的调查报告》,归纳总结了日本虚拟空间行业急需解决的问题,以期在全球虚拟空间行业占据主导地位。同年 11 月,日本成立一般社团法人日本元宇宙协会,将与金融厅等行政机关相互配合,启动市场构建,力争使日本成为元宇宙发达国家。

然而,元宇宙在现在的日本还处于"话题热"的阶段,虽然各种市场分析和行业调查显示其拥有相当好的发展前景,而且日本政府也有意对其进行进一步的发展,但该领域的数据和创业实例还较少,有待继续观察。

第四节 新冠疫情期间的数字内容产业

新冠疫情重创了包括传统文化产业在内的诸多行业,特别是诸如旅游、电影等依托线下消费的文化产业受到的冲击最大。株式会社 HUMANMEDIA 的数据显示,2020年,日本媒体和内容产业市场规模整体呈现下降趋势。

据日本电影制作者联盟统计,2019 年,日本电影院观影人数达到 19.5 万人,为近年来最高峰,而 2020 年这个数字锐减到 10.6 万人,新冠疫情对线下电影业的冲击程度可见一斑(见图 21-7)。

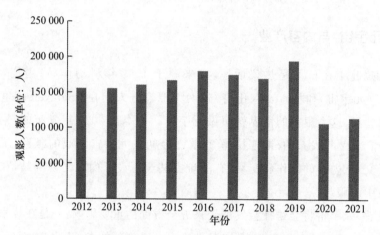

图 21-7 2012—2021 年日本电影院观影人数
数据来源:一般社団法人日本映画製作者連盟「映画上映活動年鑑 2021」。

虽然线下内容产业受到了新冠疫情的强大冲击,导致市场规模有不同程度的下降,但以线上为主的数字内容产业在 2020 年反倒实现了 5.3% 的增长。出现该现象的原因不难理解,疫情带来了人们对"蜗居"的极大需求,伴随着居家时间的增加,人们对娱乐活动的需求日渐高涨,这便导致娱乐方式的数字化进程得到前所未有的加速。游戏、VR、电子书、漫画等娱乐方式逐渐占据娱乐的舞台。日本总务省数据显示,付费视频的利用率从 2015 年的 14% 左右上升到 2020 年的 30% 左右(见图 21-8)。网飞的付费订阅会员数也逐年上升,从 2019 年第四季度的 1.67 亿人上升到 2021 年第一季度的 2.08 亿人(见图 21-9)。

疫情期间,日本政府也对文化产业进行了一定程度的支援,尽可能减小疫情的影响。在这些支援政策中,内容产业全球需要创出促进事业补助金(J-LODlive 补助金)以直接提供资金的形式,对日本文化产业的海外展开进行支援。该部分的补助金分为"商业模式的革新""收益基盘强化""违约金的支援"三个部分。

在"商业模式的革新"部分,补助金为对象经费的 1/2,上限为 1 亿日元。但是,

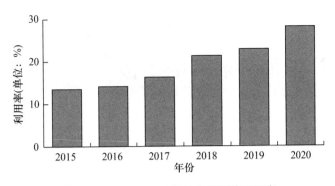

图 21-8　2015—2020 年付费视频的利用率

数据来源：総務省「令和 3 年版情報通信白書」。

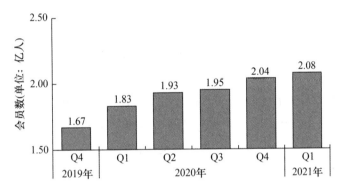

图 21-9　2019 年第四季度至 2021 年第一季度网飞付费订阅会员数

数据来源：総務省「令和 3 年版情報通信白書」。

对于该补助金的申请，申请对象需要满足三个条件：第一，活动的主办方要满足收益渠道的多样化需求以及提高顾客的体验价值；第二，在计划中应体现出，该活动需要达到收益为经费的 120% 的目标，且申请 J-LOD 补助金相应部分的经费需要超过 1 亿日元；第三，需要提交相应的应对新冠疫情的报告。

在"收益基盘强化"部分，每次申请的补助金上限为 5000 万日元，根据 2020 年 2 月 1 日至 2021 年 1 月 31 日期间由于疫情原因延期或中止的活动次数，申请人最多可以申请 5 次补助金，第一次申请的补助金为补助对象经费的 1/2，第二次为 1/3，第三次为 1/4。

在"违约金的支援"部分，对由于疫情原因延期或中止的音乐、演出、展示会、游乐园和主题公园活动的违约金以及面向海外传播的 PR 视频的制作和传播费用进行补助，在违约金 2500 万日元及以内的情况下，补助金上限为 2500 万日元；在违约金 2500 万日元以上的情况下，超过 2500 万日元的部分补助金为违约金的 1/2，上限为 5000 万日元。

第二十二章
数字内容产业海外展开的支援

上文所提到的数字技术与内容产业的融合旨在将日本的内容产业更快速、高效地传播到海外。为此,日本政府对数字内容产业的海外展开进行了多方面的支援,这些支援政策主要集中在投资政策、人才培养政策、中小企业扶持政策以及著作权保护政策这四个方面。

第一节 投资政策

日本政府对数字内容产业的资金投入可以分为向企业直接提供资金和将补助金提供给非营利组织并由该组织向企业提供补助金两种。负责内容产业海外拓展业务的机构有海外需要开拓支援机构、映像产业振兴机构、数字内容协会等。其中,映像产业振兴机构利用 J-LODlive 和 J-LOD 两种补助金在 2020 年和 2021 年对内容产业进行了扶持。

J-LODlive 的补助对象包括:
(1) 以"数据配信"方式将音乐、话剧的国内演出录像向海外传播的事业,包括对演出经费、制作经费、场地使用费、运营经费、视频配信费、视频制作费及其他费用的补助,补助金为补助对象经费的 1/2,且上限不超过 3000 万日元。
(2) 以"数据配信"方式将受新冠疫情影响,以及由于停止外国人赴日(水际政策)所导致的延期或中止的音乐会、演出等的录像或相关视频向海外传播的事业。补助金为定额,由于新冠疫情导致延期或中止的事业补助金上限为 2500 万日元,由于水际政策导致延期或中止的事业补助金上限为 5000 万日元,其中超过 2500 万日元部分的补助金为申请经费的 1/2。

J-LOD 和 J-LODlive 是两个不同的日本数字内容产业海外展开的支援措施,但二者目的相同,都是为了在疫情和后疫情时代将日本的内容产业向海外拓展,创造日本热潮。J-LOD 补助金分为五部分:
(1) 对海外市场本土化和推广的支援。该部分补助金为申请经费的 1/3,但如果是通过国际规模的展览会进行海外市场拓展,补助金可以达到申请经费的 1/2。该补助金的上限为每个活动 2000 万日元,每个公司的补助金上限为 4000 万元。

（2）对以海外展开为目标的资金调拨、影像和游戏等内容介绍的支援。该部分补助金分为两部分，首先是内容创作的资金调拨和寻找合伙人的介绍视频创作的补助金，只针对将内容向海外传播的事业者，补助金为申请经费的 1/2，上限为每个活动 1500 万日元，每个公司的补助金上限为 3000 万日元。其次是面向年轻人才（35 岁以下）负责项目的资金调拨和寻找合伙人的介绍视频创作的补助金，补助金为申请经费的 2/3，上限为每个活动 1000 万日元，每个公司的补助金上限为 2000 万日元。值得一提的是，补助金的支援内容包括 VR、β 版游戏开发等数字技术。

（3）对疫情期间娱乐行业的支援。该部分补助金与 J-LODlive 补助金一样分为"商业模式的革新""收益基盘强化""违约金的支援"三部分。

（4）对内容制作和流通手段效率化的系统开发事业的支援。该部分补助金旨在对内容产业进行数字化转型提供支援，使得内容制作和流通获得更高的效率。该部分补助金为申请经费的 1/2，上限为 5000 万日元。

（5）对具有故事性的影像制作和发行事业的支援。在影像内容的利用从电视逐渐转到互联网的时代背景下，从企业品牌的角度看，应创造能让观众产生共鸣的影像内容，从而创造内容产业的新市场，扩大内容产业的范围。该部分补助金为申请经费的 1/2，上限为 1000 万日元。

第二节　人才培养政策

日本经济产业省在 2022 年 4 月 11 日发布的《关于数字人才培养平台的现状》报告中提到，2021 年日本的数字技术竞争力在 64 个国家（2021 年以前为 63 个国家）中位列 29，其中拥有数字技术的人才排名为 50，数字技术排名为 62（见图 22-1）。

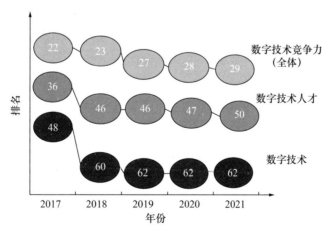

图 22-1　数字技术竞争力排名中日本的排名

数据来源：経済産業省「デジタル人材育成プラットフォームについて」。

日本的数字技术竞争力正在逐年下降,有76%的日本企业表示数字技术人才不足,培养数字技术人才成为日本现如今重要的课题之一。上述报告表示,日本将会通过DX推进政策、专科院校培养政策、特定领域的数字人才培养政策、开展职业培训、投入人才开发支援资金、企业推进人才培养等手段,在5年内培养230万数字人才。其中,日本经济产业省和独立行政法人情报处理机构合作,开设了专门教授数字技术的网站(マナビDX),希望借此培养更多掌握数字技术的人才,以面对如今数字化加速的时代背景,实现企业的数字化转型。厚生劳动省对在职人员或离职一年以内的人员进行数字技术培养,并支付50%的培训费用,年上限为40万日元。此外,在培训结束后被雇拥或续约雇佣合同的情况下再追加培训费20%,年上限为16万日元。对于进行数字人才培养项目的企业,厚生劳动省将对其提供75%(中小企业)和60%(中小企业以外)的经费补助,还会对培训期间产生的租金提供每人每小时960日元(中小企业)或480日元(中小企业以外)的补贴。

日本对于文化和艺术事业的支持,为内容产业的制作和发展提供了良好的文化土壤,也带来了更加丰富多样的创作环境。而漫画、动画、游戏等媒体内容不仅为国民所喜爱,而且促进了新艺术的创造等。日本希望通过构造这样的创造性循环,实现文化产业的长期可持续发展。

第三节 民间机构及官民合作

除政府部门的引导和政策支持外,日本民间企业也自发组织活动,共同促进内容产业的发展。其中,最具代表性的是日本动画协会(The Association of Japanese Animation,AJA)。AJA成立于2002年5月,与其他国家和地方政府以及行业团体密切合作,从事各种动画产业发展活动,正式会员共38名,均为日本知名动画制作公司。

作为企业界的代表,日本动画协会发表的年度动画行业调查报告也为行业的发展提供了方向建议和数据参考。近年来,日本动画协会注意到日本人工费高涨,动画制作成本上升,人才不足,难以构筑动画制作体制等问题。一方面,随着5G通信的发展,内容与媒体之间的关系演变加速,知识产权运用越来越多样化和全球化,超越了传统媒体和框架,动画产业的商业环境将发生重大变化。因此,下一代人才培养、反盗版措施、作品保存和归档、更新生产系统以应对数字化以及工作方式改革等问题的完善与解决也是日本动画产业需要努力的方向。

此外,日本动画协会还参与到著作权等相关法律的制定和执行、动画行业劳动环境改善等问题中,发挥了其相较于政府部门更加深入行业的优势,为日本动画产业做出了实际贡献。

第四节 中小企业扶持政策

日本中小企业占全国企业总数的99.7%,为创造更多具有日本特色的数字内容,运用新兴数字技术,打开海外市场,针对中小企业的技术、资金支援相当重要。对日本政府来说,如何对中小企业进行扶持,进行哪方面的扶持是一个重要的课题,这也说明需要掌握中小企业的实际经营情况。以爱知县为例,作为以制造业为支柱产业的地区,爱知县成为数字内容产业这一"次世代"产业的重点发展地区。2010年,爱知县产业劳动部曾针对企业在数字内容产业发展中遇到的问题进行调查,结果如表22-1所示。

表22-1 各规模企业在数字内容产业发展中遭遇的问题占比统计　　　　（单位:%）

主要问题	小规模企业		中规模企业		大规模企业	
	未满5人	5—19人	20—49人	50—99人	100—299人	300人及以上
缺乏必要的专业人才	43	31	52	50	42	40
从业者的教育和技能水平无法得到提高	—	41	52	36	53	10
本公司的作品和成绩没有宣传的机会	—	7	19	18	16	10
缺少著作导致无法开展战略性的事业活动	14	7	15	14	26	10
缺乏有效率的营业活动和订单	43	38	26	27	32	40
无法有效应对知识产权等法律问题	14	—	—	—	11	—
对数字内容产业界的动向不了解	—	14	19	9	5	—
单凭自己公司难以拥有最新的设备和器材	43	7	30	18	21	—
缺乏长期的投资方案	29	48	15	18	21	10
其他	29	3	—	5	5	20

数据来源:爱知県産業労働部「デジタルコンテンツ系企業実態把握調査」。

从表22-1不难看出,无论规模大小,专业人才的缺乏、从业者专业技能的不足、有效率的营业活动和订单的缺乏以及长期投资方案的缺乏等都是企业普遍面临的问题,这要求当地政府对数字内容产业中的企业尤其是中小企业提供一定的资金以及职业技能培养活动。

由于多数数字内容产业相关中小企业采用的是多品种少量生产或单品种少量生产

的方式,企业经营的主要目的是扩大订单以及稳定经营状况,因此资金周转、人才培养的支援政策以及产学联动等成为这类中小企业现阶段更需要的扶持政策。

2021年7月27日,经济产业省出台了面向地方中小企业的"故乡Co-LEAD项目",旨在通过创造数字技术人才和地方中小企业的接触平台,达到人才就业以及企业数字技术支援的目的。此外,为了向海外传播日本的数字内容技术,促进与海外开展技术合作,经济产业省从2018年开始开展TechBiz项目(technology business acceleration program),为支援对象企业提供国际性展览的出席机会、一对一指导活动、英语发表指导活动等。2022年,TechBiz项目共支援8家企业,包括主营元宇宙平台制作的株式会社DENDON,主营人工智能、软件开发以及视频、音乐、原创作品创作的株式会社レイワセダ,开发嗅觉视频技术的株式会社Aromajoin,开发医疗过程中的VR技术的株式会社xCura,制作医疗VR视频的株式会社JollyGood,使用VR技术进行装修预览的株式会社X,开发网络虚拟形象的株式会社TRIBAWL,以及开发运用AI技术提供舞蹈学习服务的株式会社ワンアーカー。

中小企业基盘整顿机构在《中小企业生产性革命推进事业》报告中指出,该机构共向1577个申请企业提供了IT导入补助金,分别为30万至150万日元(申请件数1件以上)或150万至450万日元(申请件数4件以上),补助率为1/2以内;对安全保障对策推进给予5万至100万日元的补助,补助率为1/2以内;对数字化基盘导入给予5万至350万日元的补助,其中5万至49万日元部分的补助率为3/4以内,50万至350万日元部分的补助率为2/3以内,并且对硬件(收银机等)购入的费用给予上限20万日元的补助,补助率为1/2。

除此之外,地方政府也对数字内容产业的创作进行支援。埼玉县为推进数字内容产业的创作,开设了埼玉县DX推进支援网站,其中对与川口信用金库有业务往来的中小企业给予118万日元以上的网站制作经费补助,对电子商品目录的制作给予3万日元以上的补助,对网页漫画创作给予25万日元以上的补助,对视频拍摄、编辑给予20万日元以上的补助。

冈山市也对IT·数字内容产业事业推进提供补助,分为设备补助金和人才保障奖励金。设备补助金的金额为设备改装、购买等经费的1/2,数字内容产业的补助上限为500万日元,后台支援的补助上限为300万日元。人才保障奖励金的金额为新雇用且在冈山市内有住所的职工数乘以60万日元,其中残障人士的补助为每人120万日元。

第五节　著作权保护政策

随着数字技术的发展,日本的内容产业市场已经走上了全球化道路。不同于传统内容产业,数字内容产业由于其特性,商品内容更容易被复制,这导致出现各种盗版的视频、游戏、书籍以及提供这些盗版商品服务的网站,这些网站几乎覆盖全球,并且盗版商品的流通速度极快。由于著作权法不完善、惩罚力度不足等原因,数量庞大的盗版网站以及其他销售渠道尽管被举报,但在一段时间后又能再次出现。盗版视频、游戏、书籍等商品让用户可以无须支付即可享受服务,而这带来的后果不仅是盗版商品挤压正版的利润空间,更多优质的内容会进一步刺激盗版行为,让消费者产生盗版内容获取简单,无须在订阅服务上继续投入的想法,还会打击内容创作者的创作热情,导致优质内容的产量减少。

为了打击猖獗的海外盗版行为,为日本内容产业海外流通扫清障碍,日本成立了内容产业海外流通促进机构(CODA),通过与海外著作权关联团体以及各民间团体的合作,向盗版网站提出删除盗版内容的要求。在2010年到2013年三年间,CODA针对中韩两国出现的盗版网站发出内容删除的要求共12万余次,成功率几乎为百分之百。为了防止盗版商品不断出现,CODA还和当时中国的几个主要视频网站达成一致,对违反著作权法的盗版视频进行审核及删除。不仅如此,CODA还开发了自动监视系统,对视频网站的视频进行自动审核,在发现并确认盗版视频后对该网站提出删除视频的申请。2014年,经济产业省在内容产业盗版对策强化事业上共投入3亿日元,致力于减少海外盗版商品数量。经CODA统计和推算,2019年,互联网上流通的内容产业相关盗版商品总金额约为3333亿到4300亿日元,其中视频、出版、音乐、游戏的盗版商品金额如表22-2所示。

表22-2　日本线上内容产业部分领域的盗版商品金额(2019年)　　(单位:亿日元)

领域	盗版商品金额
视频	1545.26—2533.43
出版	1407.66—1552.08
音乐	236.36—359.22
游戏	0
总计	3333.70—4300.31

数据来源:コンテンツ海外流通促進機構「令和元年度知的財産権ワーキング？グループ等侵害対策強化事業(知的財産権侵害対策強化事業)に関する委託業務(コンテンツ市場規模等調査事業)」。

根据表22-2,著作权受侵害最严重的是视频业,其次是出版业,游戏业反而不受影响。这是因为互联网上的正版游戏APP都是通过免费配信的方式获取,充值往往是在下载之后的游戏中进行,因此消费者根本不需要刻意寻找盗版渠道获取盗版游戏,并且由于需要定期更新和游戏环境的调整等因素,导致盗版游戏运营成本高、配信难度大,因此,游戏业几乎不存在盗版的情况。

综上所述,对于今后应采取的对策,CODA表示:首先要继续实施原有的盗版对策,持续针对海外盗版视频提出下架要求,构筑新的商务模式,开展有效的战略模式;其次要促进正规内容的流通,构筑便利的正规内容的获取渠道,通过正版的流通抑制盗版;最后要对消费者展开著作权教育,让消费者具备消费正版的意识,并且在盗版现象多发的内容产业尚不成熟的国家培养内容创作者。

著作权保护一直是日本在 21 世纪的重点关注对象。在"酷日本"战略 2020 年至 2022 年三年的预算中,专利厅每期约投入 113 亿日元,用于雇用具有企业驻外经验和知识产权管理经验的专家(海外知识产权制作人),从降低海外商务中的知识产权风险和活用知识产权等方面,对中小企业的著作权自主保护进行支援。

在 2021 年度"酷日本"战略预算中,总务省特别针对网络盗版对策投入 2 亿日元,作为著作权保护的一环,用于联合通信事业者、权利者。

经济产业省也在基础设施强化和著作权保护上加大预算投入。2021 年,经济产业省商务信息政策局内容科在内容海外展开促进事业中,提供的预算为 11 亿日元,相比前一年的 9.6 亿日元增加了 1.4 亿日元。

为了更好地保护著作权,日本成立了大量著作权保护的团体和组织,覆盖了内容产业中的 22 个分支产业,根据日本公益社团法人著作权情报中心提供的数据,日本著作权相关组织和团体如表 22-3 所示。

表 22-3 日本著作权相关组织和团体

分类	名称
音乐	一般社团法人日本音乐著作权协会
小说·脚本	公益社团法人日本文艺家协会
	协同组合日本脚本家联盟
	协同组合日本剧本作家协会
美术作品	一般社团法人日本美术家联盟
	一般社团法人日本美术著作权协会
照片	一般社团法人日本照片著作权协会
设计	公益社团法人日本美术设计协会
出版物	一般社团法人日本书籍出版协会
杂志	一般社团法人日本杂志协会
演出	公益社团法人日本艺人表演家团体协会
唱片(CD 等)	一般社团法人唱片协会
放送	日本放送协会
	一般社团法人日本民间放送联盟
录像	一般社团法人日本映像软件协会

(续表)

分类	名称
电影	一般社团法人日本电影制作者联盟
广告用视频	公益社团法人映像文化制作者联盟
出版物复制	公益社团法人日本复制权中心
	一般社团法人出版者著作权管理机构
个人录音录像	一般社团法人个人录音录像补偿金管理协会
课程为目的的公开使用	一般社团法人课程为目的的公开使用补偿金广利协会
电脑软件	一般社团法人电脑软件著作权协会
各种软件	一般社团法人软件情报中心
肖像权	特定非营利活动法人肖像宣传权拥护监事机构
管理著作权法的行政机构	文化厅著作权课
全体著作权	公益社团法人著作权情报中心
其他	知识财产战略本部等

可以看出，日本著作权相关团体和组织几乎覆盖整个内容产业，并且分类较为细致，这使得内容产业下各个分支行业的从业者都能精准找到应该求助的对象。

日本对著作权的保障不仅体现在著作权相关团体和组织的数量以及覆盖内容产业的范围上，还体现在对盗版的处罚力度上。为适应数字技术与新媒体发展的要求，2020年6月，日本新修订的《著作权法》强化了对数字版权的保护，不仅扩大了著作权侵权的范围，覆盖了漫画、杂志、论文、软件等所有受著作权保护的著作物，还将提供非法下载链接的搜索引擎和APP列为著作权侵权者，将提供动漫数字化盗版搜索、观看、下载的各类网络平台判定为违法。除此之外，新《著作权法》还增加了著作权侵权诉讼的证据收集程序、强化访问控制等与新媒体传播著作权相关的内容。针对数字出版物的侵权行为，持续多次下载盗版即可判刑事处罚，针对提供非法下载链接的搜索引擎和APP，对侵权者本人处以3年以下有期徒刑、300万日元以下罚金或二者并罚，对该侵权行为发生的网站和APP提供者处以5年以下有期徒刑、500万日元以下罚金或二者并罚。

截至2020年，为保障内容产业活动在海外的顺利开展，日本警察厅通过国际刑事警察组织(ICPO)开展国际合作，根据联合国《刑事事件互助示范条约》建立国际侦查互助系统，打击内容侵权犯罪行为。日本政府同与其有积极交流的国家和地区缔结了刑事合作协议，如《网络犯罪公约》《预防跨国有组织犯罪国际公约》。

不仅如此，新《著作权法》在推出之后，出版业界以及著作权相关团体和组织，如日本图书出版协会、日本杂志出版商协会、日本电子书出版商协会等公开发表声明表示支持本次《著作权法》的修订。同时，出版商还和富士电视台等合作，推出一系列网站，并在一定时间内提供免费服务，将用户导向正规合理运用著作物的轨道。

第二十三章
日本文化产业的经济支持政策对中国的启示

日本以制造业为主的传统产业，对经济增长的贡献受以下因素制约：一是日元贬值造成的以美元计价的进口能源原材料价格高企，增加了企业的制造成本，使得疫情前日本产品具有的成本优势大打折扣，长期困扰日本经济增长的单纯的通缩问题正在朝着经济停滞和通货膨胀并存的"滞胀"方向转变。二是世界各国都在想方设法提振内需，推出的各项经济刺激政策倾向于优先扩大内需，向国内企业和产品倾斜，使得日本产品在国际市场上面临更大的竞争压力。即使日元贬值有利于出口，但由于能源原材料价格造成的生产成本的提高，在相当大程度上抵消甚至超过了汇率红利。

面对这一局面，日本政府转而寻找其他经济增长点，对文化产业寄予厚望，希望通过以内容产业为主的文化产业的发展带动整体经济的恢复。通过前文对日本文化产业经济支持政策的考察，可以将政策特点概括为以下几个方面：

一是主要采取效果直接的政策手段。日本政府对文化产业的经济支持政策，主要采取的是财政手段，即中央政府或者地方自治体通过直接或通过拥有政府背景的社会团体，设立文化相关项目，以政府支出的方式直接扶持文化产业的发展。同时对民间机构、企业、个人运营的文化产业事业和项目提供资金支持，以货币形式提供补贴。货币政策手段的最重要特点是效果直接，见效迅速，也更有可操作性。但缺点也很明显，即重点不突出，资金分散，面面俱到但面面俱少。

二是政策目的从单纯追求数量增加向更加注重质量提升转变。根据经济学基本原理，在成本不变且短时间内难以提高需求数量的情况下，如果能够提高产品单价，那么同样可以达到提高利润率和总产出的目的。日本政府意识到，与其他产业产品不同，文化产业产品成本受能源原材料价格变动因素影响相对较小，在这一前提下，如果推出有针对性的经济政策，能够实现文化产业及其产品附加值的提升，即使需求数量也可以实现产出增长。

三是充分发挥政策的外溢效应。日本政府文化经济战略的重点包括文化产业对周边领域的波及、创造新的需求和附加值。以日本数字内容产业为例，其发展往往不只涉及单一产业领域，而是涵盖了设计、出版、影视、动漫、游戏、音乐等全产业链，同时也带动了生产周边产品的相关制造业的发展；另外，数字内容的对外传播，还吸引了大批海外游客,带动了国内旅游业,经济外溢效应十分明显。

文化是民族的精神命脉,习近平总书记强调,要推动文化产业高质量发展,健全现代文化产业体系和市场体系,推动各类文化市场主体发展壮大,培育新型文化业态和文化消费模式,以高质量文化供给增强人们的文化获得感、幸福感。研究日本文化产业的经济支持政策,归纳其政策特点,总结其政策得失,在以下四个方面对我国有启示作用:

一是从提高国家文化软实力、提升中华文化影响力的战略高度定位文化产业的经济支持政策,将发展文化产业提升到国家战略高度。日本政府在制定文化产业发展战略之初,即明确提出了文化立国、提升软实力的战略目标。大力发展文化产业,不仅仅是一个产业政策层面的问题,而且是关系到提升我国综合国力以及中华民族伟大复兴中国梦的实现、人类命运共同体的构建的战略层面的问题。党的二十大报告从国家发展、民族复兴高度,提出"推进文化自信自强,铸就社会主义文化新辉煌"的重大任务,提出实现中华民族的伟大复兴,不仅要体现为国家硬实力的提升,国家软实力的提升同样不可或缺,在提升我国综合国力和国际地位的同时,也要不断提升我国的文化话语权。繁荣发展文化事业和文化产业,有助于提高国家文化软实力、提升中华文化影响力。

二是紧跟时代发展,关注世界科技发展前沿领域,与时俱进地调整政策支持重点,加大对文化产业创新的经济支持力度。科技是国家强盛之基,创新是民族进步之魂。纵观日本文化产业经济支持政策的演变历程,可以发现其支持的重点领域明确,即以内容产业作为重点支持领域,并根据近年来世界科技发展的最新进展,将政策支持重点调整到数字内容产业上。当前,科技创新成为国际战略博弈的主要战场,围绕科技制高点的竞争空前激烈,我们应将对文化产业的支持重点放在推进文化产业的科技创新上,制定创新驱动型文化产业经济支持政策。

三是强化对文化对外传播以及文化产品对外输出的经济支持,助力"外向型"文化产业发展。前文提到的"酷日本"战略的核心目的就是,为以数字内容产品为主的日本文化产品的对外传播提供重要的资金支持,这使得日本的数字内容产品在海外市场实现了巨大的出口价值,日本文化在世界范围内的影响力也得到显著提升。以习近平同志为核心的党中央提出的加快构建以国内大循环为主体、国内国际双循环相互促进的新发展格局,是我国经济发展的中长期战略。发展文化产业、创造高质量的文化产品是实现"中国创造"的重要途径,应充分利用文化产业高附加价值的特点,通过支持文化产业"外向型"发展,使国内市场和国际市场更好连通,实现文化产品"走出去",实现我国产业结构向产业链、价值链中高端迈进。

四是为文化产业人才培养提供经济支持,推出前瞻性政策。如前所述,人才不足成为近年来制约日本文化产业特别是数字内容产业发展的突出问题。尽管日本从政府到民间已经推出了一系列人才培养支持政策,同时积极吸引海外人才,然而人才从选拔、培养、引进到成才是有周期的,不可能一蹴而就。在我国,从党的十八大以来,党中央作出人才是实现民族振兴、赢得国际竞争主动的战略资源的重大判断,我们应以日本为鉴,增强忧患意识,推出前瞻性的人才培养政策,重视对文化产业人才的自主培养,加强对文化产业人才相关职业教育的资金投入。

中日两国在政治制度、经济体制、基本国情等方面存在诸多差异,在借鉴日本文化产业经济支持政策时应有所取舍,制定符合我国实际情况的文化产业经济支持政策。

一是坚持以人民为中心的政策导向,以服务人民为政策的出发点和落脚点,注重政策实效。日本文化产业的经济支持政策,具有明显的利益驱动特点,以制订预算资金分配方案为起点,以资金分配完毕为终点。我国发展文化产业,应该以社会主义核心价值观为引领,以满足人民文化需求、增强人民精神力量为着力点,提供优秀文化产品。基于我国还处于社会主义初级阶段,以及发展中大国的基本国情,中央和地方各级财政要解决诸多涉及方方面面的关系国计民生的重大问题,资金使用不可能面面俱到。党的二十大报告提出实施国家文化数字化战略,当前及今后一段时期,文化产业支持政策的重点应该落在加快构建现代公共文化服务体系,促进基本公共文化服务标准化、均等化上,集中资源力量办大事,实施重大文化产业项目带动战略,加快发展数字文化产业,推动5G、大数据、人工智能、虚拟现实、增强现实、超高清等技术在文化创作、生产、传播、消费等各环节的应用。

二是统筹文化产业与相关产业高质量协调发展。日本的经验表明,文化产业发展具有明显的外溢效应,我国应发掘文化产业对相关产业的赋能作用,以重大文化产业项目带动相关产业同步协调发展,优化产业结构布局,扩大城乡居民文化消费,提升产业发展整体实力和竞争力,实现文化产业和相关产业在各个要素、各个环节的融合,推进文化产业和其他产业互动发展,打造优质文化产品。

第五篇
中国上海文化产业市场化融资和政府产业政策有效性研究

第二十四章
上海文化产业发展现状及政策支持

第一节 上海文化产业发展现状

上海是长江三角洲区域的核心城市,具有强大的经济、文化优势和卓越的地理位置,在近代开埠之后又由于其开放和包容的态度接纳了来自世界各地的不同文化,成为独特的兼具历史和现代文明的文化舞台。21世纪以来,上海先后提出将建成"金融、经济、贸易和航运中心""社会主义国际文化大都市"等目标,并大力发展文化产业,取得了显著的成果,成为极具竞争力的长江三角洲文化一体化核心。在清科研究中心发布的2021年中国城市文化产业发展综合指数中,上海排名第二。

在"十三五"时期,上海已经形成了"演艺大世界"和"上海静安戏剧谷"等多个综合影视艺术承载区,一大批国内外优秀的戏剧作品落地上海,吸引了大量观众前来欣赏。2021年,上海45家专业剧院70个剧场共举办演出3317台,8894场次,观众413.8万人次,演出收入达87843.58万元。整体演出数据较2020年显著提升,场次增加了76%,人次增加了61%,收入增加了125%。① 依托戏剧交流活动,一些跨国影视人才国际交流计划也在上海顺利推进。这些举措把"引进来"与"走出去"相结合,推动上海努力建成"亚洲演艺之都"。

自2019年10月开创上海国际艺术品交易月和上海国际艺术品交易中心以来,上海发挥了吸引优质资源、促进供给需求对接、推动产业结构提升的重要作用,向逾200家国内外艺术机构提供服务。2021年,上海共举办文物拍卖会1004场,上拍标的125218件,总成交额突破60亿元,同比增长25%,约占全国市场份额1/4。② 在"十四五"规划中,上海将进一步发挥产业优势,加快推动世界艺术品交易的通关服务建设,为艺术家和机构审批提供便利,增加对艺术品交易机构的扶持,全面促进艺术品交易市场繁荣发展。

"十四五"期间,上海文化产业建设重点为加强"文化"和"科创"相结合,即在促进文化产业与5G、AI、VR、互联网+等相结合的基础上,寻求建立创新的文化驱动机制,激

---

① 数据来源:上海市演出行业协会发布的《2021年度上海剧场演出数据汇总》。
② 上海文物市场有序转型 2021年总成交额突破60亿元[J]. http://whlyj.sh.gov.cn/wbzx/20220126/9828f157dbcd40a8a4cf9cc5bf51574d.html,2022-01-26。

发文化产业新动能,促进文化产业更有力地发展。规划中提出了"两中心、两之都、两高地"建设目标,寻求将上海建成"全球影视创作中心、国际重要艺术品交易中心、亚洲演艺之都、全球电竞之都、网络文化产业高地、创意设计产业高地"①。

2020年,在新冠疫情影响下,我国线下文化产业受到一定的影响,但上海市通过与互联网技术结合的"云上+贴地"的方式达到了逆袭。以松江区为例,为了达到建成影视创作中心的目标,当地通过互联网与超级计算平台结合的方式推动影视行业的发展,提高相关行业的生产力。2020年上半年,松江区引进549家影视企业,使得当地影视公司总量达到7000家。同时,松江区政府升级了重大项目补贴,将总投资额2000万元以上的重大项目补贴提高到1200万元。再以静安区为例,静安区的环上大国际影视园区依托上海美术电影制片厂和上海大学上海电影学院等相关专业资源,升级成集多核于一体的影视全产业链布局。②

在"十四五"规划中,上海全球电竞之都的建设目标成为亮点。上海聚集了全国超过80%的电竞企业、俱乐部和直播平台,每年举办全国超过40%的电竞赛事,表现出强烈的移动电竞游戏开发能力。电竞赛事的大量举办意味着大规模的电竞人流和信息流在上海聚集,形成了初步的产业集聚效应。2020年,上海电竞产业市场规模超过200亿元。其中,电子竞技游戏是上海电竞产业的优势细分行业,近年来市场规模不断扩大,2020年超过190亿元,占全球比重的15%。有关数据显示,2020年,上海电竞直播收入、赛事收入和俱乐部收入初步估算分别为16.4亿元、10.7亿元、6.7亿元。③

第二节 上海文化产业发展的相关政策支持

上海是中国与世界接轨的重要窗口,上海市政府也努力为文化产业建设添砖加瓦,如2018年1月4日出台了《上海市城市总体规划(2017—2035年)》,明确提出构建以黄浦江和苏州河流域的水文发展为依托的文化集聚区。之后,上海市政府又相继提出促进上海创意设计产业发展、促进网络视听产业发展、促进游戏动漫产业发展、促进影视演艺产业发展、促进艺术品产业发展、促进出版行业发展等一系列管理办法,并出台《上海市国家电影事业发展专项资金预算管理方法》和《上海市非物质文化遗产代表性项目管理办法》,大力支持上海市影视行业发展和非物质文化遗产保护。

近年来,上海市政府出台了相关的人才管理政策吸引文化产业相关人才,推动文化产业发展。2020年疫情爆发以来,上海市政府和上海的一些金融机构出台了很多相关的文化产业金融支持政策,为受到疫情影响的中小企业纾困解难。

---

① 资料来源:《中共上海市委关于厚植城市精神彰显城市品格全面提升上海城市软实力的意见》。
② 徐锦江.上海文化产业发展报告(2021)——迈向"十四五":全球城市的文创力量[M].上海:上海社会科学院出版社,2021.
③ 资料来源:上海交通大学2021年发布的《全球电竞之都评价报告》。

第一,上海市出台一系列人才管理办法,吸引文化产业相关人才。2005年,为了增加当地的文化产业相关人才,提高文化产业发展活力、动力,上海市政府发布了《上海市重点领域人才开发目录》。该目录的实施使得上海在之后的几年内吸引了30多类海内外相关人才。上海市文化发展基金会自2011年开始建立信贷扶持机制,与上海银行合作,为重大影视和演艺项目提供信贷支持。2013年,上海市文化发展基金会开始创立青年编剧资助扶持机制,为影视行业输送了大批量优秀人才。从表24-1中的数据可以看到,2013年到2020年,上海市文化产业从业人员数量总体呈增长趋势。2020年,上海市文化产业年末从业人员占全国比例为5.16%。

表24-1 上海和全国文化产业法人机构和从业人员数量及占比

年份	上海文化产业法人机构数量(个)	上海文化产业年末从业人员数量(万人)	全国文化产业法人机构数量(个)	全国文化产业年末从业人员数量(万人)	上海文化产业法人机构数量占全国比例(%)	上海文化产业年末从业人员数量占全国比例(%)
2013	2066	35.0077	41351	753.7781	5.00	4.64
2014	2011	36.0508	45799	811.8036	4.39	4.44
2015	2341	40.7073	49356	838.9290	4.74	4.85
2016	2362	42.0874	54728	871.6754	4.32	4.83
2017	2649	43.7806	60251	881.4391	4.40	4.97
2018	2464	38.2614	59908	845.4113	4.11	4.53
2019	3120	39.0211	61232	799.7533	5.10	4.88
2020	3548	40.6878	63913	788.2523	5.55	5.16

数据来源:国家统计局各年统计年鉴,上海市统计局各年统计年鉴。

第二,上海市政府携手浙江省、江苏省政府,共同推动建设长三角生态绿色一体化发展示范区。2020年7月3日,上海市政府发布文件明确构建上海大都市圈的目标,促进文化旅游和文化产业联动,推动长三角地区体育文化旅游区域协同发展。上海、嘉兴、苏州、湖州等地政府开展地市级合作,推动各地生态湖区航运和休闲文化加速融合。各地协作,通过联合打造区域性旅游示范点,建设江南水乡古镇生态文化旅游圈;在此基础之上再联合开展各地考古研究和文化遗产保护,积极推进江南水乡古镇联合申遗;此外,各地政府希望通过建设长三角文化发展圈,借助区域影响力,提升现有体育赛事知名度,吸引更多更高级别体育赛事落户示范区,推动国家运动休闲特色小镇建设。

第三,上海市文化和旅游局出台相关资源规范、保护文件,推动完善文化产业资源保护和文化行业运营规范。2021年7月1日,《上海市红色资源传承弘扬和保护利用条例》出台,加强对上海市红色资源的保护建设;同月,上海市旅游发展领导小组办公室出台《关于全面提升上海市红色旅游发展水平的指导意见》,推动现有文化会址联合建设,推动上海市红色旅游发展,努力将上海市建设成为红色旅游示范区域。与此同时,上海市政府深入贯彻《关于加快本市文化创意产业创新发展的若干意见》的规定,制定并公布《电竞场馆运营服务规范》《电子竞技赛事办赛指南》等行业标准,推动完善上海电竞行业发展规范,促进上海电竞行业向更高质量发展。2022年8月5日,上海市发展和改革委员会联合上海市文化和旅游局等七部门共同制定发布《上海市公共文化设施收费管理办法》,在全国范围内首次提出有关公共文化设施收费、定价方法的规范性文件,推动当地文化设施管理工作优化,提升公共文化工作的服务效能。

第四,疫情期间,上海市出台一系列财政支持政策并推出产业专项资金补助。自2013年以来,上海市政府连续增加对文化产业的固定资产投资和财政支出,其中2016年,上海市政府对文化产业的固定资产投资达106.69亿元,对文化产业的财政支出达341.71亿元,占全市财政支出的4.939%,为近年最高。上海市政府启动了文化产业财政扶持资金项目申报制度,旨在为本市文化产业提供支持。对其他文化产业辅助性支持项目则根据具体的类别,分别采取贷款贴息、政府购买、转移支付等方式进行相应支持(具体见表24-2)。

表24-2 上海文化产业发展的政府投入

年份	上海文化产业资产总计(万元)	上海文化产业营业收入(万元)	上海文化产业应缴增值税(万元)	上海市政府对文化产业的固定资产投资(亿元)	上海市政府对文化产业的财政支出(亿元)	上海文化产业应缴增值税占全市比例(%)	上海市政府对文化产业的固定资产投资占全市比例(%)	上海市政府对文化产业的财政支出占全市比例(%)
2013	5562.3038	4448.104	95.3755	85.89	89.17	6.811	1.521	1.969
2014	6347.3375	7103.0228	100.006	104.32	86.38	6.405	1.734	1.755
2015	8485.0531	8575.1187	113.9758	107.55	108.22	6.984	1.693	1.961
2016	9773.4386	8771.865	99.2045	106.69	341.71	5.833	1.579	4.939
2017	11326.2902	9301.8867	163.8984	56.74	191.32	8.953	0.783	2.535
2018	10291.3375	8742.7704	125.4944	60.26	186.52	8.072	1.734	2.293
2019	11474.2766	8049.6615	119.9421	79.90	179.87	7.288	1.521	2.199
2020	13990.4972	9050.261	110.1787	102.75	161.26	7.296	1.734	1.990

数据来源:国家统计局各年统计年鉴,上海市统计局各年统计年鉴。

2021年,上海市文化和旅游局对受到疫情影响的16个项目进行了专项资金补助。2021年8月,上海市印发《关于促进文化和科技深度融合的实施意见》,提出十二项重点任务和四项保障措施,进一步促进文化和科技深度融合,推动文化产业的发展。2022年6月16日,上海市文化和旅游局联合中国银行上海市分行、建设银行上海市分行、交通银行上海市分行、上海银行、上海农商银行五家银行,对上海市文化旅游产业授信500亿元人民币。各银行通过主动跟进,为在疫情期间受到影响的文化旅游产业量身定制融资方案并且配备专业指导;同时,加速贷款发放,缓解受疫情影响企业的资金压力。其中,中国银行上海市分行出台"文旅振兴贷""文旅复业贷"等针对文旅产业小微企业和个体工商户的专项贷款;建设银行上海市分行与上海市政府签订多个消费券合作协议;交通银行上海市分行推出服务文旅产业专项金融产品,提供文旅企业信贷投入、数字货币应用、重大文旅项目等多方面合作支持;上海银行推出"文创保""知识产权质押融资""创业担保贷""担保基金快贷"等适用于文旅企业的各类贷款产品服务方案;上海农商银行打造"码上行动,同心抗疫"战疫直通车——文旅专列等活动。2020年以来,这五家银行共计支持文旅企业近4000家,发放贷款530多亿元。①

第三节 上海文化企业面临的内部融资困境

第一,上海市文化企业自身内源资金不足。在上海市文化企业融资过程中,内源资金不足的现象突出。国有文化企业多是从国有文化事业单位转型而来,长期依靠财政专项资金扶持,自有资金十分有限,运营效率低下,自主投资扩张能力较弱,尚未建立现代企业制度,资金利用率不高,盈利能力不强。而众多的民营文化企业大多是中小型企业,自身实力不足,规模化程度低,难以形成规模效应,市场竞争力低,经营能力较弱,资源开发能力不强,没有形成长期稳定的产品运行模式,加上企业内部治理结构不完善,导致其盈利能力不强,可利用的内源资金有限,因此内源融资能力比较弱。

第二,文化企业的投入产出及需求市场呈现较大的不确定性。文化企业具有较大的经营风险,这是因为文化企业所创造的文化创意产品和服务本身具有偶然性,在文化市场进行营销和推广时有很大的不确定性。文化创意产品和服务来源于文化创意人的创作灵感,创作灵感何时产生、能否顺利生产出文化产品、需要多长时间等都存在一定的风险,这就导致在对文化企业进行投资时,不一定有文化产品产出。同时,市场对文化的需求是多层次、易改变的,个人主观创意创造出来的文化产品具有鲜明的个人特色,因此即使创造出了文化产品和服务,能否受到市场大众的接受与认可,使得大众为其买单,还取决于文化企业对市场的预判,这种事前预判具有主观性,不一定准确。比如,2019年上映的《哪吒之魔童降世》获得超强口碑,上映5天,即成为首部票房突破10亿元大关的国产动画电影。但是这部电影在上映前并不被看好,观众呼声平平,上映后票房却势如破竹,作为出品方之一的光线传媒公司股价应声而动,电影上线之后两个月股价涨幅超过30%,该电影50亿元的总票房为其带来超过10亿元的营业收入。因此,像这样的动漫制作类和演出类文化产品,其设计的情节、故事、人物形象最终能否获得市场的认可和预期的收益具有不确定性,容易出现口碑反转的情况,影响文化产业项目的盈利能力。同时,由于文化创意产品并非生活必需品,消费量受经济发展、外部环境、人们的偏好和生活水平等因素影响很大。

第三,文化企业具无形资产占比较高和资产轻型化的特点,导致估值困难和财务风

---

① 5家银行授信500亿元 助力上海文旅行业恢复重振[J]. https://baijiahao.baidu.com/s?id=1735776273305805423&wfr=spider&for=pc,2022-06-16.

险上升。从文化企业的资产结构可以看出,其财务风险较其他行业企业高。在文化企业的资产结构中,无形资产构成了企业总资产的重要组成部分,包括企业的知识产权、文化创意、版权和品牌价值等,具有资产轻型化特点,缺少像传统物质生产企业所具有的大型机器设备、厂房、土地等可以用作抵押的固定资产。在对无形资产的评估上,缺乏一套公平合理的评估标准和方法,其价值容易随着市场价格的波动而波动,这就造成无形资产的贬值空间较大。同时,无形资产还具有流转渠道不通畅的特点,当贷款不能按期足额偿还的时候,无形资产作为抵押物就面临着难以及时流转、变现的风险。对文化产业领域进行资金投入时,要经过较长的建设、创作、成长、成熟、推广周期,每个阶段都需要不断追加大量的资金,而资金的回笼周期较长。文化企业在前期需要大量的现金投入,此时现金呈现大量流出的状态,只有当文化产品和服务得到市场广泛接受之后,才会呈现现金流入的状态。在现金流的估值模型中,出于谨慎性的考虑,往往对前期现金流给予较高的确定性,对于后期现金流给予较低的确定当量,这就会降低文化产品的价值,从而增加企业的财务风险,提高融资成本。

第四,企业内部财务管理不规范,资金使用效率低下。这体现在以下两个方面:一是较多的中小型文化企业信息披露不规范,无法提供银行等金融机构在进行贷款时所需要的证明其信用的财务信息和相关文件,中小型文化企业融资难的环境难以得到改善。从我国整体企业规模来看,大部分文化企业都是中小型企业,甚至微型企业。2000年10月,在中共十五届五中全会通过的《中共中央关于制定国民经济和社会发展第十个五年计划的建议》中首次正式使用"文化产业"这个概念,并提出完善文化产业政策、加强文化市场建设和管理、推进文化产业发展的任务和要求。因此,这些文化企业成立时间基本约为20年,成立时间较短,综合实力普遍不强,还没有形成统一规范的现代企业治理结构和内部管理机制,因此往往存在财务状况不透明、财务管理不完善等问题,无法提供银行等金融机构在进行贷款时所需要的证明其信用的财务信息和相关文件。银行等金融机构也不愿意耗费大量人力、物力去调查中小型文化企业的财务和信用状况,从而形成了一种"恶性循环",中小型文化企业融资难的环境难以得到改善。二是从所有权性质来看,国有文化企业存在资源错配以及投资效率低下问题;而中小型文化企业存在资金使用效率低下问题。国有文化企业进行投资决策时,对于产业的整体性考虑较多,而对于市场的发展规则和资金的营利性考虑较少,从而容易造成资源错配以及投资效率低下问题。这种投资方式很难取得较好的经济效益,还会在一定程度上给予社会投资一种错误的信号,挫伤其积极性,降低社会资金的使用效率,也不利于文化产业市场化的发展。而中小型文化企业大部分是由个人或者小组以私人资本进行投资的方式创建,产权结构模糊,缺乏市场运作经验,对企业的融资途径和方式不甚了解,仅拥有艺术创意而缺乏实践经验,对资本的把握能力不足。在进行投资决策时,由于中小型文化企业对市场运作规则不熟悉,无法对文化项目的实际可行性、运营效果等进行准确的判断,降低了资金的使用效率。

第二十五章
上海文化产业社会资本支持现状

近年来,上海市政府连续增加对文化产业的固定资产投资和财政支出。从绝对值来看,2020年底,上海市政府对文化产业的固定资产投资为102.75亿元,对文化产业的财政支出为161.26亿元。从相对值来看,2020年底,上海市政府对文化产业的固定资产投资占全市固定资产投资的1.734%,对文化产业的财政支出占全市财政支出的1.99%,处于较低的水平。由此,仅仅依靠国家财政方面的支持,如对文化产业从业人员、企业提供税收优惠,直接对文化产业进行财政拨款等,远远无法满足文化产业发展所需的庞大资金缺口。上海市文化产业需要开拓更多市场化的融资渠道,以解决产业发展所需要的资金缺口。

第一节 上海文化产业间接融资特点及问题

第一,十几年来,上海文化产业商业银行贷款增长趋势不明显,波动较大。上海市作为文化企业孕育的摇篮以及各项产业支持政策的试验田,银行信贷融资一直以来都是文化企业获得社会资本支持的最主要方式。从信贷规模来看,至2021年6月末,上海文化产业贷款余额达118.07亿元,与年初相比增加16.4亿元,较前一年同期增加39.68亿元,同比增幅50.62%;但与2014年同期数据相比,截至2014年6月,上海文化产业贷款余额达241.68亿元,是2021年同期的两倍有余,比2014年初增加29.99亿元,增长14.17%,增速高于其他各项贷款8.49个百分点。由此可见,尽管2021年上海文化产业贷款余额处在增长阶段,但相比7年前已出现了较大规模的收缩,这可能与2016—2018年文化产业遭遇"寒冬"有关;2016年开始,全国文娱投融资数额出现回落;2017年,文化产业更是以调整、淘汰、洗牌为主题;2018年,各种红利见顶,"寒冬论"甚嚣尘上,资本市场上文化企业上市受阻、退出通道不畅,社会资本对文化企业投资积极性下降,商业银行对其贷款支持自然也遇冷。

第二,上海市多家商业银行逐步开发具有针对性和创新性的文化产业创新信贷产品,解决本地文创企业融资难问题。从商业银行的信贷产品来看,上海市多家商业银行积极开发了更具针对性的文化产业创新信贷产品。2020年3月,上海宣传部联合上海市银行业文创特色支行、市政策性融资担保基金等机构共同推出"文创宝"专项贷款产品,专门面向疫情期间融资困难的文化类中小微企业,具有审批快速高效、贷款额度有保证、融资成本低等特点,首期贷款规模达到10亿元,从供给端缓解了文化企业"不能贷""不敢贷"的问题。

从上海银行业文化金融服务的专业化水平来看,多家商业银行积极推进文化与金融的产融结合。一是组建特色支行以及具有较高专业化水平的团队。例如,中国招商银行上海分行、北京银行上海分行各自打造文化融资团队,专门对接文化企业与社会资本渠道,先后落地多项文化投融资项目。二是直接与文创园区对接,加强银企合作。例如,北京银行上海分行就是首批对园区内文化企业发放特色类贷款的银行之一。三是与文化发展基金会、行业协会等开展合作,积极开展业务创新。例如,上海银行与上海文化发展基金会共同设立专项基金,满足文化艺术类项目的融资需求;中信银行上海分行与上海市广播影视制作业行业协会长期保持合作,满足影视制作类企业的融资需求,提供综合化的金融服务等。四是摆脱传统抵押贷款重固定资产与有形资产的限制,变"有形资产质押"为"无形资产质押",针对文化企业自身轻资产的特点,推行更为新颖的抵押方式。例如,2016年,中国进出口银行上海分行创新性地通过版权质押的担保方式支持禁毒题材电视剧的拍摄。除此之外,上海市商业银行以文化企业专利权、知识产权、商标权、著作权、艺术品质等作为质押物的数十种创新型质押贷款也在积极投入市场推广之中。

此外,在上海文化产业的间接融资市场,小额贷款公司在文化与金融的产融结合中也发挥重要作用。2020年2月,在上海市文创办的指导下,上海滨江普惠小额贷款有限公司联合上海精文投资有限公司、上海东方惠金融资担保有限公司共同组成"文金惠"文创金融服务工作小组,推出专向文化金融服务,包括疫情防控贷款、文化小微企业信用贷款等多项金融产品,同期小额贷款利率与市场平均利率相比至少下浮25%,年担保费率从2.5%降至1%,为解决文化企业融资难问题贡献力量。

第二节　直接融资下上海文化产业融资现状分析

直接融资是指资金盈余企业与资金紧缺企业之间直接建立金融联系,最典型的形式为股票市场融资、债券市场融资、风险投资、私募股权投资等。

一、上海市文化产业债券市场融资现状

第一,从债券融资的绝对规模来看,上海市文化产业债券市场规模整体呈现震荡上升趋势。从上海市文化产业发债金额及发债只数来看,2011年至2021年两者整体均呈现一种震荡上升的趋势(见图25-1、图25-2)。11年间,前3年发债金额呈现出明显增长的态势,并在2013年达到顶峰,当年发债金额达到25亿元,发债只数也达到小巅峰,即4只,市场短暂火热。但2014年,整个文化产业债券市场突然爆冷,整年未出现一例信用债融资案例,这与银行信贷规模变化一致,即2013年文化产业融资市场十分

火热,但 2014 年后市场归于理性,融资规模出现紧缩态势,背后原因归咎于此时间段资本市场上文化产业投资遇冷,债务融资规模自然紧缩。2014 年后,债券市场整体呈现震荡上升趋势,2020 年至 2021 年实现连续上升,到 2021 年末,文化产业发债规模首次突破 30 亿元,创下历史新高。

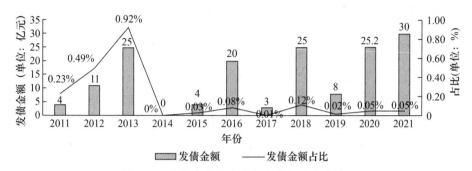

图 25-1　上海市文化产业发债金额及占比情况

图 25-2　上海市文化产业发债只数及占比情况

第二,从行业的相对比较来看,上海市文化产业债券融资市场在已统计的所有行业中实际上处于相对收缩的状态。从发债金额及发债只数的占比情况来看,二者波动情况有极高的相似性:前 3 年保持上升,并在 2014 年跌至 0 点,且在此后几年内呈现出小幅震荡下的平稳态势。同时,我们注意到,在 2013 年发债金额达到小高峰时,占比为 0.92%,为 2011—2021 年最高水平;反观在 2021 年发债金额突破 30 亿元大关时,占比仅为 0.05%,这种金额上涨但占比下降的现象说明,上海市文化产业债券融资市场在已统计的所有行业中实际上处于相对收缩的状态。相比之下,金融业发债金额从 2011 年的 680.79 亿元飞涨至 2021 年的 46050.96 亿元,发债金额占比从 39.54% 增至 82.55%,足见文化产业发债规模其实并不大。背后原因还是归咎于文化产业信用债收益率难以满足社会资本要求,其本身吸引力不足,相比金融业信用债等热门债券并不具备优势,因此出现徒有发债金额数量增长但发债金额占比下降的情况。同时,我们也应该看到,文化产业作为受到国家与社会资本重视并看好的"朝阳行业",其在债券市场上较低的金额占比也意味着,未来将会有更大的发展潜力,也将会有更大的规模扩充的空间。

二、上海市文化产业股票市场融资情况

股票市场融资对于上海市文化产业来说,始终是极为重要的融资方式。截至2021年,上海市上市文化企业数量达到31家,在全国排在前列,仅次于北京市。

第一,从股票市场融资规模看,2011—2021年上海市文化产业股票市场融资规模没有呈现稳定增长趋势,而是呈现剧烈震荡的态势。从融资金额来看,2013年、2018年、2019年3个年份中并没有文化企业首次公开募股或以增发形式再融资。剩下的有融资记录的年份中,2015年为融资规模最大的年份,首发与增发总额达到184.95亿元,超过年均融资额153.81亿元(年均融资额31.14亿元);2014年融资额最小,仅为7.76亿元;2020—2021年表现出平稳态势,保持在11亿元左右(见表25-1)。

表25-1 上海市2011—2021年上市文化企业股票市场融资规模

年份	上市文化企业名称	发行方式	融资总额(亿元)
2021	读客文化股份有限公司	首发	0.62
	力盛云动(上海)体育科技股份有限公司	增发	3.91
	上海德必文化创意产业发展股份有限公司	首发	6.94
2020	东浩兰生会展集团股份有限公司	增发	11.59
2017	上海风语筑文化科技股份有限公司	首发	5.96
	力盛云动(上海)体育科技股份有限公司	首发	1.69
	新国脉数字文化股份有限公司	增发	37.62
	上海新南洋昂立教育科技股份有限公司	增发	5.93
2016	上海电影股份有限公司	首发	9.53
	上海网达软件股份有限公司	首发	4.01
2015	东方明珠新媒体股份有限公司	增发	100.00
	东方明珠新媒体股份有限公司	增发	51.81
	上海龙韵文创科技集团股份有限公司	首发	4.44
	上海新文化传媒集团股份有限公司	增发	8.70
	上海新文化传媒集团股份有限公司	增发	5.00
	国新文化控股股份有限公司	增发	15.00
2014	上海新南洋昂立教育科技股份有限公司	增发	5.82
	上海新南洋昂立教育科技股份有限公司	增发	1.94
2012	上海新文化传媒集团股份有限公司	首发	6.00
	新国脉数字文化股份有限公司	增发	19.99
2011	东方明珠新媒体股份有限公司	增发	31.05
	上海姚记科技股份有限公司	首发	4.94

第二,从融资结构来看,上海市文化企业首发融资规模明显弱于增发,但成功上市后增发再融资的吸引力却相当大(见表25-2)。

表25-2　上海市2011—2021年文化企业首发、增发情况

总融资事件数 (件)	首发次数 (次)	增发次数 (次)	总融资规模 (亿元)	首发规模 (亿元)	增发规模 (亿元)
22	9	13	342.4528	44.1087	298.3441
占比(%)	40.91	59.09	占比(%)	12.88	87.12

2011—2021年,上海市文化企业一共发生22件股票融资事件,其中9次首发,13次增发;首发在总融资事件中占比40.91%,增发占比59.09%,略高于首发。从融资规模来看,首发规模为44.11亿元,占比12.88%,增发规模为298.34亿元,占比达到87.12%。在融资规模最高的2015年,新股首发融资仅4.44亿元,反观增发达到180.51亿元,超出首发近40倍。因此不难得出结论:上海市文化企业在股票市场进行融资时,首发融资能力明显弱于增发,但一旦成功上市,其增发再融资的吸引力却相当大。与此同时,这一现象也与我国股票市场一直以来增发规模大于首发规模的现象重合,截至2021年9月31日,我国A股市场首发规模为3706亿元,增发规模为5762亿元。

第三,从上市板块结构来看,上海市文化企业主要集中于创业板和主板上市,主板为上市融资主阵地(见表25-3)。从上海市文化企业上市板块来看,2011—2021年,共有15家上市公司利用股票市场进行融资。其中有3家于深圳创业板上市,占比20%;其余12家均于主板上市,占比80%。可以看出,文化企业由于本身并不具备科创属性,因此不会选择于科创板上市,而主要投身于创业板、主板,并以主板为主阵地。但值得注意的是,2021年北交所挂牌营业,首批81家上市新企中,并没有来自上海市的文化企业。不仅如此,81家企业中,文化传媒板块也仅有一家跻身首批之列,为总部设在北京的流金岁月,这也与文化传媒板块在A股长期遇冷的情形一致。北交所重点立足于支持"专精特新"中小企业,即主导产品在行业内享有较高知名度,细分市场占有率在全国名列前茅的企业。文化传媒行业由于自身产业特点,符合该定义的"专精特新"企业较少,这也是导致仅有1家企业成为首批上市企业的原因。

表25-3　上海市文化企业上市板块情况

总上市公司数(家)	创业板上市公司数(家)	主板上市公司数(家)
15	3	12
占比(%)	20.00	80.00

第四,从产业细分来看,上海市文化企业以传媒、教育和互联网文娱类为主,电影

类、文创类、体育类和出版类则相对较少。从文化企业的细分领域来看,15家上市公司中,以传媒类企业居多,达到4家,占比26.67%;其次是互联网文娱类企业和教育类企业,两者数量均为3家,各占比20%。电影娱乐类、文创类、体育类和出版类则相对较少,除电影娱乐类为两家外,剩下三类均只有一家(见表25-4)。因此不难看出,文化企业中,传媒类、教育类企业更具备融资优势,无论是首发还是增发融资能力都更强;同时,互联网文娱类企业近年融资热度也很高,其中以电竞、游戏类企业最为活跃。

表25-4 上海市文化企业细分领域融资情况

总企业数(家)	传媒(家)	体育(家)	文创(家)	电影娱乐(家)	互联网文娱(家)	教育(家)	出版(家)
15	4	1	1	2	3	3	1
占比(%)	26.67	6.67	6.67	13.33	20.00	20.00	6.67

三、上海市文化产业私募股权和风险投资市场发展现状

第一,整体上,上海市文化产业私募股权和风险投资(PEVC)事件数量呈现出驼峰发展态势(见图25-3)。2011—2016年,除2012年小幅下滑外,PEVC事件数一路攀升,尤其是在2015年出现大规模增多,相较2014年增长愈一倍,从35件直接猛增至84件,并在2016年升至顶点,达到93件。顶峰过后则是长达5年的连续下降,并在2019年出现大规模下滑,同样相较2018年下降了愈一倍,从67件下降至33件;2020—2021年也不减颓势,叠加疫情对经济大环境的负面影响,至2021年,上海市文化产业全年PEVC事件数仅6件,为11年间的最低点,且事件集中发生在2021年上半年,2021年下半年甚至未曾发生过PEVC事件。

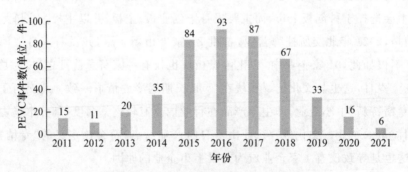

图25-3 上海市文化产业PEVC事件数

第二,从产业细分来看,互联网文娱、电影娱乐两类文化企业文化属性更易变现,更容易得到资本的青睐,融资规模呈现断层式领先态势。我们将上海市文化企业细分为互联网文娱(主要包括游戏、电竞、直播、短视频、各类APP等)、电影娱乐、广告、动漫、文创、教育、体育、出版以及旅游9个不同的类型,将9个种类的文化企业分别筛选出后计数,并取平均值,以此分析2011—2021年哪类企业在PEVC市场中融资更为活跃,

哪类企业融资能力较弱。

研究发现,上海市文化企业 PEVC 以互联网文娱类企业居多,电影娱乐类次之。2011—2021 年,平均每年上海市文化企业发生 PEVC 事件数达到 42 件,这其中以互联网文娱类企业居多,平均每年会发生 14 件,占比 33.33%,其中更以直播、短视频和各类 APP 为融资热门。例如,在互联网文娱类企业融资最多的 2015 年,仅此细分领域在整年间的融资事件就达到 39 件,占当年总融资事件数的 46.43%,其中,哔哩哔哩、熊猫直播更是在该年度多次融资。仅次于互联网文娱类企业的是电影娱乐类企业,其年均 PEVC 事件数达到 12 件,占比 28.57%。2018 年是电影娱乐类企业的融资大年,以 27 次的数量超过互联网文娱类企业,占比达到 40.30%,其中以申城影业、双羯影业以及上海电影三家公司最为活跃。上述两类企业在上海市文化企业中呈现断层式领先态势,随后的广告类、文创类以及动漫类企业年均分别发生 5 件、4 件、3 件 PEVC 事件。体育类、出版类与旅游类排在末尾,年均发生数分别仅为 1 件、0.7 件和 0.4 件,足见这三类企业在 PEVC 市场上并不活跃,融资能力也远不如其他类型,较难获得资金支持(见图 25-4)。

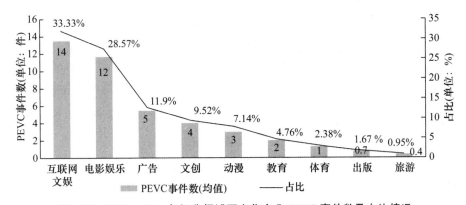

图 25-4　2011—2021 年细分领域下文化企业 PEVC 事件数及占比情况

从融资事件发生时间来看,体育类企业融资集中在 2016—2018 年,之后 3 年甚至未曾发生过一例;出版和旅游类企业则更少,2018—2021 年 4 年间未曾出现过 PEVC 事件。由此可以得知,在细分的 9 个不同种类文化企业中,互联网文娱类因与网络、APP 挂钩,更贴近当下人们获取信息的主流渠道,拥有更庞大的消费者基础;电影娱乐类得益于我国发展迅猛的电影市场,其消费者的消费潜力巨大,市值不断攀升,因此这两类企业的文化属性更易推广及变现,也自然更容易得到资本的青睐。反之,出版类由于出版业本身发展的衰弱,在互联网高速发展的当下已逐渐缺乏竞争力;旅游类更是由于疫情等的影响大大受挫,较难获得社会资本的支持。

第二十六章
市场融资和政府支出对上海文化产业影响的实证分析

本章通过实证分析探究不同的融资方式对上海市文化产业产出的影响。具体而言，分析股票和债券市场化的融资渠道对代表性省市的文化产业发展的促进作用，分析税收、财政支出和固定资产投资等非市场化的政府产业政策的有效性。

第一节 研究样本选取与数据来源

根据2022年5月中国人民大学文化产业发展研究院发布的"2021中国省市文化产业发展指数"排名，我们选取排名前四的北京、广东、浙江、上海四个省市作为样本。由于国家统计局和上海市统计局部分衡量指标的变动，我们将数据时间范围设定在2013年至2020年，形成面板数据。本章用于实证分析的变量分为核心变量与控制变量，核心变量中，被解释变量为文化产业的营业收入。变量设计标准如表26-1所示。

表26-1 变量及其定义

变量名称	变量符号	变量解释	数据来源
被解释变量			
文化产业的营业收入	INCOME	省市文化产业营业收入/全国文化产业营业收入	国家统计局各年统计年鉴
解释变量			
文化产业债券融资	BOND	省市文化产业债券融资金额/全国文化产业债券融资金额	同花顺
文化产业股票融资	STOCK	省市文化产业股票融资金额/全国文化产业股票融资金额	WIND
控制变量			
应缴增值税	TAX	省市文化产业应缴增值税/全国文化产业应缴增值税	国家统计局各年统计年鉴
地方政府对文化产业的固定投资	FIXINVEST	省市年度文化产业固定资产投资总额/全国年度文化产业固定资产投资总额	国家统计局各年统计年鉴
地方政府对文化产业的财政支出	EXPEND	省市年度文化产业财政支出总额/全国年度文化产业财政支出总额	国家统计局各年统计年鉴

(续表)

变量名称	变量符号	变量解释	数据来源
资产总计	ASSET	省市文化产业资产/全国文化产业资产	国家统计局各年统计年鉴
年末从业人员数量	EMPLOYEE	省市文化产业从业人员数量/全国文化产业从业人员数量	国家统计局各年统计年鉴
法人人数	JPERSON	省市文化产业法人数量/全国文化产业法人数量	国家统计局各年统计年鉴

第二节 实证模型构建

本章选取如下模型来研究不同的融资方式对各省市文化产业产出的影响：

$$INCOME_{it} = \alpha_1 + \beta_1 BOND + \beta_2 STOCK + \beta_i X_{it} + \varepsilon_t$$

上式中，$INCOME_{it}$ 为被解释变量，代表文化产业 t 年的营业收入。解释变量 BOND 表示文化产业债券融资，STOCK 表示文化产业股票融资。X_{it} 为控制变量，表示可能存在的对于行业增加值产生影响的其他影响因素，包括地方政府对文化产业的固定投资 FIXINVEST 和财政支出 EXPEND、文化产业的应缴增值税 TAX、法人人数 JPERSON、年末从业人员数量 EMPLOYEE、资产总计 ASSET。α_1 为截距项。ε_t 是随机误差项。$t(t=2013,2014\cdots2019,2020)$ 则表示年份。本章使用 Stata/SE 16.0 对 2013—2020 年省市文化产业面板数据进行计量分析。我们首先使用绝对值作基本的回归，发现回归系数和异方差绝对值较大，考虑变量数据的标准化，继续下载全国数据，取相对值作为回归的基本数据。

第三节 描述性统计分析

表 26-2 为主要变量的描述性统计分析结果，包括均值、标准差、最小值及最大值等基本信息。根据表 26-3 相关性结果，部分变量如 ASSET 与 JPERSON、EMPLOYEE 存在较高的相关性，可能导致多重共线性。

表 26-2 主要变量的描述性统计分析结果

变量	观察值	均值	标准差	最小值	最大值
INCOME	32	0.1141208	0.0428311	0.0381797	0.1935478
BOND	32	0.116784	0.0380156	0.0191964	0.1992593
STOCK	32	0.090996	0.0872989	0	0.3245179
ASSET	32	0.116784	0.0380156	0.0191964	0.1992593
TAX	32	0.107889	0.0428607	0.0583287	0.2576652
FIXINVEST	32	0.0132663	0.004791	0.007852	0.0271672
EXPEND	32	0.0248828	0.0091004	0.0151686	0.0519838
EMPLOYEE	32	0.0977489	0.0697711	0.0444083	0.2444292
JPERSON	32	0.0852702	0.0365024	0.038346	0.1585609

表 26-3 各变量的相关系数

	INCOME	ASSET	BOND	STOCK	TAX	FIXINVEST	EXPEND	EMPLOYEE	JPERSON
INCOME	1.0000								
ASSET	0.9250	1.0000							
BOND	−0.3537	−0.2719	1.0000						
STOCK	−0.0623	−0.0283	0.2292	1.0000					
TAX	0.8120	0.7146	−0.2236	0.0553	1.0000				
FIXINVEST	−0.2241	−0.1207	0.0442	0.1762	−0.3231	1.0000			
EXPEND	−0.3222	−0.1257	0.0790	0.0776	−0.2661	0.4002	1.0000		
EMPLOYEE	0.9004	0.8255	−0.3375	−0.0807	0.8038	−0.4585	−0.3562	1.0000	
JPERSON	0.7312	0.7457	−0.3104	−0.0495	0.7679	−0.3500	−0.0345	0.8735	1.0000

第四节　基于四省市文化产业面板数据的回归模型分析

参照 Stata/SE 16.0 中的线性回归结果,得到拟合效果较好的模型,如表 26-4 所示。

表 26-4　模型回归结果

变量	模型 1	模型 2	模型 3	模型 4	模型 5	模型 6
BOND	−0.0805	−0.0782	−0.0764	−0.0432	−0.0464	−0.0310
	(0.0543)	(0.0552)	(0.0548)	(0.0266)	(0.0275)	(0.0220)
STOCK	−0.0201	−0.0236	−0.0229	−0.00798	−0.00820	−0.00891
	(0.0320)	(0.0333)	(0.0330)	(0.0160)	(0.0162)	(0.0127)
TAX	0.778***	0.798***	0.777***	0.257**	0.283**	0.252**
	(0.108)	(0.117)	(0.117)	(0.0791)	(0.0922)	(0.0729)
FIXINVEST		0.492	0.921	0.156	0.0232	0.754
		(1.026)	(1.080)	(0.526)	(0.580)	(0.492)
EXPEND			−0.650	−0.772**	−0.704**	
			(0.547)	(0.263)	(0.291)	(0.279)
ASSET				0.787***	0.814***	0.566***
				(0.0841)	(0.0970)	(0.0984)
JPERSON					−0.0700	−0.418**
					(0.120)	(0.129)
EMPLOYEE						0.370***
						(0.0931)
常数项	0.0405**	0.0322	0.0446*	0.0168	0.0172	0.0163
	(0.0143)	(0.0226)	(0.0247)	(0.0123)	(0.0124)	(0.00979)
观测值	32	32	32	32	32	32
R^2	0.695	0.697	0.713	0.936	0.937	0.963

注:* $p<0.1$,** $p<0.05$,*** $p<0.01$。

第一,金融市场化融资渠道对代表性省市文化产业发展的促进作用有限,体现在回归模型中即为各省市文化产业债券融资和股票融资对文化产业收入的影响不显著。从核心解释变量的回归系数来看,各省市文化产业债券融资对文化产业收入的影响不显著,这也与前面分析的债券市场融资渠道对文化产业发展的促进作用有限一致。目前,公司债对公司的要求较高,适用于在主板上市的公司。银行间市场交易商协会对债券的发行也有严格的条件规定,在实际发行中很多产品种类的发行条件阻碍了民营企业发债,大量民营中小型文化企业难以满足债券市场的发债条件。同时,债券产品存在复杂的申报流程,很多文化企业对债券产品和发行流程不熟悉,发行的门槛较高,导致文化企业对债券市场望而却步,这一实证结论也印证了之前的分析。从债券市场文化产业的融资整体来看,2009年到2022年8月,我国文化产业通过债券市场融资金额为3315亿元,发债金额在全行业中占比0.12%,是债券发行融资较少的行业(见表26-5)。从债券融资成本来看,文化、体育和娱乐业的债券利率为4.41%,处于各行业中较高水平,反映出市场对文化产业持较高的风险溢价。同时,各省市文化产业股票融资对文化产业收入的影响也不显著,说明目前少数的股票融资没能解决众多文化企业的资金短缺困境。

表26-5 2009年到2022年8月我国一级债券市场发债情况

行业	发债只数(只)	发债只数占比(%)	发债金额(亿元)	发债金额占比(%)
教育	16	0.01	65	0.00
卫生和社会工作	29	0.01	336	0.01
住宿和餐饮业	204	0.08	726	0.03
科学研究和技术服务业	206	0.08	1131	0.04
农、林、牧、渔业	448	0.17	2445	0.09
文化、体育和娱乐业	636	0.24	3315	0.12
居民服务、修理和其他服务业	372	0.14	4751	0.17
信息传输、软件和信息技术服务业	620	0.23	11175	0.39
水利、环境和公共设施管理业	2862	1.07	23216	0.81
租赁和商务服务业	4353	1.62	24628	0.86
批发和零售业	3644	1.36	27577	0.96
房地产业	8903	3.31	74535	2.60
采矿业	3889	1.45	75414	2.63
交通运输、仓储和邮政业	6451	2.40	96836	3.38
电力、热力、燃气及水生产和供应业	6595	2.45	111183	3.88
制造业	12719	4.73	130267	4.55
综合	15078	5.61	132792	4.64
建筑业	17727	6.60	144816	5.06
金融业	183967	68.46	1999391	69.80

第二,非市场化的政府财政支持政策对代表性省市的文化产业发展有一定的促进作用,在回归模型中体现为各省市文化产业的税收对文化产业收入影响显著。各省市文化产业缴纳增值税规模的增加对文化产业存在显著的正向效应。2016年后,各地政府对文化产业征收的增值税下降明显,有助于减轻该产业的税收负担。另外,各省市用

于文化产业的固定资产投资和财政支出的回归系数不明显,一是反映出当地政府的固定资产投资和财政支出的资金量有限;二是反映出财政支出对产业发展的促进作用存在一定的政策时滞。

第五节 稳健性检验

考虑到市场化和非市场化的融资支持对产业发展的促进作用存在一定的政策时滞,为获得稳健的回归结果,我们将被解释变量文化产业的营业收入进行滞后一期处理,并逐步控制解释变量,得到的回归结果如表 26-6 所示,与基准回归结果相比,滞后项显著,显示出市场化融资和非市场化融资对各省市文化产业营业收入的影响存在滞后效应。其他系数大小略微变动,但基本的系数和显著性没有明显的差异,说明我们的回归结果是稳健的。

表 26-6 模型动态面板回归结果

变量	模型 4					模型 5
INCOME 滞后一期	0.940***	0.899**	0.935**	0.677**	0.696**	0.604**
	(0.258)	(0.285)	(0.286)	(0.221)	(0.231)	(0.268)
BOND	−0.0464	−0.0509	−0.0390	0.00137	−0.00611	0.00174
	(0.0360)	(0.0385)	(0.0423)	(0.0305)	(0.0334)	(0.0354)
STOCK	−0.0143	−0.0125	−0.00962	0.000318	−0.00656	−0.00684
	(0.0215)	(0.0220)	(0.0224)	(0.0169)	(0.0201)	(0.0202)
TAX	0.0543	0.0684	0.0550	0.130	0.131	0.148*
	(0.0993)	(0.104)	(0.111)	(0.0827)	(0.0860)	(0.0897)
FIXINVEST		−0.0511	−0.0140	−0.164	−0.0853	−0.00197
		(0.779)	(0.832)	(0.618)	(0.652)	(0.665)
EXPEND			0.418	−0.0447	0.135	0.145
			(1.111)	(0.839)	(0.909)	(0.912)
ASSET				0.596***	0.556***	0.567***
				(0.102)	(0.120)	(0.122)
JPERSON					−0.160	−0.160
					(0.227)	(0.228)
EMPLOYEE						0.310
						(0.453)

(续表)

变量	模型 4					模型 5
常数项	0.00823	0.0122	−0.00232	−0.0437	−0.0312	−0.0559
	(0.0262)	(0.0267)	(0.0419)	(0.0320)	(0.0377)	(0.0523)
观测值	24	24	24	24	24	24
Wald chi2(9)	40.70	38.26	37.28	103.45	96.27	96.16
P 值	0.0000	0.0000	0.0000	0.0000	0.0000	0.0000

注：* $p<0.1$，** $p<0.05$，*** $p<0.01$。

第二十七章
上海文化企业外部融资困境分析

由于上海市文化企业的内部资金不足,内源性融资能力普遍较弱,难以满足企业在成长过程中对资金的大量需求。因此,企业需要寻求外部渠道进行融资,通过一定方式向企业外部的其他经济主体筹集资金,在相对较短的时间内募集到大量的社会闲散资金。

第一节 间接融资存在障碍

尽管上海文化企业通过间接融资渠道获得的资金量已初具规模,但融资难的问题仍然存在并亟待解决。对于上海市文化企业来说,想要从银行体系获得资金,存在诸多困难。

一是抵押物不足。文化产业具有轻型化的特点,以版权、品牌价值等无形资产为主,缺乏土地、厂房等传统的银行贷款抵押物。目前,虽然随着政策不断推进,一些银行对文化产业的融资热情大幅提升,但银行对金融产品的创新有限,有形资产抵押还很难在文化产业领域具体实施,权利质押贷款、收益权质押贷款、专利权质押贷款等创新金融产品的适用范围较小,主要针对一些处于成熟期、规模较大、有稳定的经营模式、经济效益也比较好的文化企业,不适用于数量众多的中小文化企业。同时,其办理权限也主要集中在银行机构省级分行,手续烦琐,程序复杂。中小文化企业由于属于信用等级偏低的客户,很难满足银行贷款所需要的关于抵押物和风险控制的最低条件。

二是中小企业很难找到合适的担保人为其担保,效益好的企业不愿意承担风险为其担保,而效益一般的企业不符合做银行担保人的条件。中小企业在找担保公司时也存在诸多问题,既要给担保公司交一笔担保费,又要给银行付一笔利息,这使得中小企业的贷款成本大大增加,而且外部缺乏对担保机构行为的统一规范和监督。

三是上海市一些基层银行授权有限,程序烦琐复杂。在当前的银行信贷管理体系之下,中小型文化企业主要对接的是基层商业银行,而基层商业银行在资金和管理方面的授权都比较有限,尤其针对文化企业,这种无形资产的贷款既没有操作经验,也没有审批或投放权限,一方面需要对文化企业的实际情况和信用等级进行评估,再逐级上报,传递的时间较长;另一方面需要通过烦琐复杂的无形资产的贷款操作流程。

尽管上海银行业不断进行抵押、质押方式的创新,发展无形资产价值评估技术,创新性地采取知识产权质押、收费权质押等多种质押方式,但更具专业性的帮助中小文化企业融资的贷款方式以及贷款产品有待进一步推广与发展。上海市推出文化产业专项贷款产品的银行数量虽无明确统计,但在全国范围进行调查的 111 家商业银行中,仅 45 家商业银行开发了相关创新信贷产品,占比 40.54%,该比例仍有待提高。

第二节 直接融资门槛较高

直接融资主要包括股权融资和债券融资。其中,股权融资包括资本市场上市融资、风险投资、文化产业投资基金和民间资本投资。

一、债券融资

债券融资指企业通过发行债券的方式获取资金,仅获取资金的使用权而非所有权,限制性条款多,必须按时还本付息,是一种有偿使用外部资金的融资方式。其好处在于不会分散企业的控制权,同时具有税盾效应,在企业缴纳所得税之前扣除利息,从而减轻了企业的财务压力,风险也比较低。

我国债券发行场所主要是交易所和银行间市场交易商协会等。交易所债券属于一种标准化的债券,对参与机构、交易客体、交易方式等都有严格的规定。在交易所发行债券的民营企业一般要求具有较高的评级、无债务违约历史等。发行可转换公司债对公司的要求更高,适用于在主板上市的公司。银行间市场交易商协会债券对债券的发行也有严格的条件规定,在实际发行中很多产品种类的发行条件阻碍了民营企业发债,大量民营中小型文化企业难以满足债券市场的发债条件。同时,债券产品存在复杂的申报流程,很多文化企业对债券产品及发行流程不熟悉,发行门槛较高,导致文化企业对债券市场望而却步。从债券融资成本来看,文化、体育和娱乐业的债券利率为 4.41%,在各行业中处于较高水平,反映出市场对文化企业持较高的风险溢价(见表 27-1)。

表 27-1 2009 年到 2022 年 8 月我国存续债券融资成本统计

行业	发债金额（亿）	发债只数（只）	规模加权利率（%）
信息传输、软件和信息技术服务业	601	82	2.80
制造业	22184	2014	3.19
金融业	476616	20809	3.20
科学研究和技术服务业	664	57	3.32

(续表)

行业	发债金额(亿)	发债只数(只)	规模加权利率(%)
农、林、牧、渔业	821	107	3.46
电力、热力、燃气及水生产和供应业	22441	1476	3.49
卫生和社会工作	95	6	3.81
批发和零售业	4204	474	3.85
采矿业	15481	869	3.88
交通运输、仓储和邮政业	38628	1940	3.94
教育	17	3	4.01
租赁和商务服务业	6874	817	4.13
居民服务、修理和其他服务业	1359	134	4.23
综合	43268	4545	4.30
文化、体育和娱乐业	1155	192	4.41
水利、环境和公共设施管理业	10250	1285	4.52
建筑业	68025	8269	4.75
房地产业	36361	4123	4.78
住宿和餐饮业	338	63	5.22

数据来源：东方财富 Choice 数据。

二、资本市场上市融资

随着我国资本市场的开放与发展，我国已经形成了由主板、中小板、科创板、创业板、新三板构成的多层次资本市场体系，并在2021年注册成立北交所，是我国资本市场的又一重要制度改革，众多文化企业通过资本运作成功实现在境内外资本市场上市。据统计，截至2021年底，沪深AB股上市公司中，我国传媒行业共有148家上市公司，总市值达1.6万亿元，其中47家上市公司市值超百亿元，2家上市公司市值超千亿元。从企业所处省份来看，上榜企业以北京和浙江居多，均有27家，排名第二的是广东，上榜26家，第三是上海，上榜11家。资本市场上不同板块针对不同规模的企业，具有不同的条件和标准。

主板市场上市门槛很高，针对的是具有一定规模的大型成熟企业，要求具有较大的资本规模以及稳定的盈利能力，同时对企业的盈利水平、股本大小、最低市值等方面均有较高的要求。因此，很少有文化企业能够进入主板融资，即使是成熟阶段的文化企业，依然难以达到主板市场上市的硬性条件，主要通过中小板和创业板上市融资。2000年到2022年8月，我国文化企业A股融资占比1.364%，在各行业中处于较低水平（见表27-2）。

表 27-2　各行业 2000 年至 2022 年 8 月股票融资情况

行业	融资总额/发行规模（亿元）	首发（亿元）	增发（亿元）	配股认购金额（亿元）	行业占比（%）
居民服务、修理和其他服务业	2.60	2.60	0.00	0.00	0.002
综合	190.74	0.00	185.63	5.11	0.119
教育	290.14	42.37	247.77	0.00	0.181
住宿和餐饮业	292.92	23.70	267.68	1.54	0.183
卫生和社会工作	360.79	64.59	287.96	8.24	0.226
农、林、牧、渔业	1003.23	272.51	717.73	12.99	0.628
科学研究和技术服务业	1143.38	688.11	453.58	1.68	0.715
水利、环境和公共设施管理业	1785.67	500.98	1259.88	24.81	1.117
文化、体育和娱乐业	2180.64	478.27	1670.21	32.17	1.364
租赁和商务服务业	2693.22	291.64	2357.43	44.14	1.685
建筑业	5099.27	1888.23	3160.55	50.49	3.190
房地产业	5852.38	202.50	5487.41	162.47	3.661
采矿业	6040.87	2828.02	3054.96	157.89	3.779
批发和零售业	6357.41	848.68	5288.94	219.79	3.977
交通运输、仓储和邮政业	7188.96	1598.91	5483.09	106.96	4.497
电力、热力、燃气及水生产和供应业	7398.55	1235.05	5943.17	220.33	4.628
信息传输、软件和信息技术服务业	11595.02	3596.90	7899.90	98.22	7.253
金融业	23777.99	7233.12	13066.75	3478.12	14.874
制造业	76613.09	21939.20	52987.59	1686.30	47.923

资料来源：东方财富 Choice 数据。

中小板对拟上市公司规定的股本条件为发行前股本总额不少于人民币 3000 万元，发行后股本总额不少于人民币 5000 万元；财务条件为无形资产占净资产的比例不高于 20%。① 由于大部分文化企业都是中小型文化企业，股本条件能达到几千万元的并不多，大多数处于几百万元的规模。另外，文化企业自身的特性决定了其很难满足中小板的财务条件。创业板对拟上市公司有严格的利润以及发展速度要求，这也是绝大多数中小型文化企业难以达到的。同时，创业板存在入市和退市机制不健全的问题，从而导致资金使用效率不高。截止到 2021 年 8 月 4 日，深交所创业板上市公司突破 1000 家，文化企业上市数量仅百家。因此，中小板和创业板的融资门槛决定了其不会是我国大部分文化企业直接融资的主要形式。

---

① 尚宏金.企业境内上市之路[M].北京：中国政法大学出版社，2014：121.

三、风险投资

文化产业的特点与风险投资内在基本契合,文化产业是具有高风险、高科技含量、高投资回报,且具有广阔市场前景,符合政策导向,利润空间较大的复合产业。风险投资对于发展初期的企业来说较为重要,得到风险投资的企业,一方面可以缓解其资金不足的问题,另一方面也是企业具有成长潜力或者核心技术的标志,证明其在未来有价值。但在实际操作中,很多风险投资机构在文化产业的投融资运作上与预期效果还有一定差距,一是与渴望资本追求发展的文化企业不同,风险投资机构更多考虑的是投资过程中的理性原则和谨慎原则。虽然风险投资是一种承担高风险、追求高收益的投资方式,但也少不了理性投资的约束。文化产业无论是在前期创意的产生,还是在中后期市场的接受程度上都存在众多不确定因素,导致在投资时难以给出准确的判断,从而造成在我国文化产业中风险投资额和风险投资项目都不多的现状。二是文化产业的主要资产和重要竞争力就是其无形资产,即知识产权,知识产权具有正外部性,需要采取措施加以保护,而我国在知识产权保护方面法律不完善、制度体系不健全,增加了投资风险,不利于风险投资机构对文化产业的投资。三是缺乏真正了解文化产业的风险投资专业人才,导致投融资操作没有达到预期的效果。四是缺乏有效的风险投资退出渠道,使得众多风险投资机构不敢投资文化企业。

四、文化产业投资基金

文化产业投资基金是一种新型融资工具,指投向文化产业领域的产业投资基金,主要采取股权投资方式来解决文化产业融资问题。目标群体是具有高增长潜力的未上市中小文化企业,重点扶持新闻出版发行、广播电影电视、文化艺术、网络文化、娱乐休闲及相关重点文化行业,注重文化企业的长期发展前景和增值空间,通过股权投资方式募集资金,以政府引导资金撬动,吸引各方资本投入,支持企业做强做优做大,实现价值增值,并在合适的时机通过各类退出方式实现资本增值收益。2011年,中国文化产业投资基金在北京成立,这是我国首只国家级文化产业基金。基金成立之后,先后对新华网、中投视讯、开心麻花、蜻蜓FM等39家文化企业进行了股权投资,同时还对平凡的世界、绝地逃亡等影视项目进行投资。2013年至2017年,文化产业投资基金规模增长迅速,基金设立数量增速明显,2017年当年就有127只基金发起设立,总募资规模超过7000亿元。但从总体规模来看,文化产业投资基金募资规模明显小于文化产业增加值,尤其是2018年以来。主要原因在于文化产业投资基金的投资方向过于局限,存在一种结构性的不均衡现象。文化产业投资基金出于利益的考虑,大多侧重投资于互联网、数字化与文化相结合的核心领域,如互联网信息服务、网络游戏以及旅游地产等能够快速变现的行业,较少对传统行业以及具有突破性的企业等变现速度较慢的领域进行投资。这就形成了在文化产业中热门领域资金供大于求,而基础性和创新性领域资金供不应求的情形。另外,基金存续期限普遍较短,出于控制风险的考虑,投资基金往往不会投资于初创期的中小型文化企业,而是偏向于投资相对成熟的大型文化企业,从而出现资源错配的问题。另外,缺乏多元的退出渠道,也阻碍了我国文化产业投资基金的发展。

五、民间资本投资

民间资本投资指吸引私人企业和个人资金进入文化领域,发挥民营资本的潜力。我国文化和旅游部 2012 年发布的《关于鼓励和引导民间资本进入文化领域的实施意见》提出,要鼓励和引导民间资本进入文化领域,投资演艺、动漫、艺术品、创意设计、数字文化服务等领域,建立健全多层次文化产业投融资体系,促进投资主体多元化。但我国民间资本投资发展的历史较短,企业规模较小,大多数民间投资者对投资方向和投资项目缺乏远见,随波逐流,使得民间投资项目出现区域内的低水平重复投资现象。同时,我国文化市场的市场化程度不高,对资本进入存在诸多要求,如对部门、行业、所有制等多方面的要求使得民间资本和外资进入受到限制。虽然中央为了促进民间资本投资推出了一系列政策措施,要求降低投资门槛,减轻企业非税负担,但众多地方相关机构和部门未能充分落实各项改革措施。加上投资文化产业的机会成本高,回收周期长,使得民间资本对文化产业领域投资的信心不足。

第二十八章
上海文化产业支持政策存在的问题

在"十三五"时期,上海市第三产业生产值已经占到全市生产总值的72%左右,而文化产业作为第三产业,是典型的知识密集型产业,与金融、科技相融合发展出新型业态模式,同时其经济贡献值也处于上升趋势,即使在疫情肆虐的2020年,上海文化产业也实现总产出20404.48亿元,显而易见,文化产业逐渐成为拉动经济增长的坚实力量。上海文化产业的蒸蒸日上离不开上海市政府以及相关部门的一系列政策支持,尤其是财政、税收以及金融方面的扶持,纵观上海历年出台的政策,发现其文化产业支持政策仍然存在一些问题有待改进。

第一节 政策内容存在漏洞

政策内容设计是政策实行的起始环节,文化产业政策颁发后,执行机构按照政策的内容执行,最终作用到目标群体的行为上。上海文化产业政策的设计存在以下缺陷:

第一,部分政策内容对专业名词的界定比较模糊,而且政策内容中规定的一些指标仅仅是一种宽泛性表达,并没有具体量化,如《2022年度上海市促进文化创意产业发展财政扶持资金项目申报指南》指出,"重点支持兼具社会效益与经济效益、具有良好发展前景、行业引领、导向意义、自主创新能力的文化创意产业项目"。但是,诸如社会效益和经济效益应该以什么样的标准或者尺度来衡量?这样缺少量化性的表述可能会使相关政策在执行过程中掺入一些主观因素,形成灰色地带,甚至导致不公平、不公正,降低社会福利。

第二,对知识产权的保护力度不够。文化产业是聚集思考、艺术和创意的产业,其中文化创意产业作为一种新兴产业,更是依赖创新型的思维和观点。上海超前的经济发展水平无疑为文化创意产业的发展提供了良好的物质基础。目前,上海市的文化创意产业园区约有80个,主要集中在经济发达并且有一定历史积淀的老工业区,提供了诸多就业机会,同时也使传统文化得以延续。但是要想使文化创意产业为城市发展带来更多效益,政府需要投入大量的物力和人力资源,对知识产权保护的力度也显得非常重要,因为文化类产品和服务的开发者享有知识产权,尊重原创,保护开发者的合法权益,才能为文化产业的进一步繁荣提供公平公正的市场环境。上海市政府颁布的《本市贯彻〈国务院关于进一步做好利用外资工作的意见〉若干措施》第20条和第21条涉及知识产权保护相关事宜,但是大多为原则性内容,法律层面的强制性要求较少,因此约束力度有限,从而对相关市场主体的行为规范不够,惩处不足。应重视通过完善立法来保护知识产权,法律的强制性能够维护原创者的利益,促进当地文化创意产业的发展。

第二节 政策对弱势群体的扶持力度有限

目标群体也即政策客体,是指政策的作用对象。评价政策的作用效果可以观察目标群体的行为。文化产业政策的目标群体是一些文化类企业、组织和个体,这其中有大企业,也有小微企业或者个体工商户等社会弱势群体,面对出台的文化产业支持政策,大企业由于自身掌握更多信息、经验、资金和人才等资源会有先天优势,充分享受政策支持,反观小微企业或者个体工商户,在受自身条件限制的情况下,政策的作用效果可能会大打折扣,它们甚至会面对更多更严重的风险。

为了达到上海市"十四五"规划中建成"社会主义国际文化大都市"的目标,上海市政府颁布了一系列文化支持政策,但这些政策对于体量较小的企业来说参与门槛较高,得到支持的可能性较小,这就使一些文化企业在初创时期获得支持的机会少,存活下去的可能性低。在上海市促进文化创意产业发展财政扶持资金项目中,对于申请项目的演艺单位、艺术品展览举办方、电竞俱乐部等都有最低规模的要求,使得小微企业获得资助的难度增加。2020年上海发布的疫情专项补贴中,受到资助的企业大多为大型酒店和游乐园等相关文旅行业公司,小微企业上榜较少,这也同样说明政府对于小微企业的资助有限。具体来看,主要存在以下几个方面的问题:

第一,政府推出的小微企业融资担保体系存在的问题突出,难以真正缓解小微企业融资难困境,小微企业参与机会少,融资难度高。例如,2022年3月疫情开始肆虐上海,对文化类企业带来负面影响,为降低全市小微文化企业的融资成本,缓解其融资困境,同年4月,上海市文化创意产业推进领导小组公布了"文金惠"文创金融服务方案,其中为特定的文化企业提供的担保额度上限为1000万元,期限均为一年以内,可根据企业情况另议。一年的期限其实是短期性质的,一年后企业依旧需要归还资金,倘若第二年企业经营不善,反而会加重还款负担。同时,一些文化企业属于长期积淀型企业,短期内经营成果并不明显,因此这样短期性的缓解对于企业的经营运作、发展规划也会产生影响,可能会造成经营者短视,盲目地以满足相关申请条件作为企业发展的短期目标,长期来看,对抗风险能力较差的小微企业不利。因此,政策制定应更多考虑对企业的长期救助。再者,虽然规定具体期限可以根据企业的实际情况调整,但是否能够得到调整,更多取决于政策执行方的综合考量,这是一个不稳定的变量。另外,有一些信用等级较低的小微企业可能资质有限,并不满足申请条件,最终只能失望而归。

第二,税收优惠的差异性可能抑制小微企业的积极性。我国企业所得税基本税率为25%,符合条件的小微企业的所得税税率为20%,不同行业实行差别化税率,但企业之间的税收优惠也存在差别,根据上海市税务局公布的"符合条件的文化创意高新技术企业减按15%征收企业所得税"规定,那些不被认定的企业无法享受较低的税率,可以看出,差别税率政策只是针对特定的企业类型,而不是将文化企业按照一定标准进行细分,全面考虑到所有企业,这对被忽视的企业来说是不公平的,在一定程度上可能抑制企业的积极性。

第三节 政策的推广力度有待提高

为了确保政策的执行效果,需要考虑政策执行链条的运行过程,涉及执行主体自身素质、目标群体的接受程度、政策自身质量、执行机制是否完善以及社会监督。上海市文化产业支持政策在执行过程中可能存在不同部门间目标及利益不同,影响政策有效性的问题。文化产业支持政策在执行过程中会涉及诸多机构和部门,不同部门在整个链条中的定位和作用不同,导致其对政策的看法以及执行的目标和效果不同,因此,它们更可能会在实施过程中以自身利益最大化为目标,违背政策制定的初衷,甚至根据自身对政策的预期提前制定相应对策,从而削弱政策执行的有效性,使其成为一纸空文。这些行为会使得决策效率下降,导致相关支持政策的执行效果与预期效果偏离。

第一,政策推广需精准确定对象,把有限的精力和资源投在最关键的变量上。政策的推广力度对政策的效果也有重要影响,上海文化产业支持政策的宣传力度有限,直接影响执行对象对政策的认知,更会影响政策的执行效果。在推广政策时首先需要明确目标群体,做到精准确定对象,这样在宣传政策时,可以将大部分媒体、网络等分配到最直接的受众身上,把有限的精力和资源投入最关键的变量上,实现政策效用最大化。

第二,文化产业政策提供的公众交流渠道有限。政策从公布到产生效果需要一定的时间,期间可能会出现各种突发情况,单凭一份文件或者通知,无法灵活考虑所有变数;而且目标群体的专业水平、认知能力和应变能力等也参差不齐,这就导致其对政策的解读存在差异。因此,政府部门和相关机构与目标群体之间的对接交流就显得格外重要。除了线上交流外,还应举办线下讲座、宣讲会、展会等真真切切地将政策目的、内容、执行方式等告知目标群体,加大政策覆盖面。政策在作用对象间的宣传和普及是执行过程中的重要环节,政策制定者需要明确信息传递的过程,规范各个机构和部门在传达政策时的职能,在政策和目标群体之间搭建好桥梁,保证政策推广力度和广度,进而影响市场主体的观念及行为。

第二十九章
上海文化产业发展存在的问题及完善建议

第一节　优化政策发展的内外部环境

首先,从内部环境来看,政策设计存在漏洞与政策制定者的诸多能力有关,如制定者的专业能力、对风险和收益的平衡能力、抗风险和抗压能力,以及对宏观情况的精准把握能力等。上海市政府相关部门在筛选人员时应充分考虑其对文化产业的了解程度,重视人才的选拔,为培养专业化人才创造优良的条件,把好政策制定的第一关。同时,优化政府机构内部管理,为政策发展提供良好的内部环境,减少政策漏洞,提高政策的适用性和前沿性。

其次,上海文化产业政策中对知识产权保护的缺失主要源于法律法规体系不完善及其所处法治环境尚有欠缺。倘若文化产权无法得到应有的保护,行业内的创新行为就可能止步不前,雷同的文化产品及服务可能层出不穷,直至影响整个文化产业链条的发展。由于立法欠缺,现有政策对违法行为的惩罚力度有限,创作者的合法权益也无法得到合理保障,最终使侵权行为大量存在,成为文化产业前进的阻碍。具体地,以上海文化创意产业园区为例,因知识产权保护的缺乏,文化创意产业园区同质化现象较为严重,尚未形成以特定文化品牌为核心的产业群落或产业链。根据上海市文创办的数据,截止到2021年,上海市共创建了149家市级文化创意产业园、16家文化创意产业示范楼宇和28家文化创意产业示范空间。在100多家园区中,只有上海锦和集团、弘基集团等少数园区通过不断扩大园区经营规模形成规模效应,降低运营成本,而其他多数园区仍然处于小而散的经营状态,缺乏对园区产业链的打造和品牌培育。所以,上海文化创意产业园区应致力于形成以特定文化品牌为核心的产业群落或产业链,提高产业链多元性和安全性,注重培育自身品牌,开发专利,同时在产业支持政策方面也应起到良好的引导和规范作用。

因此,上海市政府相关部门应积极完善知识产权方面的法律法规,建立完备的知识产权保护法律体系;优化市场环境,加强立法,明确奖惩措施,进一步健全知识产权管理制度,重视知识产权在文化产业成长过程中的作用;加强执法力度,加大惩罚力度,提高违法行为的成本,为上海市文化产业的发展营造优质的外部法制环境。

第二节　增强对中小文化企业扶持力度

针对中小文化企业融资难的问题,尽管我国已经建立了中小文化企业融资担保体系,但是由于相关配套机制不完善,阻碍了信用担保机构和中小文化企业的发展。主要原因有:一方面,部分融资担保机构规模较小,大部分资金都是一次性投入,缺少补偿机制,融资担保能力弱。另一方面,政府提供的资金难以满足众多中小文化企业的需求,缺乏引入民间资本进入市场的途径。另外,中介服务体系不健全,缺乏融资信息化平台,社会资本很难进入文化市场。相关配套措施不完善会提高文化企业的经营风险,降低其融资效率,不利于改善文化企业的投融资环境,也就难以真正缓解其融资难困境。

第一,"文金惠"等文创金融服务方案存在资金不匹配问题的原因在于以下两方面:

首先,财政投入规模与文化产业发展的实际需求之间存在较大差距。文化企业发展前期,存在资金不足和融资困难的问题;后期在不断进行市场开拓时,尤为需要财政对文化企业提供资金支持,但政府的财政投入与文化产业发展的实际需求之间仍然存在较大差距。2019年,上海市静安区有24个项目获得文创产业专项资金,项目总投资达1.7亿元,扶持资金为3015万元;长宁区全年有49个项目获得财政专项扶持资金,总额为3729万元;杨浦区有33家企业获得在建扶持项目资金,市、区两级财政扶持资金总额为4463万元;宝山区有21家企业获得市级扶持资金,共计1340万元,9个项目获得区级文创扶持资金,金额总计531.15万元。上海文化产业发展呈集聚态势,逐步形成了由园区、楼宇、空间组成的产业载体布局。2019年,全市正式认定137个园区为市级文化创意产业园区,总建筑面积超700万平方米,入驻企业超过2万家。面对数量众多的文化企业,上海市各区的财政扶持显然是不充足的,无法满足文化企业的资金需求,财政资金投入存在有限性。

其次,财政专项资金投入方式单一。根据《上海市促进文化创意产业发展财政扶持资金管理办法》,政府财政扶持专项资金既涉及传统文化产业,如新闻业、出版发行和版权服务业、广告业等,又涉及新兴文化产业,如互联网业、休闲娱乐业、软件与信息技术服务业等。政府扶持资金的来源主要是财政预算这一渠道,没有其他更多元的途径,缺乏特定税收、国债等途径,这就决定了财政扶持资金总额相对固定。财政投入方式大多数都是直接补贴,尚未实施多元的财政投入政策,间接性补贴方式运用得并不多。因此,政府虽然在地区的文化产业发展中提供了专项资金支持,但是数量众多的文化企业对资金的需求不能完全得到满足。

第二,财政投入因不同所有制企业形式而存在差异,对国有文化企业倾向性明显,对中小民营企业支持力度有限。财政资金对大项目的扶持力度较大,对中小项目扶持力度有限,而大部分民营文化企业处于成长期,这类企业发展的资金需求难以得到重视,很难做大做强,制约了文化产业的多样性。2020年,上海市促进创意设计产业发展财政专项资金的分配项目共计303个,总金额11542.3万元。市级宣传文化专项资金预算方案涉及17个项目,总金额54100万元,其中,仅上海报业重点新闻宣传项目补贴及主流媒体发展新媒体项目扶持资金两项就达到14005万元。

第三,由于担保机构缺少相应的管理,经营风险较高。当前,上海文化市场处于从行政资源配置转向市场资源配置的阶段,原来行政资源配置下产生的遗留问题有待解决,如原来的一些大型国有影视集团以及广电、报业集团在行业中处于实际垄断地位,极大削弱了市场配置资源的作用,不利于民营文化企业的发展,造成了市场竞争机制的扭曲和资源的浪费,降低了文化产业财政扶持资金的效率。因此,要加大、加快上海文化产业体制改革,促进上海文化产业市场化,同时促使相关税收政策进一步细化,更为全面地考虑企业实际情况,具体情况具体分析,对症下药。

第四,完善投资者保护制度,可以加大对资本市场违法行为的惩罚力度。同时明确出台立法文件,规范文化企业的经营,吸引更多投资者投资文化产业,推动其健康发展,提振投资者信心,形成良性循环,使得上海文化产业扶持政策向提高政策普惠性的方向发展,切实帮助弱势群体,使资源分配更加均衡。

第三节 引进复合型专业人才,提高机构间沟通效率

执行链条不够明晰的原因之一是缺乏文化产业专业人员。目前,上海文创教育发展还处于初期,高等学校中开设文化创意专业的院校较少,虽然有上海戏剧学院、同济大学等学校形成了一定范围的文化产业氛围街区,但是总体的人员输送远远无法满足整个行业的需求。目前,上海高等学校人才教育培养模式比较传统,文化创意方向的职业还未能形成一定的潮流,兼具文化创意、数字科技、社会营销的复合型专业人才十分稀缺。相比具有传统的文化中心背景的文化新贵城市杭州来说,上海在文化产业人才引进政策方面没有突出的吸引点,对于非本土的专业化人才吸引能力较弱,对文化产业的促进作用相对欠缺。综上所述,基于执行机构在执行政策的过程中所遇到的问题较为综合,涉及多行业、跨领域事宜,需要相关工作人员具有广泛的专业知识储备和技能。同时,应明确各个部门的权责,具体的工作分配应该有衔接性和配合性,执行机构间应提高沟通效率,互通有无。

根据史密斯模型,理想化的政策、执行机构、目标群体以及政策环境是影响政策执行效果的关键变量,四个变量之间也有互动关系,如执行机构与目标群体间就有密切联系,目标群体对政策的认知以及执行方与目标群体之间信息传递的有效性都会影响政策执行的最终效果。

财政支持政策执行过程中主要有两类目标群体：一类是事业单位或者国有企业，另一类是数目众多的中小企业。这两类群体都存在对财政支持政策认知与理解不足的问题，从而使得政策推广效果大打折扣。前一类企业普遍具有官方背景，长期在计划经济体制下运行，市场化发育较为缓慢，经营思维还没有及时转变。其外部资金来源主要是财政拨款，融资渠道较单一，长期靠财政拨款维续企业经营，对于财政专项资金的经营效益没有过多的考虑，存在资金使用效率较低的问题，且企业自身的造血功能不足。后一类企业主要是民营性质的中小企业，一方面，部分企业对于文化产业财政支持政策的了解十分有限，既不清楚自己是否满足财政支持政策的条件，也不清楚自己与专项资金支持标准的差距，这就使得文化产业专项资金难以精准扶持这类企业。另外，大多数民营文化企业规模较小，现代企业制度尚不健全，经营模式比较陈旧，企业经营风险较高，所以它们在申请财政资金支持时通过率较低，久而久之，便降低了对相关支持政策的认同感，甚至产生抵触情绪，不愿继续参与其中。另一方面，这类企业对财政支持专项资金的性质与目的了解不够充分，没有认识到扶持资金既是一笔财政资金，又具有专项资助的目的，因此其使用必然会受到严格的监管，它们获得资金后往往会忽略这一点，误以为所获资金可供自身任意支配使用，没有将资金用于特定用途，从而削弱了政策效果。

另外，执行部门和企业之间存在信息偏差也是政府财政支持政策推广效果较弱的原因。上海市文化企业参与政府财政支持政策主要通过两个渠道：第一，部门官方网站上发布的通知。企业通过浏览相应的申请条件，判断自己是否符合条件，自行申请财政扶持资金。由于企业通常对官方通知关注较少，且官方通知的发布时间一般不会提前告知，因此通过此方式参与支持政策的企业较少。但是从执行部门的角度来看，它们希望有更多文化企业参与到政策的申报中，以便择优择强，给予优质文化企业财政资金，帮助其做大做强。因此，执行部门和企业之间存在着双向偏差，部分企业可能会错失发展机会。第二，为培育更多优质文化企业，政府通常会推荐部分符合相关条件的企业。由于所在地政府一般对于自己区域内文化企业的经营状况和综合实力较为了解，同时对本区域的政策更为熟悉，可以更好地指导企业进行申报，有效减少信息不对称问题，提高财政资金使用效率，因此偏爱当地具有一定规模的优质文化企业，而对一些还处于成长期的中小型文化企业了解较少，这些企业在发展初期尤为需要资金，但实际上它们既没有参与申报的机会，又缺少参与政策的渠道，可能因此失去接受资金援助的黄金发展时期，不利于其长远发展。

因此，上海市各级政府和执行部门应着力于拓宽与企业的交流渠道，将政策切实推广至底层企业，明确作用对象，降低文化产业支持政策的执行偏差，重视政策推广在政策执行中的作用，增强与目标群体之间的有效沟通；企业方应及时关注官方发布的信息，加强与政府相关机构的沟通，同时注重自身长远发展，优化治理架构，完善企业各项信息,降低相关部门的筛选成本,培养专业化人才,提高政策解读能力,切实响应政策实施。

总之,在上海文化产业发展过程中应发挥政策的引导作用,发现并解决政策存在的问题,从而改善文化企业、组织所处的市场环境。上海市有关部门可以进一步完善支持政策,积极引进复合型人才,提高本市的品牌优势,严格监督政策执行过程,使政策真正落地,更好地服务小微企业,尤其是"专精特新"企业,切实满足它们的差异化需求,助力上海实现建设"设计之都""时尚之都"和"品牌之都"的核心目标。

参考文献

Adorno, T. W., M. Horkheimer. *The Culture Industry: Enlightenment as Mass Deception* [M]. Columbia University Press, 2019.

Ana, C. G., E. Mendez. The Never-ending Struggle: US Press Coverage of Contraception 2000-2013[J]. *Journalism*, 2016, 17(3).

Anne, G. et al. Rerun: Television Reruns and Streaming Media[J]. *Television & New Media*, 2019, 20(7).

Auerbach, A. J., Y. Gorodnichenko. Output Spillovers from Fiscal Policy[J]. *American Economic Review*, 2013, 103(3).

Baker, C. W., N. Thomas, R. E. Mckinney. U. S. State Taxation of Cryptocurrency-Involved Transactions: Trends and Considerations for Policy Makers[J]. *Tax Lawyer*, 2022, 75(3).

Banks, M., D. Hesmondhalgh. Looking for Work in Creative Industries Policy [J]. *International Journal of Cultural Policy*, 2009, 15(4).

Banks, M. The Work of Culture and C-19 [J]. *European Journal of Cultural Studies*, 2020, 23(4).

Beatrix, E. M. H., P. V. Bhansing. Art Galleries in Transformation: Is COVID-19 Driving Digitisation? [J]. *Arts*, 2021, 10(48).

Bennett, R. How Small Charities Formulate Marketing Responses to Major Reductions in Income: A Study of Nonprofit Contemporary Dance Companies [J]. *Qualitative Market Research: An International Journal*, 2014, 17(1).

Betzler, D., E. Loots, M. Prokupek. COVID-19 and the Arts and Cultural Sectors: Investigating Countries' Contextual Factors and Early Policy Measures [J]. *International Journal of Cultural Policy*, 2021, 27(6).

Borowiecki, K. J., T. Navarrete. Fiscal and Economic Aspects of Book Consumption in the European Union[J]. *Journal of Cultural Economics*, 2018, 42(2).

Brown, J. S., P. Duguid. Knowledge and Organization: A Social-Practice Perspective [J]. *Organization Science*, 2001, 12(2).

Campbell, J., N. Barazi, K. Duru. UK Government COVID-19 Funding Initiatives [N]. https://www.pillsburylaw.com/en/news-and-insights/uk-government-covid-19-funding-initiatives.html,2020-04-02.

Cartwright, M. Preferential Trade Agreements and Power Asymmetries: The Case of Technological Protection Measures in Australia[J]. *Pacific Review*,2019,32(3).

Crane, D. Cultural Globalization and the Dominance of the American Film Industry: Cultural Policies, National Film Industries, and Transnational Film[J]. *International Journal of Cultural Policy*,2014,20(4).

Cronin, A. M., L. Edwards. Resituating the Political in Cultural Intermediary Work: Charity Sector Public Relations and Communication [J]. *European Journal of Cultural Studies*, 2022, 25(1).

Dümcke, C. Five Months under COVID-19 in the Cultural Sector: A German Perspective [J]. *Cultural Trends*, 2021, 30(1).

Eikhof, D. R. COVID-19, Inclusion and Workforce Diversity in the Cultural Economy: What Now, What Next?[J]. *Cultural Trends*, 2020, 29(3).

Finlayson, A. *Making Sense of New Labour* [M]. Lawrence and Wishart, 2003.

Florida, R., M. Seman. Measuring COVID-19's Devastating Impact on America's Creative Economy[J]. *Metropolitan Policy Program*, 2020, 20.

Florida, R. *Cities and the Creative Class* [M]. Routledge, 2005.

Florida, R. The Flight of the Creative Class: The New Global Competition for Talent [J]. *Liberal Education*, 2006, 92(3).

Florida, R. *The Rise of the Creative Class* [M]. Basic Books, 2002.

Florida, R. *Who's Your City?: How the Creative Economy is Making Where to Live the Most Important Decision of Your Life* [M]. Basic Books, 2008.

Fraser, D. Cultural Organizations Hit Hard by COVID-19—And Then Comes the Recession [J]. *Nonprofit Quarterly*, 2020,(7).

Fraser, S., S. Lomax. Access to Finance for Creative Industry Businesses [R]. Department for Business, Innovation & Skills (BIS) and Department for Culture, Media and Sport (DCMS), 2011.

Fu, X., H. Xu. The Origin of Explosive Development of Creative Industry in China [R]. Regional Studies Association Annual Conference, 2009.

Fung, A. Y. H., J. N. Erni. Cultural Clusters and Cultural Industries in China [J]. *Inter-Asia Cultural Studies*, 2013, 14(4).

Garnham, N. From Cultural to Creative Industries: An Analysis of the Implications of the "Creative Industries" Approach to Arts and Media Policy Making in the United Kingdom [J]. *International Journal of Cultural Policy*, 2005, 11(1).

Gordon, S., C. L. McNeely. A Seismic Shift in U. S. Federal Arts Policy: A Tale of Organizational Challenge and Controversy in the 1990s [J]. *Journal of Arts Management, Law and Society*, 2009,39(1).

Guibert, G., I. Hyde. Analysis: COVID-19's Impacts on Arts and Culture, COVID-19 Weekly

Outlook, 2021.

Hesmondhalgh, D., A. C. Pratt. Cultural Industries and Cultural Policy [J]. *International Journal of Cultural Policy*, 2005, 11(1).

Jeffrey, B.. David's Sling: How to Give Copyright Owners a Practical Way to Pursue Small Claims [J]. *UCLA Law Review*, 2015, 62(2).

Jenner, M. Is This TVIV? On Netflix, TVIII and Binge-watching [J]. *New Media & Society*, 2016, 18(2).

Jens, Ulff-Møller. Film Trade Diplomacy between France and the United States: American and European Policies toward the Motion Picture Industry 1945-1971 [J]. *Innovation: The European Journal of Social Science Research*, 2020, 33(4).

Jinji, N., A. Tanaka. How Does UNESCO's Convention on Cultural Diversity Affect Trade in Cultural Goods? [J]. *Journal of Cultural Economics*, 2020, 44(4).

Kamal, M. M. The Triple-edged Sword of COVID-19: Understanding the Use of Digital Technologies and the Impact of Productive, Disruptive, and Destructive Nature of the Pandemic [J]. *Information Systems Management*, 2020, 37(4).

Kim J., C. Nam, M. H. Ryu. IPTV vs. Emerging Video Services: Dilemma of Telcos to Upgrade the Broadband [J]. *Telecommunications Policy*, 2020, 44(4).

Kleer, R. Government R&D Subsidies as a Signal for Private Investors [J]. *Research Policy*, 2010, 39(10).

Kwak, K. T., O. C. Ju, L. S. Woo. Who Uses Paid Over-the-top Services and Why? Cross-national Comparisons of Consumer Demographics and Values [J]. *Telecommunications Policy*, 2021, 45(7).

Labuza, P. When a Handshake Meant Something: The Rise of Entertainment Law in Post-Paramount Hollywood [J]. *Journal of Cinema & Media Studies*, 2021, 60(4).

Lee, H. K. Making Creative Industries Policy in the Real World: Differing Configurations of the Culture-Market-State Nexus in the UK and South Korea [J]. *International Journal of Cultural Policy*, 2020, 26(4).

Lee, H. K. The Political Economy of 'Creative Industries' [J]. *Media, Culture and Society*, 2017, 39(7).

Lorenzen, M., L. Frederiksen. Why Do Cultural Industries Cluster? Localization, Urbanization, Products and Projects [J]. in P. Cooke and L. Lazzeretti. *Creative Cities, Cultural Clusters and Local Economic Development*. Edward Elgar, 2008.

Mackintosh, W. B. *Selling the Sights: The Invention of the Tourist in American Culture* [M]. NYU Press, 2019.

Manwell, L. A. In Denial of Democracy: Social Psychological Implications for Public Discourse on State Crimes Against Democracy Post-9/11 [J]. *American Behavioral Scientist*, 2010, 53(6).

Marshall, A. *Principles of Economics* [M]. Cosimo Inc., 2009.

McDonald, P. Hollywood, the MPAA, and the Formation of Anti-piracy Policy [J]. *International Journal of Cultural Policy*, 2016, 22(5).

McKenzie, J. The Economics of Movies: A Literature Survey [J]. *Journal of Economic Surveys*, 2012, 26(1).

Monberg, J. Cultural Identity in an Era of Globalization: Contrasting State Media Policies in the United States and France[J]. *Intercultural Communication Studies*, 2001, 10(2).

Moore, I. Cultural and Creative Industries Concept—A Historical Perspective [J]. *Procedia-Social and Behavioral Sciences*, 2014, 110.

Mulcahy, K. V. Cultural Patronage in Comparative Perspective: Public Support for the Arts in France, Germany, Norway, and Canada [J]. *The Journal of Arts Management, Law, and Society*, 1998, 27(4).

Mulligan, M. The COVID Bounce: How COVID-19 is Reshaping Entertainment Demand [R]. Midia Research, 2020.

Noonan, D. S. Fiscal Pressures, Institutional Context, and Constituents: A Dynamic Model of States' Arts Agency Appropriations[J]. *Journal of Cultural Economics*, 2007, 31(4).

Nicola, S. *The Promise of Nostalgia: Reminiscence, Longing and Hope in Contemporary American Culture* [M]. Taylor & Francis, 2020.

Oakley, K. Not So Cool Britannia: The Role of the Creative Industries in Economic Development [J]. *International Journal of Cultural Studies*, 2004, 7(1).

O'Connor, J. The Cultural and Creative Industries: A Critical History [J]. *Revista Vasca de Economía*, 2011, 78(3).

O'Connor, J. Intermediaries and Imaginaries in the Cultural and Creative Industries [J]. *Regional Studies*, 2015, 49(3).

O'Connor, J. *The Cultural and Creative Industries: A Review of the Literature* [M]. Arts Council England, 2007.

O'Connor, J. The Definition of the 'Cultural Industries' [J]. *The European Journal of Arts Education*, 2000, 2(3).

OECD. *Public and Private Funding for Cultural and Creative Sectors, in the Culture Fix: Creative People, Places and Industries* [M]. OECD Publishing, 2022.

Plaisance G. French Nonprofit Organizations Facing COVID-19 and Lockdown: Maintaining a Sociopolitical Role in Spite of the Crisis of Resource Dependency [J]. *Canadian Journal of Nonprofit and Social Economy Research*, 2021, 12(S1).

Plaisance, G. Resilience in Arts and Cultural Nonprofit Organizations: An Analysis of the Covid-19 Crisis in France [J]. *Voluntas: International Journal of Voluntary and Nonprofit Organizations*, 2022, 33(5).

Pratt, A. C. Cultural Industries and Public Policy: An Oxymoron? [J]. *International Journal of Cultural Policy*, 2005, 11(1).

Pratt, A. C. Policy Transfer and the Field of the Cultural and Creative Industries: What Can be Learned from Europe? [J]. in Lily Kong, Justin O'Connor. *Creative Economies, Creative Cities: Asian-European Perspectives*. Springer, 2009.

Pratt, A. C. The Cultural Industries Sector: Its Definition and Character from Secondary Sources on Employment and Trade, Britain 1984-91 [R]. Research Papers in Environmental and Spatial Analysis, 1997.

Richard, P., A. Belden. Parental Guidance: A Content Analysis of MPAA Motion Picture Rating Justifications 1993-2005[J]. *Current Psychology*, 2009, 28(4).

Rodgers, J. Jobs for Creatives Outside the Creative Industries: A Study of Creatives Working in the Australian Manufacturing Industry [J]. *Creative Industries Journal*, 2015, 8(1).

Sarea, A., S. A. Bin-Nashwan. Guide to Giving during the COVID-19 Pandemic: The Moderating Role of Religious Belief on Donor Attitude [J]. *International Journal of Ethics and Systems*, 2021, 37(1).

Sedgwick, J., P. Michael. Consumers as Risk Takers: Evidence From the Film Industry during the 1930s[J]. *Business History*, 2010, 52(1).

Shan, S. Chinese Cultural Policy and the Cultural Industries [J]. *City, Culture and Society*, 2014, 5(3).

Stephanie, M. B., J. M. Kelley, J. J. Jozefowicz. A blueprint for Success in the US Film Industry[J]. *Applied Economics*, 2009, 41(5).

Strom, E. Cultural Policy as Development Policy: Evidence from the United States[J]. *International Journal of Cultural Policy*, 2003, 9(3).

Taylor, C. Beyond Advocacy: Developing an Evidence Base for Regional Creative Industry Strategies [J]. *Cultural Trends*, 2006, 15(1).

Throsby, D. Assessing the Impacts of a Cultural Industry [J]. *The Journal of Arts Management, Law, and Society*, 2004, 34(3).

Vitkauskaitė, I. Cultural Industries in Public Policy [J]. *Journal of International Studies*, 2015, 8(1).

Waitzman, E. Impact of Government Policy on the Creative Sector [R]. https://lordslibrary.parliament.uk/impact-of-government-policy-on-the-creative-sector/, 2021-10-28.

Waniak-Michalak H., S. Leitonienė and I. Perica. The NGOs and Covid 19 Pandemic: A New Challenge for Charitable Giving and NGOs' Mission Models [J]. *Inžinerinė Ekonomika*, 2022.

Waniak-Michalak, H. NGOs as Providers of the Social Welfare Services in Cooperation with Local Authorities in the Times of Financial Crisis [J]. *Business and Economic Horizons*, 2014, 10(2).

Yanich, D. Local TV, Localism, and Service Agreements [J]. *Journal of Media Economics*, 2015, 28(3).

2005年度統計報告. 日本映像ソフト協会. https://www.jva-net.or.jp/, 2005.

2005年度音楽メディアユーザー実態調査. 日本レコード協会. https://www.riaj.or.jp/f/pdf/

report/mediauser/softuser2005. pdf,2006-04.

2021年イベント産業規模推計報告書.一般社団法人日本イベント産業振興協会. https://www. jace. or. jp/wp/wp-content/uploads/2022/06/770f7aa863e4a1459b25df8177dae29e. pdf,2022-06.

2022 CESAゲーム白書.一般社団法人コンピュータエンターテインメント協会. https://www. cesa. or. jp/information/release/202208290945. html,2022-08-29.

アニメ産業レポート2022(詳細).一般社団法人日本動画協会. https://www. spi-information. com/categories/detail/33307,2022-11-11.

アニメ産業レポート2022.一般社団法人日本動画協会. https://aja. gr. jp/download/anime-industry-report-2022_summary_jp,2022-05-12.

クールジャパン機構について.経済産業省. https://www. meti. go. jp/policy/mono_info_service/mono/creative/2110CoolJapanFundr1. pdf,2019.

コンテンツの世界市場?日本市場の概観.経済産業省. https://www. meti. go. jp/policy/mono_info_service/contents/downloadfiles/report/202002_contentsmarket. pdf,2020.

デジタルコンテンツ白書2022.デジタルコンテンツ協会. http://www. dcaj. or. jp/project/dc-wp/,2022.

デジタル人材育成プラットフォームについて.経済産業省. https://www. meti. go. jp/policy/economy/jinzai/reskillprograms/reskillwebinar/reskill_webinar2022_shiryo6. pdf,2022.

地方における文化行政の状況について(令和3年度).文化庁. https://www. bunka. go. jp/tokei_hakusho_shuppan/tokeichosa/chiho_bunkagyosei/pdf/93898101_01. pdf,2023-05.

定額動画配信(SVOD)サービス別市場シェア推移. https://gem-standard. com/columns/510,2022.

令和3年版情報通信白書. https://www. soumu. go. jp/johotsusintokei/whitepaper/ja/r03/html/nd241910. html,2021.

文化芸術の経済的・社会的影響の数値評価に向けた調査研究報告書. https://www. bunka. go. jp/tokei_hakusho_shuppan/tokeichosa/bunka_gyosei/pdf/93741401_01. pdf,2022.

令和元年度知的財産権ワーキング・グループ等侵害対策強化事業(知的財産権侵害対策強化事業)に関する委託業務(コンテンツ市場規模等調査事業). http://www. coda-cj. jp/wp/wp-content/uploads/2022/11/201216. pdf,2020-03-31.

日本レコード産業 2022. https://www. riaj. or. jp/news/id=306,2022-03-25.

白燕燕.我国移动阅读面临的6大瓶颈及对策研究[J].编辑之友,2013,(3).

财政部财政科学研究所、新闻出版总署财务司联合课题组,艾立民,刘尚希,王泉,傅志华.国外新闻出版业发展模式及其财税政策经验借鉴[J].经济研究参考,2013,(26).

蔡尚伟,温洪泉等.文化产业导论[M].上海:复旦大学出版社,2006.

蔡武进,彭龙龙.法国文化产业法的制度体系及其启示[J].华中师范大学学报(人文社会科学版),2019,58(2).

陈大猷.美国出版商协会组织架构及其功能研究[D].武汉大学,2017.

陈庚,傅才武.文化产业财政政策建构:国外经验与中国对策[J].理论与改革,2016,(1).

陈净卉,肖叶飞.美国数字出版的产业形态与商业模式[J].编辑之友,2012,(11).

陈美华,陈东有.英国文化产业发展的成功经验及对中国的启示[J].南昌大学学报(人文社会科学版),2012,43(5).

陈清.美国公共图书馆联邦经费保障机制研究——基于美国博物馆与图书馆服务协会《2021财年财务报告》的解读[J].图书与情报,2021,(6).

程维红,任胜利,路文如,严谨,王应宽,方梅.我国科技期刊由传统出版向数字出版转型的对策建议[J].中国科技期刊研究,2011,22(4).

崔明伍.浅析美国出版言论审查的特点[J].出版科学,2012,20(5).

戴祁临,安秀梅.产业链整合、技术进步与文化产业财税扶持政策优化——基于文化企业生产与研发的视角[J].财贸研究,2018,29(3).

戴祁临,安秀梅.公共文化传播效率评价与影响因素研究[J].云南社会科学,2016,(6).

道格拉斯·戈梅里,克拉拉·帕福·奥维尔顿.世界电影史(第2版)[M].秦喜清译.北京:中国电影出版社,2016.

段诗韵.美英德数字出版产业的政策机制及其借鉴意义[D].中南大学,2014.

范军,张晴.百舸争流千帆竞——基于多维榜单解析2018年度国际出版业[J].出版发行研究,2020,(7).

龚兆雄.英国创意产业政策对英国电影的影响及启示[J].考试周刊,2016,(60).

顾海峰,卞雨晨.财政支出、金融及FDI发展与文化产业增长——城镇化与教育水平的调节作用[J].中国软科学,2021,(5).

郭淑芬,郝言慧,王艳芬.文化产业上市公司绩效评价——基于超效率DEA和Malmquist指数[J].经济问题,2014,(2).

贺达,顾江.地方政府文化财政支出竞争与空间溢出效应——基于空间计量模型的实证研究[J].财经论丛,2018,(6).

黄先蓉,李魏娟.美国数字出版法律制度的现状与趋势[J].中国出版,2012,(17).

黄先蓉,刘菡.传统出版业数字化转型的政策需求与制度、模式创新[J].中国编辑,2011,(1).

黄永兴,徐鹏.中国文化产业效率及其决定因素:基于Bootstrap—DEA的空间计量分析[J].数理统计与管理,2014,33(3).

计国忠.文化产业的政府支持:正外部性角度的分析[J].新疆社会科学,2004,(4).

蒋萍,王勇.全口径中国文化产业投入产出效率研究——基于三阶段DEA模型和超效率DEA模型的分析[J].数量经济技术经济研究,2011,28(12).

金衡山.美国文化特征与"软实力"表现[J].四川大学学报(哲学社会科学版),2020,(3).

金雪涛,李玲飞,杨敏.我国文化财政投入与产出关系——基于面板数据模型的实证研究[J].财政研究,2015,(6).

金雪涛,潘苗.我国文化产业公共财政投入的绩效分析与对策选择[J].经济与管理,2013,27(6).

孔东民,项君怡,代昀昊.劳动投资效率、企业性质与资产收益率[J].金融研究,2017,(3).

李浩然.美国文化产业的发展经验及其启示[J].人民论坛,2020,(3).

李华成.欧美文化产业投融资制度及其对我国的启示[J].科技进步与对策,2012,29(7).

李娟,肖叶飞.国际出版集团数字出版的路径与策略[J].出版发行研究,2017,(1).

李丽萍,杨京钟.英国文化创意产业税收激励政策对中国的启示.山东财经大学学报,2016,28(2)。

李沁.美国电视剧产业的营销新趋势[J].电视研究,2013,(3).

李姝,赵佳佳.文化产业融合与公共财政支持[J].财政研究,2014,(1).

李祥洲.国外出版业宏观管理体系探析[J].出版科学,2004,(5).

李鑫,李香梅.代理冲突、公司治理因素的激励约束效应与资本配置效率[J].管理世界,2014,(11).

李雅丽.美国文化产业:发展模式、产业政策及启示[J].海南金融,2018,(11).

李妍.美国税收政策如何助力艺术博物馆的发展[J].中国博物馆,2016,(1).

李宇.新兴媒体背景下欧美有线电视业的变革[J].现代视听,2018,(3).

林丽.我国文化产业发展中的投融资问题及对策[J].经济纵横,2012,(4).

刘金林.完善我国文化产业投融资市场体系的财税政策选择[J].税务研究,2013,(12).

刘米娜等.纪梵希,链接过去与未来[J].艺术与设计,2019,(8).

刘再杰,魏鹏举.文化软实力建设:公共财政的功能、思路与对策[J].中国行政管理,2013,(1).

娄孝钦.20世纪90年代以来英国电影产业的发展[J].浙江艺术职业学院学报,2011a,9(3).

娄孝钦.新世纪以来美国电影产业的政府扶持[J].中共成都市委党校学报,2011b,(5).

路春城,綦子琼.促进我国文化产业发展的税收政策研究[J].山东经济,2008,(5).

吕志胜.公共财政投入与文化产业增长:影响与对策建议[J].财政研究,2012,(10).

马箭,陈子华.人力资本、物质资本对文化产业增长影响的实证研究[J].财经理论与实践,2014,35(5).

马跃如,白勇,程伟波.基于SFA的我国文化产业效率及影响因素分析[J].统计与决策,2012,(8).

迈克尔·希利.混乱时代里的永恒:美国数字出版和书籍销售的近期发展趋势[J].黄俊译.出版科学,2011,19(1).

毛溪.人才:上海构建国际文化大都市的瓶颈——上海文化创意产业人才的现状和危机分析[J].中国文化产业评论,2013,18(2).

潘爱玲,邱金龙.我国文化产业并购热的解析与反思[J].华中师范大学学报(人文社会科学版),2016,55(5).

潘文年.西方出版业海外扩张中行业协会的角色作用[J].编辑之友,2009,(11).

戚骥.支持文化产业发展的财政支出政策探析[J].宏观经济管理,2018,(7).

饶世权.论美国出版行业产业化的形成及其借鉴[J].中国编辑,2017,(11).

饶毅.浅析美国亚马逊公司数字出版商业模式[J].编辑之友,2012,(7).

戎红梅.影视产品贸易支持体系研究[D].东北大学,2018.

商务部国家贸易经济合作研究院.美国文化贸易与投资合作指南[M].长沙:湖南人民出版社,2016.

石同云.英国电影文化政策解析[J].北京电影学院学报,2014,(6).

束义明.我国传媒上市公司经营绩效评价及实证研究[J].出版发行研究,2011,(1).

苏昉.法国奢侈品产业发展趋势与运营策略[J].法语国家与地区研究,2018,(1).

孙万欣,陈金龙.内部治理机制与绩效相关性——基于传播与文化产业上市公司的实证研究[J].宏观经济研究,2013,(2).

孙有中等.美国文化产业[M].北京:外语教学与研究出版社,2007.

谭思远.上海地区文化产业结构优化研究[J].农家参谋,2018,(5).

王德高,陈思霞,卢盛峰.促进中国文化产业发展的财政政策探析[J].学习与实践,2011,(6).

王海成,张伟豪,夏紫莹.产业规模偏好与企业全要素生产率——来自省级政府五年规划文本的证据[J].经济研究,2023,58(5).

王家庭,张容.基于三阶段DEA模型的中国31省市文化产业效率研究[J].中国软科学,2009,(9).

王家新.振兴文化产业的财政思考[J].求是,2013,(18).

王金秋,张为付,薛平平.技术效率、融资约束与企业扩张——基于江苏省150家大米加工企业的调查与分析[J].农业技术经济,2019,(6).

王景云.战后美国文化产业政策维护国家安全的实践及启示[J].国外社会科学,2016,(2).

王克岭,陈微,李俊.基于分工视角的文化产业链研究述评[J].经济问题探索,2013,(3).

王乾厚.文化产业规模经济与文化企业重组并购行为[J].河南大学学报(社会科学版),2009,49(6).

王延中.美国文化的特性与悖论[J].山西师大学报(社会科学版),2021,48(4).

吴保平,刘向军.2014—2015年美国杂志媒体受众市场分析[J].出版参考,2015,(12).

吴文婉.中美著作权集体管理制度的比较法研究[D].广东财经大学,2019.

习近平关于社会主义文化建设论述摘编[J].前进,2022,(4).

向勇,喻文益.基于全要素生产率的文化创意与国民经济增长关系研究[J].福建论坛(人文社会科学版),2011,(10).

肖建华.发展我国文化产业的税收政策思考[J].税务研究,2010,(7).

肖卫国,刘杰.文化产业资源配置绩效评价研究——以中部地区为例[J].当代经济研究,2014,(3).

杨洁,王耀中,胡尊国.财政金融政策对文化产业发展有空间异质性影响吗?——来自空间动态面板门槛的估计[J].财经论丛,2021,(10).

杨向阳,童馨乐.财政支持、企业家社会资本与文化企业融资——基于信号传递分析视角[J].金融研究,2015,(1).

姚德权.基于执政安全视野的新闻出版规制问题研究[D].湖南师范大学,2006.

姚静.美国文化产业发展举措对中国的启示[J].人民论坛,2016,(35).

姚立杰,周颖.管理层能力、创新水平与创新效率[J].会计研究,2018,(6).

袁海,吴振荣.中国省域文化产业效率测算及影响因素实证分析[J].软科学,2012,26(3).

约瑟夫·多米尼克,刘宇清.美国电视法规与管理研究(上)[J].世界电影,2006a,(2).

约瑟夫·多米尼克,刘宇清.美国电视法规与管理研究(中)[J].世界电影,2006b,(3).

张凤华,傅才武.我国文化产业投融资及财政政策的成效与优化策略[J].学习与实践,2013,(8).

张戈平.1976年以来美国版权法的变迁研究[D].华东政法大学,2020.

张宏胜.美国开放存取运动中的政策博弈[J].图书情报工作,2010,54(21).

张慧娟.美国文化产业政策及其对中国文化建设的启示[D].中共中央党校,2013.

张慧娟."无为而治"的背后——解读美国政府在其文化产业发展中的作用[J].生产力研究,2007,(15).

张洁.技术创新与文化产业发展[J].社会科学,2013,(11).

张利阳,吴庆华.文化体制改革与财政税收政策研究[J].湖北社会科学,2010,(3).

张娜,田晓玮,郑宏丹.英国文化创意产业发展路径及启示[J].中国国情国力,2019,(6).

张倩倩.闯进伊夫·圣罗兰的艺术世界[J].艺术与设计,2022,1(5).

张仁寿,黄小军,王朋.基于DEA的文化产业绩效评价实证研究:以广东等13个省市2007年投入产出数据为例[J].中国软科学,2011,(2).

张晓蒙,许洁.从文化产品的外部性看少儿图书内容"出位"的危害及应对[J].出版发行研究,2013,(12).

张燕.英国文化产业及其政府行为[J].阴山学刊,2021,34(2).

张云平,王海.美国有线电视的管制走势[J].新闻与传播研究,2007,(1).

赵光敏.AAP:美国出版行业协会的功能与运作[J].编辑学刊,2007,(6).

郑春荣.我国文化产业发展面临的问题与公共政策探讨[J].税务研究,2010,(7).

郑立新.大众出版的数字化商业模式——基于Kindle商业模式的分析[J].出版发行研究,2010,(5).

郑蔚雯.报业下降趋势仍在延续——2015美国新闻媒体现状报告[J].新闻记者,2015,(6).

周凯,高玮.公共支出、金融支持与文化产业发展[J].南京社会科学,2017,(12).

周磊,杜滇峰.当代文化产业发展概论[M].石家庄:河北人民出版社,2017.

周莉,王洪涛,顾江.文化产业财政投入的经济效应——基于31省市面板数据的实证分析[J].东岳论丛,2015,36(7).

邹广文,徐庆文.全球化与中国文化产业的发展[M].北京:中央编译出版社,2006.